Samantha Jebe

Hochzeitsreden 2.0: Von Herzen sprechen im digitalen Zeitalter
Dein Ratgeber für unvergessliche Reden

Samantha Jebe

Hochzeitsreden 2.0: Von Herzen sprechen im digitalen Zeitalter

Dein Ratgeber für unvergessliche Reden

Hochzeitsplaza

Weitere Tipps, Artikel, Inspirationen, Checklisten, unseren Kartenshop und vieles mehr findest du unter: www.hochzeitsplaza.de

Bibliografische Information der Deutschen Nationalbibliothek: Die Deutsche Nationalbibliothek verzeichnet diese Publikation in der Deutschen Nationalbibliografie; detaillierte bibliografische Daten sind im Internet über http://dnb.dnb.de abrufbar.

Die automatisierte Analyse des Werkes, um daraus Informationen insbesondere über Muster, Trends und Korrelationen gemäß §44b UrhG („Text und Data Mining") zu gewinnen, ist untersagt.

Cover, Inhalt, Gestaltung und Satz: Samantha Jebe

Korrektorat: Myung-Sun Stöckling

Titelbild: Jasmijn Brussé Photography

Weitere Mitwirkende: Mathias Krüger

Herausgeber: Joni Wedding GmbH, Am Sandtorkai 71-72, 20457 Hamburg

Verlag: BoD · Books on Demand GmbH, In de Tarpen 42, 22848 Norderstedt

Druck: Libri Plureos GmbH, Friedensallee 273, 22763 Hamburg

ISBN: 978-3-7597-9518-2

"Seit 2010 sind wir von Joni Wedding in der Hochzeitsbranche zuhause. In all den Jahren haben wir uns insbesondere auf die Hochzeitsplanung und -gestaltung sowie auf Hochzeitskarten spezialisiert. Seither geben wir unter anderem in unserem Online-Magazin 'Hochzeitsplaza' und unserem Hochzeitsblog 'Brautsalat' Tipps und Inspirationen zu den wichtigsten Hochzeitsthemen. Umso mehr freuen wir uns, mit diesem umfassenden Ratgeber erstmals ein Buch rund um das Thema Hochzeitsreden zu veröffentlichen und damit unsere langjährige Expertise weitergeben zu können."

– Samantha Jebe, Autorin sowie Content- und
Projektmanagerin bei Joni Wedding GmbH –

Inhaltsverzeichnis

Einleitung 7

Die Bedeutung von Hochzeitsreden 9
    Der geschichtliche Hintergrund 10
    Die Rolle der Rede bei Hochzeiten 10
    Die Reihenfolge von Hochzeitsreden 11

Vorbereitung auf die Rede 13
    Themenfindung und Zielsetzung 14
    Struktur und Aufbau 14

Sprache und Form 17
    Stil der Rede 18
        Traditionell und formal 18
        Emotional und persönlich 18
        Lustig, humorvoll und locker 18
        Gottesfürchtig 19
        Poetisch 19
        Geschichtenerzählend 19
        Dankend und würdigend 19
    Sprachliche Mittel und Rhetorik 20
    Form der Rede 21
        Fließtext 21
        Aufzählung 21
        Dialog 21
        Gedichte und Reime 22
            Beispiele für Hochzeitsreime (Paarreim, aabb) 24
            Beispiele für Hochzeitsreime (Kreuzreim, abab) 25

Praktische Tipps für deine Rede 27
    Tipps zur Vorbereitung 28
    Tipps zum Schreiben 30
    Tipps zur Präsentation 32
    Checkliste: Eine persönliche Rede schreiben 34

Hochzeitsreden mit Hilfe von Künstlicher Intelligenz schreiben 37
    Kurze Einführung – Was ist Künstliche Intelligenz und wie kannst du sie
    nutzen? 38
    Einen Prompt zum Thema Hochzeitsrede erstellen 38
    Tipps zur Nutzung von KI 39
    Checkliste: Einen Hochzeitsreden-Prompt erstellen 44
    Beispiele für Prompts zum Thema Hochzeitsreden 46
        Beispiel 1 – Prompt für eine Trauzeugenrede 47
        Beispiel 2 – Prompt für eine Brautvaterrede 50
        Beispiel 3 – Prompt für eine Rede der Trauzeugin 55
        Beispiel 4 – Prompt für eine Bräutigamrede 61
        Beispiel 5 – Prompt für eine Brautvaterrede #2 64
        Beispiel 6 – Prompt für eine Rede der Trauzeugin #2 68
    Beispiele für Hochzeitsreden via Hochzeitsplanerin.de 72
        Beispiel 1 – Eine humorvolle Hochzeitsrede der Schwester 74
        Beispiel 2 – Eine emotionale Rede der Bräutigammutter 82

Herausforderungen bei einer Rede 91
    Typische Fehler und wie man sie vermeidet 92
    Der richtige Zeitpunkt für das Halten einer Rede 93
    Lampenfieber 95
    Mehrsprachige Hochzeiten 97
    Einsatz von Multimedia 99

Arten und Beispiele von Hochzeitsreden 101

Die Rede des Brautvaters, der Brautmutter und der Brauteltern 102
    Mustervorlagen für deinen Hochzeitsreden-Prompt als Brautvater,
    Brautmutter bzw. Brauteltern 104

    Beispiele für die Rede des Brautvaters 107
        Eine emotionale und humorvolle Brautvaterrede 109
        Eine lustige Hochzeitsrede des Brautvaters 113
        Eine klassisch-traditionelle Rede des Brautvaters 117
        Eine witzige Rede des Brautvaters 121
        Eine geschichtenerzählende Brautvaterrede 124

Eine humorvolle Hochzeitsrede des Brautvaters 127
Der Brautvater hält eine traditionelle Rede 129

Beispiele für die Rede der Brautmutter 135
Eine emotionale und persönliche Brautmutterrede 137
Eine humorvoll ergänzende Rede der Brautmutter 141
Eine lustige Brautmutterrede 144
Eine kurze und poetische Hochzeitsrede der Brautmutter 147
Eine traditionelle Rede der Brautmutter 148

Beispiel für die Rede der Brauteltern 153
Eine humorvolle und warmherzige Brautelternrede 155

Die Rede des Bräutigamvaters, der Bräutigammutter und der Bräutigameltern 158
Mustervorlagen für deinen Hochzeitsreden-Prompt als Bräutigamvater, Bräutigammutter bzw. Bräutigameltern 159

Beispiele für die Rede des Bräutigamvaters 163
Eine lustige Bräutigamvaterrede 165
Eine emotionale und wertschätzende Rede des Bräutigamvaters 169
Eine Rede des Bräutigamvaters – Poesie trifft auf Fließtext 172
Eine geschichtenerzählende Bräutigamvaterrede 174
Eine traditionelle Rede des Bräutigamvaters 176

Beispiele für die Rede der Bräutigammutter 181
Eine liebevolle Rede der Bräutigammutter 183
Eine ergänzende Bräutigammutterrede mit Humor 187
Eine poetische Rede der Bräutigammutter 190
Eine kurze Rede der Bräutigammutter 193
Eine Rede der Bräutigammutter – Worte von Herzen 194

Beispiel für die Rede der Bräutigameltern 199
Eine humorvolle und wertschätzende Rede der Bräutigameltern 201

Die Rede der Trauzeugen 204
Mustervorlagen für deinen Hochzeitsreden-Prompt als Trauzeuge
bzw. Trauzeugin 205

Beispiele für die Rede des Trauzeugen 209
Eine freundschaftliche Trauzeugenrede mit Humor 211
Eine lustige Rede des Trauzeugen 215
Eine Rede als Trauzeuge und bester Freund des Bräutigams 218
Eine Rede des Trauzeugen – Emotionen gepaart mit Witz 220
Eine traditionelle Hochzeitsrede des Trauzeugen 222

Beispiele für die Rede der Trauzeugin 227
Eine romantische und humorvolle Rede der Trauzeugin 229
Eine lustige Rede der Trauzeugin 233
Eine Rede als Trauzeugin und beste Freundin der Braut 236
Eine rührend-humorvolle Rede der Trauzeugin 238
Eine poetische Hochzeitsrede der Trauzeugin 240

Beispiel für eine gemeinsame Rede der Trauzeugen 245
Eine humorvolle Trauzeugenrede in Dialogform 247

Das Eheversprechen & Ehegelübde 250
Mustervorlage für deinen Prompt zum Schreiben eines
Eheversprechens & Ehegelübdes 251

Beispiele für Eheversprechen & Ehegelübde des Bräutigams 253
Ein Ehegelübde des Bräutigams 254
Ein modernes Eheversprechen des Bräutigams 255
Ein Trauversprechen des Bräutigams 256
Ein Ehegelöbnis des Bräutigams 257

Beispiele für Eheversprechen & Ehegelübde der Braut 259
Ein Ehegelübde der Braut 260
Ein Eheversprechen der Braut in Form eines Liebesbriefes 262
Ein poetisches Trauversprechen der Braut 263
Ein Ehegelöbnis der Braut 264

Die Rede des Bräutigams, der Braut bzw. des Brautpaars   266
Mustervorlagen für deinen Hochzeitsreden-Prompt als Bräutigam,
Braut und für euch als Brautpaar   268

Beispiele für die Rede des Bräutigams   271
   Eine rührende Bräutigamrede   273
   Eine traditionelle Rede des Bräutigams   277
   Eine Bräutigamrede von Herzen   280
   Eine dreigeteilte Bräutigamrede   282

Beispiele für die Rede der Braut   285
   Eine kurze Rede der Braut   286
   Eine liebevolle Brautrede mit etwas Humor   289
   Eine Brautrede voller Dankbarkeit   293
   Eine Liebeserklärung der Braut   294

Beispiel für die Rede des Brautpaars   297
   Eine eröffnende Rede des Hochzeitspaars   299

Weitere Reden (Geschwister, Freunde etc.)   302
Mustervorlagen für deinen Hochzeitsreden-Prompt als Schwester,
Bruder, Verwandte/r, Freund/in   303

Beispiele für weitere Reden   305
   Eine lustige Hochzeitsrede der Schwester   306
   Ein Hochzeitsgedicht der Schwester   309
   Eine emotionale Hochzeitsrede der kleinen Schwester   310
   Die Hochzeitsrede vom Bruder als humorvolle Kurzgeschichte   315
   Eine emotionale Hochzeitsrede vom großen Bruder   319
   Eine traditionelle Hochzeitsrede des kleinen Bruders   320
   Eine lustige Hochzeitsrede einer alten Freundin   324
   Eine humorvolle Hochzeitsrede von Freunden   327
   Eine witzige Hochzeitsrede eines guten Freundes   328
   Eine beglückwünschende Hochzeitsrede von Onkel und Tante   332
   Eine gemeinsame Hochzeitsrede von Onkel und Tante   334
   Eine humorvolle Hochzeitsrede der Tante   336

Reden an Ehejubiläen 340
  Mustervorlagen für deinen Reden-Prompt zum Ehejubiläum 342

Beispiele für Reden zu Ehejubiläen 345
  Eine lustige Begrüßungsrede zur Silberhochzeit 346
  Zur Silberhochzeit eine emotionale Rede des Bräutigams 348
  Ein Liebesversprechen der Silberbraut 350
  Eine Rede des ältesten Sohnes zur Silberhochzeit der Eltern 353
  Warme Worte von Freunden zum 25. Ehejubiläum 356
  Eine Rede der damaligen Trauzeugen zur Silberhochzeit 358
  Eine humorvolle Begrüßungsrede zur Goldenen Hochzeit 362
  Eine romantische Bräutigamrede zur Goldenen Hochzeit 365
  Wertschätzende Worte der Braut zur Goldenen Hochzeit 368
  Persönliche Worte der Brautschwester zur Goldenen Hochzeit 370
  Eine humorvolle Rede der Tochter zur Goldenen Hochzeit 373
  Der damalige Trauzeuge hält eine Rede zur Goldenen Hochzeit 379
  Eine begrüßende Rede zur Diamantenen Hochzeit 382
  Liebevolle Worte des Bräutigams zur Diamantenen Hochzeit 384
  Zur Diamantenen Hochzeit eine liebevolle Rede der Braut 386
  Zur Diamantenen Hochzeit ein Gedicht der kleinen   Urenkelin 388
  Ein Gedicht zur Diamantenen Hochzeit von der besten Freundin 391

Nachwort 393

Unser Dankeschön an dich 394

Unsere Empfehlungen für dich 396

Einleitung

Liebe Leserschaft,

wir freuen uns sehr, euch mit diesem Buch einen umfassenden Ratgeber rund um das Thema Hochzeitsreden an die Hand geben und damit unsere langjährige Expertise an euch weitergeben zu dürfen. Hochzeitsreden sind ein besonderer Moment, um Emotionen auszudrücken und Erinnerungen zu schaffen, die ein Leben lang bleiben. Somit ist das Halten einer solchen Rede mit Verantwortung und oftmals auch mit Lampenfieber verbunden. Die eigene Erwartungshaltung an eine möglichst perfekte Rede bringt viele Fragen mit sich: Wie finde ich die richtigen Worte? Welche Anekdoten passen? Wie baue ich die Rede auf? Bei diesen und vielen weiteren Fragen ist dieses Buch euer Leitfaden: Es soll euch dabei helfen, eine Rede zu kreieren, die nicht nur euch, sondern auch allen Anwesenden in Erinnerung bleiben wird. Natürlich wollen wir mit unserem Buch auch den Zahn der Zeit treffen, weshalb eines unserer Fokusthemen die Nutzung von Künstlicher Intelligenz ist. Wir zeigen euch, wie ihr mithilfe von KI-basierten Lösungen eure Hochzeitsrede schreiben könnt. Es ist also egal, ob ihr zum ersten Mal eine Rede haltet oder auf der Suche nach neuen Inspirationen seid, unser Ratgeber bietet euch das passende Wissen und hilfreiche Tipps. Kurz gesagt: Dieses Buch richtet sich an alle, die eine Hochzeitsrede halten wollen oder müssen – Braut und Bräutigam bzw. Brautpaare und Jubilare sowie deren Brauteltern, Bräutigameltern, Trauzeugen, Verwandte, Freunde und Kinder. Im weiteren Verlauf des Buchs werden wir auf die Anredeform "du" umsteigen und eine möglichst geschlechtsneutrale Sprache verwenden. Jede Person soll sich persönlich von unserem Ratgeber angesprochen fühlen dürfen.

Euer Team von Joni Wedding

P.S.: Als Dankeschön für euer Vertrauen und den Kauf unseres Buchs warten im Anschluss auf das Nachwort exklusive Gutscheincodes von ausgewählten Partnern und uns auf euch – von Hochzeitskarten, Trauringen und einer eigenen Hochzeitshomepage bis hin zu einer interaktiven Fotoleinwand und vielem mehr. Doch bevor es ans Stöbern geht, wünschen wir euch zunächst viel Freude beim Lesen und viel Erfolg beim Schreiben und Halten eurer Rede!

Die Bedeutung von Hochzeitsreden

Der geschichtliche Hintergrund

Hochzeitsreden sind ein alter Brauch, der bis heute anhält. Bereits im alten Ägypten und später im antiken Rom und Griechenland gab es Hochzeitsreden. Auch Hochzeitsgedichte gab es zur Zeit der Antike schon. Üblicherweise wurden letztere meist von jungen Frauen und Männern im Chor vorgetragen. Beides bestand aus Zukunftswünschen und Themen wie der Rückblick auf das Leben der Braut und den Übergang in die Ehe. Was wir heute als humorvolle und persönliche Anekdoten kennen, waren damals provokante oder anzügliche Verse. Letztere wurden im antiken Rom während der Hochzeitsfeier an den Bräutigam gerichtet. Die damaligen Familienoberhäupter und Väter prägten den Brauch, die erste Hochzeitsrede zu halten. Sie übergaben ihre Töchter damit an den Bräutigam, würdigten den Ehebund und gaben der Braut Ratschläge für ihre neue Rolle mit. Im europäischen Mittelalter dienten die Reden dem Festigen von Allianzen und dem Betonen der gesellschaftlichen Ordnung. Adlige und Ritter drückten mit ihnen aber auch ihre Loyalität und Zukunftswünsche aus. Während der Zeit vom 16. bis zum 18. Jahrhundert wurden gereimte Hochzeitsreden auch in Deutschland immer populärer. Oft wurde diese durch professionelle Redenschreiber verfasst. Mit dem 19. Jahrhundert und der romantischen Bewegung wurden Reden emotionaler und gleichzeitig persönlicher. Die Redenden schrieben ihre Worte zunehmend selbst. Die Moderne machte Hochzeitsreden flexibler. Neben den engsten Familienmitgliedern können nun auch Freunde und Bekannte ihre Worte ans Brautpaar richten. Heute feiert man mit der Rede und unter Einfluss verschiedener Kulturen die Vielfalt und Individualität des Brautpaares und dessen Liebe zueinander.

Die Rolle der Rede bei Hochzeiten

Die Hochzeitsrede ist schon Jahrhunderte ein fester Bestandteil von Hochzeitsfeiern und spielt seit jeher eine wichtige Rolle. Mit ihr wird das Brautpaar geehrt, ihre Liebe gefeiert und Zukunftswünsche werden zum Ausdruck gebracht. Sie hilft dabei, die Familie und die Freunde des Brautpaares zusammenzubringen. Dadurch werden die soziale Bindung und das Gemeinschaftsgefühl gestärkt. Hochzeitsreden bieten die Möglichkeit, seinen

Dank an das Brautpaar, aber auch an Helfende und Gäste zu richten. Die Redenden können ihre Wertschätzung gegenüber dem Brautpaar bzw. einer der Hauptpersonen ausdrücken und deren Bedeutung im eigenen Leben. Hierbei wird die emotionale Bindung betont. Gleichzeitig dienen Hochzeitsreden der Unterhaltung während der Feierlichkeit. Als fester Bestandteil von Hochzeitszeremonien in vielen Kulturen wird ihnen eine große traditionelle und kulturelle Bedeutung beigemessen. Die Tradition der Hochzeitsrede ist tief in der menschlichen Kultur verwurzelt und wird auch zukünftig eine wichtige Rolle bei Hochzeiten spielen.

Die Reihenfolge von Hochzeitsreden

Basierend auf dem Brauch, die Tochter mit dem Hochzeitstag an den Bräutigam zu übergeben, beginnt traditionell der Brautvater mit der ersten Rede. Ergänzend oder daran anschließend kann auch die Brautmutter eine Rede halten. Als nächstes folgen die Eltern des Bräutigams mit ihren Worten an das frisch vermählte Paar. Danach dürfen die Trauzeugen ihre Hochzeitsrede zum Besten geben. Sofern keine weiteren Gäste eine Rede halten, schließt traditionell der Bräutigam mit seiner Dankesrede die Reihenfolge ab. In der heutigen Zeit können auch die Braut oder das Brautpaar gemeinsam die abschließende Rede halten. Die Reihenfolge ist heute kein Muss mehr und es darf von ihr abgewichen werden. Gemeinsam mit deinem Partner bzw. deiner Partnerin kannst du dir im Rahmen der Hochzeitsvorbereitung eine eigene Reihenfolge überlegen.

Vorbereitung auf die Rede

Themenfindung und Zielsetzung

Hierfür muss zunächst geklärt werden, in welcher Rolle du die Hochzeitsrede halten wirst und an wen du die Rede richten möchtest. Das Thema der Hochzeitsrede hängt von deiner Rolle und deiner Botschaft ab. Überlege, was du der Zuhörerschaft sagen möchtest. Wird die Rede vom Brautpaar bzw. vom Bräutigam oder der Braut gehalten, gilt diese nicht nur der Beziehung zueinander, sondern vor allem den anwesenden Gästen. Bei Hochzeitsreden an das Brautpaar steht dieses und die persönliche Beziehung zum Brautpaar im Vordergrund. Bereits dadurch erhält deine Rede einen für die Anwesenden erkennbaren Fokus und einen persönlichen Touch. Konkrete Beispiele für Kernbotschaften bzw. Themen passend zu deiner Rolle findest du im Kapitel "Arten und Beispiele von Hochzeitsreden".

Dein Ziel sollte es sein, eine persönliche, kurze und positive Hochzeitsrede zu schreiben. Gerne darf sie auch romantisch und emotional werden. Der Umfang deiner Redezeit sollte dabei zwischen 3-5 Minuten liegen. Um eine heitere und entspannte Stimmung zu kreieren, kannst du deine Rede lustig und humorvoll gestalten. Wichtig hierbei ist, der Stil deiner Rede sollte zu deiner Persönlichkeit passen.

Struktur und Aufbau

Um deiner Rede eine Struktur zu geben, solltest du sie in vier Bereiche gliedern: Begrüßung, Einleitung, Hauptteil und Schluss. Die Gliederung gibt dir die notwendige Orientierung, um deine Ideen zu sortieren und später auszuformulieren. Die Einleitung hat das Ziel, die Aufmerksamkeit der Zuhörer zu gewinnen. Dabei eignen sich Zitate und Bibelverse zur Hochzeit, Ehe, Liebe usw. besonders gut. Auch kleine Anekdoten und lustige Sprüche können eine gelungene Einleitung oder eine sanfte Überleitung zum Hauptteil sein. Vergiss nicht vor Beginn der Einleitung das Begrüßen und willkommen heißen der Gäste einzubauen und dich vorzustellen. Der anschließende Hauptteil bietet Raum für persönliche Geschichten und Anekdoten – das Brautpaar steht hier im Mittelpunkt. Wichtig für den Hauptteil ist, bei einem Thema zu bleiben. So behält deine Rede eine angenehme Länge und ihren Fokus. Glück- und Zukunftswünsche an das frisch vermählte Paar bilden einen guten Schluss.

Alternativ kannst du deine Rede auch mit einem passenden Zitat oder mit einem lustigen Spruch schließen. In jedem Fall solltest du mit allen Anwesenden auf das Brautpaar und dessen gemeinsame Zukunft anstoßen.

Wird die Rede vom Brautpaar gehalten, ist im Hauptteil Platz für Lob und Danksagungen an Helfende und Gäste – auch Einzelpersonen oder Personengruppen dürfen hier genannt werden. Selbstverständlich können auch persönliche und wertschätzende Worte an die eigene Braut bzw. den eigenen Bräutigam, an die Eltern und an die Schwiegereltern gerichtet werden. Der Ausblick auf das Programm der Hochzeitsfeier oder das geplante Menü sind passend für deinen Schlussteil als Bräutigam und/oder Braut. Ein besonders schönes Ende erzielst du, indem du mit euren Gästen auf schöne Momente und eine unvergessliche Feier anstößt. Beim Aufbau deiner gesamten Rede solltest du Pausen für Spannungsmomente bzw. das Hervorheben von wichtigen Aussagen und einen guten Mix aus Persönlichem und Fakten berücksichtigen.

Sprache und Form

Stil der Rede

Hochzeitsreden können in verschiedenen Stilen vorgetragen werden. Wichtig bei der Auswahl des Stils ist, dass er zu deiner Rede passt und du dich wohl fühlst. Es gibt aber noch weitere Faktoren, die du bei der Wahl des Redestils berücksichtigen solltest. Er sollte zum einen deine Beziehung zum Brautpaar bzw. zu einer der beiden Hauptpersonen widerspiegeln. Zum anderen sollte dein Stil zum Rahmen der Hochzeit passen. Handelt es sich eher um eine formelle oder legere Feier? Hast du deinen Redestil gefunden, wirst du während deiner Rede authentisch wirken und das Publikum mit deinen Worten berühren und begeistern. Im nachfolgenden findest du eine Auflistung der gängigsten Stile inklusive ihrer Merkmale. Oft werden auch mehrere Stilformen innerhalb einer Rede angewendet. So darf beispielsweise eine emotionale Rede auch lustige Elemente beinhalten.

Traditionell und formal

Dieser Stil zeichnet sich durch seine höfliche und respektvolle Sprache und traditionelle Elemente aus. Dementsprechend eignet sich der Stil für traditionelle Hochzeiten und formelle Feiern. Ein Beispiel: Der Brautvater pointiert in seiner Rede feierlich die Bedeutung der Eheschließung und die Rolle der Familie.

Emotional und persönlich

Hier liegt der Fokus auf emotionale Erlebnisse sowie persönliche Geschichten und das Zeigen von Gefühlen. Redende mit einer engen persönlichen Bindung zum Brautpaar bzw. zur Braut und/oder Bräutigam wählen diesen Stil bei intimen Hochzeiten. Ein Beispiel: Der Bräutigam erzählt die Kennenlerngeschichte und bekundet der Braut seine Liebe.

Lustig, humorvoll und locker

Die Stimmung wird durch humorvolle Anekdoten und gelegentlichen Witzen aufgelockert. Der Stil passt zu allen, die die Zuhörerschaft zum Lachen bringen und eine entspannte Atmosphäre erzeugen wollen. Ein Beispiel: Der Trauzeuge hält eine Rede voll mit lustigen Erlebnissen aus der Vergangenheit des Bräutigams.

Gottesfürchtig

Bei diesem Stil wird die Bedeutung der Hochzeit betont. Dabei wird eine ernste und respektvolle Sprache verwendet. Reden für traditionelle und religiöse Hochzeiten werden in diesem Stil vorgetragen. Ein Beispiel: Die Rede beschreibt die Ehe als heiligen und bedeutenden Bund.

Poetisch

Tiefergehende Botschaften werden durch die Verwendung von Zitaten, Gedichten, Metaphern oder literarischen Anspielungen ans Publikum vermittelt. Poetische Hochzeitsreden kreieren eine romantische oder künstlerische Atmosphäre. Ein Beispiel: Die Trauzeugin der Braut betrachtet in ihrer Rede das Thema Liebe auf philosophische Weise und untermalt diese mit passenden Zitaten.

Geschichtenerzählend

Wie der Name des Stiles schon verrät, wird die Rede in Form einer Geschichte erzählt. Bestenfalls folgt die Geschichte einem roten Faden und erzeugt einen Spannungsbogen, wodurch das Publikum gespannt von Anfang bis Ende zuhört. Ein Beispiel: Die Schwester der Braut behandelt in ihrer Rede die Geschichte der Braut von der Kindheit bis zur Hochzeit.

Dankend und würdigend

Der Ausdruck von Dankbarkeit und Anerkennung bildet hier den Kern. Oft wird mit diesem Stil die Anstrengung und Unterstützung aller Helfenden gewürdigt, die an der Hochzeitsorganisation beteiligt waren. Ein Beispiel: Das Brautpaar bedankt sich bei allen Beteiligten für ihre Hilfe und Unterstützung.

Sprachliche Mittel und Rhetorik

Bei deiner Hochzeitsrede ist es wichtig, das Brautpaar und die Gäste direkt anzusprechen, um eine persönliche Atmosphäre zu schaffen – mit der Verwendung der Pronomen "du" oder "ihr" erzeugst du dabei noch mehr Nähe. Eine persönliche Verbindung stellst du am besten her, indem du die Namen des Brautpaares oder eventuell wichtiger Familienmitglieder oder enger Freunde erwähnst. Um Emotionen zu wecken, kannst du Anekdoten, also persönliche Geschichten und Erlebnisse, einbauen – je nachdem welche Stimmung du erzeugen möchtest, können diese lustig, emotional oder nachdenklich sein. Nutze zusätzlich eine gefühlvolle Sprache, wie Emotionen erweckende Adjektive und Ausdrücke sowie bildhafte Metaphern und Vergleiche, um die emotionale Tiefe deiner Rede zu verstärken. Ein Beispiel für Adjektive und Ausdrücke, die Emotionen wecken: "herzergreifend", "einzigartig", "unvergesslich". Und ein Beispiel für einen Vergleich: „Eure Liebe ist wie ein Leuchtturm, der auch in stürmischen Zeiten den Weg weist" – Verfasser unbekannt. Neben der Metapher und dem Vergleich, gibt es aber auch noch weitere sprachliche Mittel, die du gut in deine Rede einbauen kannst: Die Alliteration wiederholt denselben Anfangslaut in aufeinanderfolgenden Wörtern wie z.B. "Liebe, Lachen und Lebensfreude". Die Anapher wiederholt ein Wort oder eine Wortgruppe am Anfang eines Satzes wie z.B. "Ihr habt gelacht, ihr habt geweint, ihr habt gemeinsam geträumt." Und der Klimax steigert Ausdrücke, um Spannung aufzubauen, wie z.B. "Heute feiern wir nicht nur einen besonderen Tag, nicht nur eine besondere Liebe, sondern den Beginn eines wunderbaren Abenteuers." Wie schon im Unterkapitel mit der Zielsetzung erwähnt, ist Humor ein großartiges Werkzeug, um die Atmosphäre aufzulockern. Ein paar leichte Witze oder Scherze, die respektvoll und angemessen sind, sowie selbstironische Kommentare können die Zuhörer zum Lachen bringen und die Stimmung heben. Aber auch ein klarer Aufbau (Begrüßung, Einleitung, Hauptteil, Schluss), sanfte Übergänge (z.B. durch Zitate, Sprüche, Anekdoten etc.) und das Setzen von Pausen gehören zu einer guten Redekunst. Probiere also gerne die oben genannten sprachlichen Mittel aus und gestalte so eine fließende, eindrucksvolle und unvergessliche Rede.

Form der Rede

Neben dem Stil der Rede gilt es zusätzlich die Form der Rede zu bestimmen. Mache dir also Gedanken, in welcher Form du deine Rede vortragen möchtest.

Fließtext

Die wohl am häufigsten gewählte Form ist der klassische Fließtext inkl. Einleitung, Hauptteil und Schluss. Den Aufbau kennst du bereits aus dem Kapitel "Vorbereitung auf die Rede". Auch Erzählungen, Briefe und Geschichten sind eine Art des Fließtextes. Kurzer Exkurs zurück in die Schulzeit: Erzählungen und Geschichten werden dabei in der Vergangenheitsform (Präteritum) geschrieben und vorgetragen. Die Besonderheit beim Brief ist, dass dieser bzw. die Rede im Präsens (Gegenwartsform) verfasst und direkt an das Brautpaar gerichtet wird.

Aufzählung

Die Aufzählung ist eine einfache Form, um deine Hochzeitsrede zu gestalten. Du kannst beispielsweise 10 Gründe aufzählen, weshalb das Brautpaar perfekt zueinander passt. Auch gemeinsame Erlebnisse oder Wünsche an das Brautpaar bzw. eine der Hauptpersonen lassen sich auf diese Art leicht erzählen. Die einfache Form sollte dich aber nicht davon abhalten, eine passende Begrüßung bzw. Einleitung und einen stilvollen Schluss zu verfassen.

Dialog

Eine Form mit etwas Abwechslung ist der Dialog. Sie eignet sich besonders gut, um die Rede mit zwei bzw. mehreren Personen zu präsentieren. Du kannst deine Hochzeitsrede beispielsweise wie ein fiktives Gespräch zwischen Braut und Bräutigam aufbauen – deiner Kreativität sind keine Grenzen gesetzt. Achte, analog zur Aufzählung, auch hier auf eine geeignete Einleitung und einen runden Schluss.

Gedichte und Reime

Das poetische Pendant zum Fließtext sind Gedichte und Reime. Sowohl in unserem E-Book als auch im Internet findest du viele Beispiele von Gedichten und Reimen zum Thema Hochzeit. Für den Fall, dass die Beispiele für deine Rede nicht passend sind, kannst du auch ein eigenes und persönliches Gedicht verfassen. Dabei solltest du unterschiedliche Aspekte berücksichtigen. Für die Textlänge und Themenfindung gilt das Gleiche wie bei Reden in Form eines Fließtextes: Halte dich kurz und lege dich auf ein Thema fest. Entscheidend bei Gedichten ist die Betonung, also der Rhythmus des Gedichts, welchen man Versmaß nennt. Insgesamt gibt es vier unterschiedliche Versmaße, aus denen du wählen kannst: Jambus, Trochäus, Daktylus und Anapäst. Auch wenn du noch nichts von einem Versmaß gehört haben solltest, sagt dein Ohr dir beim Nachsprechen, dass die Verse in der ersten Variante schöner klingen als in der zweiten:

"Ach, wie leuch-tet uns die Son-ne   (- / - / - / - /)
Auf der gold-nen A-bend-wie-se".   (- / - / - / - /)

"Ach, wie strahlt uns die Son-ne   (- / - - / - /)
Auf der gold-far-be-nen Wie-se".   (- / - - / / - /)

(- = betont, / = unbetont)

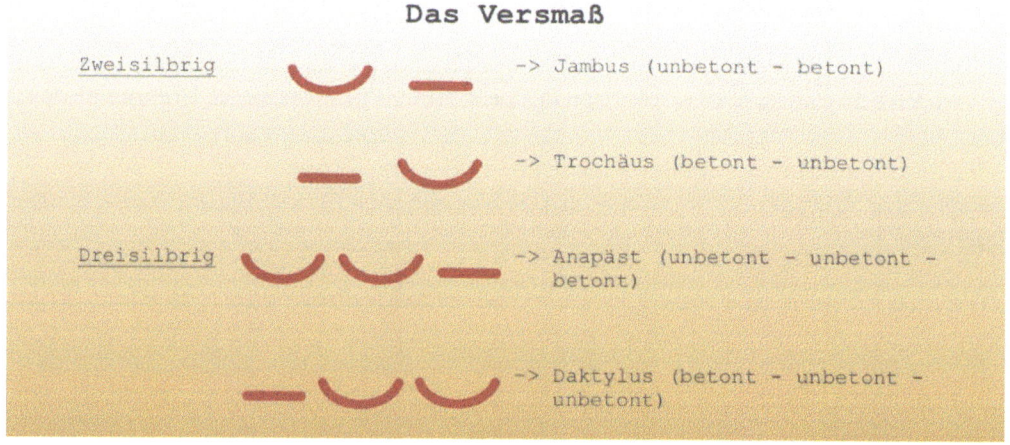

Das Versmaß

Zweisilbrig   -> Jambus (unbetont - betont)

-> Trochäus (betont - unbetont)

Dreisilbrig   -> Anapäst (unbetont - unbetont - betont)

-> Daktylus (betont - unbetont - unbetont)

Wie du am Rhythmusschema der betonten und unbetonten Silben sehen kannst, hängt das nicht nur mit der inhaltlichen Veränderung der beiden Verse zusammen, sondern insbesondere mit dem fließenden Rhythmus im ersten Beispiel. Der fließende Rhythmus entsteht hierbei durch das regelmäßige Aufeinanderfolgen von betonten und unbetonten Silben. (Im obigen Beispiel wird also das "Ach" betont, während das "wie" etwas weniger betont wird usw.) Die unregelmäßige Abfolge der Silben im zweiten Beispiel, lässt die Verse dagegen holprig klingen.

Was in einem Gedicht nicht fehlen darf, sind Reime. Beim Reimen solltest du die Wiederholung von Reimwörtern aber auch andere Wiederholungen unbedingt vermeiden. Nachfolgend ein Beispiel:

"Tom konnte Nele gar nicht leiden
 Das schuf den beiden großes Leiden"

Obwohl sich die ersten Verse reimen, klingt der Reim nicht gut.

"Drum sollten wir im Text vermeiden,
Dass zweimal auftaucht dieses "Leiden"!

Im Wesentlichen gibt es zwei Reimschemata, die du gut nutzen kannst, sofern du keine bis wenig Übung im Dichten hast: den Paarreim (aabb) und den Kreuzreim (abab). Während der Paarreim immer zwei aufeinanderfolgende Verse miteinander reimen lässt, findet beim Kreuzreim der Reim jeweils im übernächsten Vers statt. Falls du im dichten geübt bist, kannst du dich auch anderen Reimschemata bedienen: Haufenreim (aaaa), umarmender Reim (abba), Schweifreim (aabccb), verschränkter Reim (abcabc) etc. Am Ende dieses Kapitels haben wir zu den Reimschemata Paar- und Kreuzreim jeweils drei Beispiele für dich als Inspiration. Neben dem passenden Reimschema solltest du dir auch die Vers- und Strophenlänge anschauen. Achte beim Formulieren deiner Verse darauf, dass die Länge der einzelnen Verse nicht zu stark voneinander abweicht. Sie sollten in etwa die gleiche Anzahl von betonten und unbetonten Silben enthalten. Der Vierzeiler (vier Verse pro Strophe) ist eine übliche Strophenlänge, bei der du bestmöglich bleiben solltest. Der Zuhörerschaft fällt es leichter, kurzen Strophen zu folgen, gerade wenn sie dein

Gedicht zuvor noch nie gehört haben. Damit dein Gedicht am Ende ein rundes Bild abgibt, schaue dir deine Großschreibung und Zeichensetzung an. Das Publikum sieht diese zwar nicht, aber es gehört zum Dichten dazu und kann dir beim Vortragen eine Stütze sein. In der Regel werden Versanfänge immer großgeschrieben, auch wenn er mitten im Satz steht. Ein Muss ist das Großschreiben der Versanfänge jedoch nicht. Gleiches gilt auch für die Kommasetzung usw. Wichtig sind Satzzeichen nur, wenn ohne sie der Sinn unklar wird.

Beispiele für Hochzeitsreime (Paarreim, aabb)

Liebe sagt man schön und richtig,
ist ein Ding, was äußerst wichtig.
Nicht nur zieht man in Betracht,
was man selber damit macht.
Nein, man ist in solchen Sachen
auch gespannt, was andre machen.
Wilhelm Busch

Die Liebe blüht im hellen Glanz,
vereint uns nun im Hochzeitstanz.
Für immer, Hand in Hand, zu zweit,
beginnt für uns die schönste Zeit.
Künstliche Intelligenz (ChatGPT)

Ursprünglicher Prompt: "Liebes ChatGPT, schreibe mir einen kurzen Paarreim (aabb) zum Thema Liebe und Hochzeit. Danke!"

Zwei Herzen schlagen im gleichen Takt,
Von Liebe vereint, fürs Leben gepackt.
Möge euer Glück für immer bestehen,
Und eure Liebe niemals vergehen.
Künstliche Intelligenz (Claude)

Ursprünglicher Prompt: "Bitte schreibe mir einen kurzen und einfachen Kreuzreim (aabb) zum Thema Liebe, den ich in meine Hochzeitsrede an das Brautpaar einbauen kann. Danke!"

Beispiele für Hochzeitsreime (Kreuzreim, abab)

Ist es ein lebendig Wesen,
dass sich in sich selbst getrennt?
Sind es Zwei, die sich erlesen,
dass man sie als eines kennt?
Johann Wolfgang von Goethe

Die Liebe leuchtet hell und klar,
sie führt uns durch die Dunkelheit.
Mit dir an meiner Seite, ja,
erfüllt sie uns mit Zärtlichkeit.
Künstliche Intelligenz (ChatGPT)

Ursprünglicher Prompt: "Liebes ChatGPT, bitte schreibe mir einen kurzen und einfachen Kreuzreim (abab) zum Thema Liebe. Danke!"

Zwei Herzen schlagen im Verein,
Verbunden durch ein festes Band.
Möge eure Liebe ewig sein,
Geführt von Hand in Hand.
Künstliche Intelligenz (Claude)

Ursprünglicher Prompt: "Bitte schreibe mir einen kurzen und einfachen Kreuzreim (abab) zum Thema Liebe, den ich in meine Hochzeitsrede an das Brautpaar einbauen kann. Danke!"

Praktische Tipps für deine Rede

Tipps zur Vorbereitung

♥ **Plane genug Zeit ein:** Damit die Rede so wird, wie du sie dir vorstellst und du dabei nicht in Stress gerätst.

♥ **Entscheide dich für eine Form:** Egal ob Fließtext, Gedicht, Reime, Aufzählung oder Dialog – hier ist alles erlaubt.

♥ **Finde deinen Stil:** Nur so kommt deine Rede authentisch bei den Zuhörenden an. Es gibt unterschiedliche Stile, aus denen du wählen kannst: Lustig, humorvoll und locker, emotional, traditionell und formal, religiös, geschichtenerzählend etc.

♥ **Überlege dir ein Thema für deine Rede:** Was ist deine Kernbotschaft? Besonders deutlich wird deine Botschaft, wenn du dein auserwähltes Thema (z.B. Liebe, Ehe, Freundschaft, Loyalität, Stärke etc.) wie einen roten Faden durch deine gesamte Rede ziehst. Dies schaffst du automatisch, wenn du deine Rede chronologisch aufbaust oder den Inhalt steigerst.

♥ **Sammle persönliche Anekdoten, Geschichten, Sprüche etc.:** Suche dir davon die besten für deine Rede aus.

♥ **Beziehe Familie und Freunde in deine Vorbereitung mit ein:** Das gemeinsame Brainstorming kann dir wertvollen Input für deine Rede liefern, da sie dem Brautpaar, oder zumindest einer der beiden Hauptpersonen, ebenfalls sehr nahestehen.

♥ **Lasse dich inspirieren:** Dir gehen mal die Worte aus? Kein Problem! Neben unserem Ratgeber bietet dir auch das Internet viele Inspirationen und Textbausteine. Auch die Nutzung von Künstlicher Intelligenz kann dir eine große Hilfe sein – dem Thema "Hochzeitsreden mit Hilfe von Künstlicher Intelligenz schreiben" haben wir ein eigenes Kapitel gewidmet, welches du direkt im Anschluss an dieses findest.

- ♥ **Stimme die Reihenfolge der Redenden ab:** Du solltest wissen, zu welchem Zeitpunkt der Feier du deine Rede halten wirst. So läuft am großen Tag alles nach Plan und du vermeidest, wie auf heißen Kohlen sitzend, deinen Redemoment abpassen zu müssen.

- ♥ **Befasse dich mit dem Thema Multimedia:** Möchtest du deine Rede mit Fotos, Videos, Musik etc. untermauern? Mit Webbasierten-Apps wie airphoto.de kannst du im Vorfeld passende Bilder und Videos für deine Slideshow hochladen und sie am Tag deiner Rede abspielen. Zusatztipp: Informiere dich vorher mit welchem technischen Equipment (Beamer, Soundanlage etc.) die Location ausgestattet sein wird.

Tipps zum Schreiben

♥ **Schreibe deine Rede selbst:** So bist du automatisch vertrauter mit den Worten und dem dir bekannten Sprachgebrauch. Das damit verbundene Selbstbewusstsein und deine persönliche Note werden auch den Zuhörern auffallen.

♥ **Strukturiere deine Rede:** Begrüßung, Einleitung, Hauptteil und Schluss – mit dieser Reihenfolge hast du einen klaren Aufbau für deine Rede geschaffen.

♥ **Nutze Sprüche, Zitate und Anekdoten als Überleitungen:** Sie helfen dir dabei, einen sanften Übergang zwischen Begrüßung, Einleitung, Hauptteil und Schluss zu schaffen.

♥ **Formuliere deinen Schluss mit einem Happy-End-Effekt:** So erzeugst du nachhaltig eine gute Stimmung und deine Rede bleibt allen positiv in Erinnerung.

♥ **Halte dich kurz:** Deine Rede sollte eine Länge von 5 Minuten nicht überschreiten, so bleiben die Zuhörer wach und bei guter Stimmung. Bleibe also möglichst bei einem Thema. Zusatztipp, um den Umfang deiner Rede zu überprüfen: Je nach Länge deiner Worte ergeben 120-140 gesprochene Wörter ca. 1 Minute Redezeit.

♥ **Lege deinen Redeentwurf für ein paar Tage beiseite:** Der Abstand kann dir zu weiteren Ideen verhelfen, mit denen du dein Manuskript finalisieren kannst.

♥ **Bringe deine Worte auf Karteikarten:** Nachdem du deine Rede komplett aufgeschrieben und finalisiert hast, übertrage deine Hochzeitsrede auf Karteikarten. Nutze dabei kurze Sätze und Stichworte und schreibe mit genügend Abstand. So hast du später genügend Platz für hilfreiche Markierungen und Notizen.

- ♥ **Markiere Betonungen, Pausen und wichtige Stichworte:** Die Markierungen helfen dir beim Üben und/oder beim großen Vortrag deiner Rede. Notierte dir gerne auch Erinnerungen wie "langsamer sprechen", "lächeln" und "Blickkontakt".

Tipps zur Präsentation

♥ **Übe deine Hochzeitsrede im Vorfeld vor Zuschauern:** Dadurch erhältst du wertvolles Feedback und bekommst ein Gefühl für die Dauer deiner Rede, deine Betonung, dein Sprechtempo, deine Haltung etc. Zusatztipp: Zusätzlich kannst du deine Stimme mit dem Smartphone aufnehmen oder vor dem Spiegel üben.

♥ **Habe keine Angst vor Tränen, Lampenfieber oder Fehlern:** Gefühle, Nervosität und kleine Patzer gehören dazu und zeigen den Zuhörenden, wie wichtig dir das Halten der Hochzeitsrede ist. Versuche stattdessen deinen Moment zu genießen – immerhin sind es deine Worte, die eine schöne Erinnerung an den Hochzeitstag mitformen. Weitere Tipps zum Umgang mit deinem Lampenfieber findest du im Kapitel "Herausforderungen bei einer Rede".

♥ **Trage deine Rede frei, langsam, laut und deutlich vor:** Auf diese Weise baust du Kontakt zu deinen Zuhörern auf und deine Worte kommen an. Du kannst als Sicherheit auch kleine Notizzettel oder Karteikarten nutzen. Achte hierbei darauf, dass du den Blickkontakt zum Publikum nicht verlierst. Zusatztipp: Passe deine Mimik an das Gesagte an, damit deine Worte noch besser bei den Zuhörenden ankommen.

♥ **Achte auf das Publikum:** Warte einen Moment, wenn die Hochzeitsgesellschaft über deine humorvolle Rede lacht, und nutze ihn als kurze Verschnaufpause. Kommt während deiner Rede Getuschel oder Unruhe auf, bist du womöglich schwer zu verstehen. Pass dein Sprechtempo und deine Lautstärke an oder erkundige dich beim Publikum, ob du gut zu verstehen bist.

♥ **Lächle:** Deine Stimme und Ausstrahlung werden automatisch positiver.

♥ **Trage Festkleidung, in der du dich wohl fühlst:** Dies gibt dir zusätzliches Selbstbewusstsein.

- ♥ **Beende deine Rede:** Stoße mit den Anwesenden an. Schließe deiner Rolle entsprechend mit Worten wie "Auf einen schönen Abend", "Auf eine unvergessliche Feier", "Auf die Liebe", "Auf das Brautpaar" oder "Auf euer Wohl".

Checkliste: Eine persönliche Rede schreiben

- ❑ **Form auswählen:** Wähle eine passende Form wie Fließtext, Gedicht, Reime, Aufzählung oder Dialog

- ❑ **Stil finden:** Entscheide dich für einen Stil, der zu dir passt

- ❑ **Thema überlegen:** Finde eine Kernbotschaft und ziehe sie wie einen roten Faden durch die Rede

- ❑ **Persönliche Note schaffen:** Wähle persönliche Geschichten und Sprüche aus oder nutze Metaphern und Vergleiche, um deiner Botschaft oder deinen Gefühlen mehr Ausdruck zu verleihen

- ❑ **Multimedia einplanen:** Überlege, ob du Fotos, Videos oder Musik nutzen möchtest und informiere dich vorab über die technische Ausstattung der Location

- ❑ **Rede strukturieren:** Halte dich an die Reihenfolge: Begrüßung, Einleitung, Hauptteil, Schluss

- ❑ **Übergänge gestalten:** Nutze z.B. Zitate und Anekdoten als sanfte Überleitungen

- ❑ **Positiven Schluss formulieren:** Beende die Rede mit einem Happy-End-Effekt

- ❑ **Redelänge überprüfen:** Spreche maximal 3-5 Minuten, 120-140 gesprochene Wörter ergeben ca. 1 Minute Redezeit

- ❑ **Markierungen setzen:** Notiere Betonungen, Pausen und wichtige Stichworte

- ❑ **Rede üben:** Probe vor Zuschauern und allein, um Feedback zu erhalten und an Sicherheit zu gewinnen

- ❑ **Reihenfolge der Reden klären:** Finde im Vorfeld heraus, wann du deine Rede hältst

Zwei Seelen und ein Gedanke, zwei Herzen und ein Schlag.
– Friedrich Halm –

Hochzeitsreden mit Hilfe von Künstlicher Intelligenz schreiben

Kurze Einführung – Was ist Künstliche Intelligenz und wie kannst du sie nutzen?

Künstliche Intelligenz, kurz auch "KI" oder im englischen "AI" genannt, beschreibt das Imitieren von menschlichen Fähigkeiten wie logisches Denken, Lernen, Planen und Kreativität durch Technologien. So können technische Systeme eine große Menge an Informationen aufnehmen, verarbeiten und Probleme lösen, um damit ein bestimmtes Ziel zu erreichen. Als Nutzer von KI-Lösungen wie ChatGPT, Gemini, Claude und Co. kannst du also die Maschine mit Informationen füttern und in Echtzeit mit dem Bot interagieren – d.h. die KI liefert dir ebenfalls in Echtzeit Ergebnisse, welche dich bei deinem Anliegen unterstützen können. Die Ergebnisse der KI-Lösungen hängen dabei im Wesentlichen von einer Sache ab: Die Qualität deiner an die KI gestellten Anforderungen. Damit die Künstliche Intelligenz dich bestmöglich unterstützen kann, solltest du deine Anforderung, auch "Prompt" genannt, so konkret wie möglich definieren. Bist du mit dem ersten Ergebnis des Bots nicht zufrieden, kannst du dich mit weiteren Prompts deinem Wunschergebnis nähern. Auch Maschinen können Fehler machen und falsche Ergebnisse liefern. Achte daher bei der Nutzung von Künstlicher Intelligenz darauf, deinen logischen Menschenverstand zum Quercheck einzusetzen und bei sensiblen Themen zusätzlich noch Eigenrecherche zu betreiben. Viele KI-Lösungen kommen in der kostenfreien Variante mit der Möglichkeit eines kostenpflichtigen Upgrades. Oftmals bedarf es einer Registrierung beim jeweiligen Anbieter (ChatGPT, Gemini, Claude und Co.), bevor die kostenfreie Version genutzt werden kann. Weitere Informationen dazu findest du auf den Webseiten der Anbieter.

Einen Prompt zum Thema Hochzeitsrede erstellen

Dir fehlt das Händchen zum Schreiben? Dann kann dir der Einsatz von Künstlicher Intelligenz eine große Hilfe sein. Hierzu brauchst du nur noch einen guten Prompt. Du kannst deine Anforderung an die KI in Stichworten oder auch im Fließtext formulieren. Es gibt keine festgeschriebene Form, wie du deinen Hochzeitsreden-Prompt schreiben musst. Aber um die besten Ergebnisse zu erhalten, kannst du einer Regel folgen: Je konkreter dein Prompt, desto besser und persönlicher das Ergebnis. Im Folgenden haben wir eine Prompt-Checkliste für dich vorbereitet, welche dir dabei hilft, einen guten Prompt für deine Hochzeitsrede zu schreiben. Bevor du mit dem Prompten loslegst, noch ein paar nützliche Tipps: Gibst du deinen Prompt mehrmals an die Künstliche Intelligenz, erhältst du unterschiedliche Hochzeitsreden als Ergebnis. Achte beim Absenden des gleichen Hochzeitsreden-Prompts aber darauf, dies in einem neuen Chat-Fenster innerhalb der KI-Lösung zu tun – nur so kannst du sicherstellen, dass dir die KI komplett neue Ergebnisse liefert und sich nicht auf die Historie im Chat bezieht. Suche dir aus den unterschiedlichen Ergebnissen die besten Textpassagen heraus und kreiere damit eine ganz neue Rede. Du möchtest dir deine vorangegangenen Anfragen an die Künstliche Intelligenz erneut ansehen? Oftmals kommst du über einen Button oben Links zum Menü, wo du dir die Historie deiner Prompts inklusive Ergebnisse anschauen kannst. Weitere Tipps zur Nutzung von KI findest du im gleichnamigen Unterkapitel. Wir wünschen dir schon jetzt viel Spaß beim Ausprobieren!

Tipps zur Nutzung von KI

💛 Sollte die KI nicht die gewünschte Form (z.B. Gedicht, Kurzgeschichte etc.) umsetzen, so stelle im selben Chat einfach einen Folge-Prompt wie:

> "Bitte schreibe mir die Rede in Form einer Kurzgeschichte." oder "Bitte schreibe mir die Rede zu einem Gedicht um."

💛 Manchmal kann es passieren, dass die KI-Lösung eine Anredeform (z.B. Du, Sie) nutzt, die nicht deinen Vorstellungen entspricht. Stelle im selben Chat einfach einen Folge-Prompt wie:

> "Bitte ändere die Anredeform innerhalb der Rede auf Du." oder "Ich möchte in meiner Rede siezen."

♥ Wenn dir einzelne Textpassagen innerhalb des KI-Ergebnisses nicht gefallen, fordere die KI durch einen Folge-Prompt im selben Chatfenster auf diese zu ersetzen:

"Bitte schreibe mir eine neue Einleitung." oder "Bitte ersetze das Zitat zu Beginn der Rede durch ein neues."

♥ Gleiches kannst du natürlich auch tun, wenn dir an der gesamten Rede etwas nicht gefällt bzw. du etwas geändert haben möchtest:

"Schreibe mir die Rede noch lustiger." oder "Schreibe mir eine neue Version der Rede, aber mit anderen Beispielen."

♥ Du hast etwas in deiner Rede vergessen? Kein Problem. Antworte der KI auf ihr geliefertes Ergebnis einfach mit einem Folge-Prompt wie:

"Ich möchte zum Abschluss meiner Rede noch ein Hochzeitsspiel ankündigen." oder "Ich möchte in der Einleitung meinen persönlichen Dank an meinen Bruder Bo und unseren Freund Kevin richten, die uns geholfen haben, die Scheune zur Hochzeitslocation umzubauen."

Alternativ kannst du deinen ursprünglichen Prompt auch einfach um die fehlenden Inhalte ergänzen und anschließend neu an die KI übermitteln. Dazu musst du mit der Maus über deinen Ursprungs-Prompt fahren und dann auf das Stift-Symbol klicken, um den Bearbeitungsmodus zu aktivieren.

♥ Die KI-Tools können keine echten Emotionen und Gefühle liefern. Um am Ende eine persönliche Hochzeitsrede mit Emotionen und Witz in der Hand halten zu können, benötigt es einen Feinschliff durch dich.

♥ Der Aufwand für deinen Feinschliff bzw. für die finale Ausformulierung deiner Hochzeitsrede ist von KI zu KI unterschiedlich. Stand heute (August 2024) ist der Aufwand bei der Nutzung von Gemini tendenziell größer als bei ChatGPT und Claude. Probiere dich beim Prompten gerne selbst durch die unterschiedlichen KI-Lösungen und mache dir ein eigenes Bild.

♥ Du hast deine Rede als Fließtext formulieren lassen und möchtest nun wissen, wie sich deine Hochzeitsrede in einer anderen Form liest und anhört? Bitte die KI deine Rede in Form einer Kurzgeschichte, eines Gedichts, eines Dialogs, eines Liedes etc. umzuschreiben:

"Bitte schreibe mir die Rede in Form eines Gedichts." oder "Bitte schreibe mir die Rede zur Kurzgeschichte um."

Selbstverständlich kannst du auch mehrere Formen ausprobieren, indem du mehrere Folge-Prompts hintereinander an den KI-Chat schickst.

♥ Falls du möglichst viele Inspirationen suchst oder mit dem Ergebnis der KI-Lösung nicht zufrieden bist, kannst du deinen Hochzeitsreden-Prompt 1:1 an eine andere KI schicken. Oder du bleibst in dem KI-Tool und öffnest ein neues Chatfenster, wo du deinen Prompt ebenfalls 1:1 wiederholen kannst – im Zweifel auch mehrfach. Die KI wird dir daraufhin immer ein anderes Ergebnis liefern als zuvor.

♥ Um ein Gefühl für mögliche KI-Ergebnisse zu bekommen oder um weitere Ideen für deine Hochzeitsrede zu sammeln, kannst du unsere Mustervorlagen, auch ohne die Lücken vorher ausgefüllt zu haben, an die KI deiner Wahl schicken. Die KI überlegt sich dann selbständig Anekdoten, Charaktereigenschaften etc. Manchmal kann es sein, dass die KI dich darauf hinweist, dass Angaben in deinem Prompt fehlen, wie z.B. dein Name oder der von Personen, die du erwähnen möchtest.

In solchen Fällen kannst du deinen ursprünglichen Prompt einfach um die fehlenden Angaben ergänzen und erneut abschicken.

♥ Wir haben bei der Nutzung von KI, an verschiedenen Tagen, einen Unterschied in der Qualität der gelieferten Ergebnisse festgestellt. Bist du also mit den Ergebnissen nicht zufrieden, so stelle deinen Prompt 1-2 Tage später erneut an die KI.

Das große Glück der Liebe besteht darin,
Ruhe in einem anderen Herzen zu finden.

– Julie-Jeanne-Elénore de Lespinasse –

Checkliste: Einen Hochzeitsreden-Prompt erstellen

❑ **Was ist deine Kernanforderung an die KI?**
Das Schreiben einer 3-5 minütigen Hochzeitsrede.

❑ **Wer bist du?**
Verrate der KI deinen Namen und in welcher Rolle du die Hochzeitsrede halten möchtest.

❑ **Wem gilt deine Rede?**
Füttere die KI mit weiteren Namen und Rollen (z.B. Die Braut heißt Mia und der Bräutigam Leon.).

❑ **Wie willst du deine Rede halten?**
Teile der KI mit, für welche Form und welchen Stil du dich entschieden hast.

❑ **Wie lautet deine Kernbotschaft?**
Lasse die KI wissen, welches Thema du in deiner Rede behandeln möchtest (z.B. Liebe, Ehe, Freundschaft, Erwachsenwerden, Dankbarkeit etc.).

Hangele dich an deiner Gliederung entlang:

❑ **Wie willst du die Zuhörerschaft begrüßen? Möchtest du jemanden namentlich erwähnen?**

Beschreibe der KI wie du deine Rede beginnen möchtest (z.B. mit einer Anekdote, einem Zitat, einem lustigen Spruch etc.) und nenne ihr die Namen der Personen, welche du persönlich und direkt ansprechen möchtest (z.B. die Namen des Brautpaars).

Was möchtest du im Hauptteil thematisieren?
Erzähle der KI von persönlichen Dingen wie gemeinsame Erlebnisse, lustige Momente, schöne Erinnerungen, nennenswerte Charaktereigenschaften, Anekdoten aus Kindheitstagen oder wie du das Brautpaar bzw. die Braut oder den Bräutigam kennengelernt hast.

Mit welchen Worten möchtest du deine Rede schließen?
Erkläre der KI, wie du den Schlussteil deiner Hochzeitsrede gestalten möchtest. Beispielsweise mit Zukunftswünschen an das Brautpaar, einem Zitat zum Thema Liebe, einer kleinen Anekdote, einem lustigen Spruch etc. Vergiss nicht, abschließend mit der Hochzeitsgesellschaft auf das Brautpaar bzw. den gemeinsamen Abend anzustoßen.

Du bist mit deiner Rede etwas im Zeitdruck? Oder fällt dir das Formulieren eines Prompts trotz Checkliste schwer? Im Kapitel "Arten und Beispiele von Hochzeitsreden" findest du, je nach Rolle, eine fertige Mustervorlage für deinen Hochzeitsreden-Prompt. Was der Mustervorlage noch fehlt, sind deine individuellen Anforderungen und persönliche Daten. Nachdem du diese ergänzt hast, liefert dir die Künstliche Intelligenz in Sekundenschnelle ein erstes Ergebnis für deine Hochzeitsrede.

Du suchst eine Alternative zum Prompt, mit der du ebenfalls schnell eine persönliche Hochzeitsrede schreiben kannst? Online-Services wie der von Hochzeitsplanerin.de können dir dabei helfen – mit der Beantwortung von ein paar Fragen, lieferst du die persönliche Note und die KI erstellt daraus binnen weniger Minuten zwei Entwürfe für deine Rede. Im Unterkapitel "Beispiele für Hochzeitsreden via Hochzeitsplanerin.de" zeigen wir dir, welche Fragen dafür beantwortet werden müssen, wie die Entwürfe aussehen und wie hoch der zeitliche Aufwand bis zu deiner finalen Hochzeitsrede ist.

Beispiele für Prompts zum Thema Hochzeitsreden

Die Checkliste zum Schreiben eines Hochzeitsreden-Prompts mit Gelinggarantie kennst du nun. Die nachfolgenden Beispiele sollen dir zeigen:

- ♥ Wie ein fertiger Prompt aussehen kann

- ♥ Wie die KI-Lösungen ChatGPT, Gemini und Claude die Prompts umsetzen

- ♥ Wie sich kurze von detaillierten Prompts unterscheiden

- ♥ Wie viel schriftliche Eigenleistung zur finalen Rede benötigt wird

- ♥ Wie hoch der zeitliche Circa-Aufwand in Minuten für die Formulierung des Prompts und das Finalisieren deiner Hochzeitsrede ist

Die Beispiele auf den nächsten Seiten sind daher jeweils in drei Abschnitte aufgeteilt:

1. Unser ursprünglich formulierter Prompt

2. Das KI-basierte Ergebnis

3. Das finale Ergebnis mit unseren Worten verfeinert

Den Unterschied zwischen den beiden Ergebnissen (KI-basiertes und finales Ergebnis) haben wir dir zur schnelleren Übersicht im finalen Text farblich gekennzeichnet.

Falls du gleich ein passendes Beispiel zu deiner Rolle vermisst, findest du im späteren Verlauf des Buches unter Kapitel "Arten und Beispiele von Hochzeitsreden" weitere mit Hilfe von KI erstellte Beispiele, die zu deiner Suche passen könnten.

Beispiel 1 – Prompt für eine Trauzeugenrede

Prompt an ChatGPT:

Liebes ChatGPT,

- Bitte schreibe mir eine 3-5 minütige Hochzeitsrede

- Ich heiße Ben und bin der beste Freund und Trauzeuge des Bräutigams

- Der Bräutigam heißt Paul und die Braut Tamara

- Meine Rede soll humorvoll und in Form eines Fließtextes sein

- Zu Beginn meiner Rede möchte ich das Brautpaar und die Gäste begrüßen

- Ich möchte meine Rede mit einem witzigen Spruch beginnen

- Paul ist der beste Kumpel, ehrlich, witzig und wie ein Bruder

- Was Paul bis heute nicht weiß: Ich habe ihm in der Schule früher immer die Stifte geklaut und behalten. Die Stifte sind heute mein spaßiges Hochzeitsgeschenk

- Gott sei Dank ist Paul jetzt endlich unter der Haube, die Clubbesuche von früher haben mich einiges an Gehirnzellen gekostet

- Tamara ist wie für Paul gemacht. Man kann sie mit ihrer hilfsbereiten, offenen und lieben Art einfach nur mögen

- Ich wünsche den beiden das größte Glück und eine unvergessliche sowie humorvolle Ehe

- Ich möchte auf das Paar anstoßen und ihre Liebe mit den Gästen feiern

Aufwand von ca. 10 Minuten

Ergebnis von ChatGPT:

Liebe Tamara, lieber Paul, liebe Hochzeitsgäste,

Ich freue mich sehr, heute hier zu stehen und diese besonderen Momente mit euch allen zu teilen. Um ehrlich zu sein, hätte ich nie gedacht, dass ich jemals eine Rede auf Pauls Hochzeit halten würde – vor allem, weil ich nicht wusste, dass er tatsächlich eine Frau finden würde, die seine schlechten Witze genauso liebt wie ich. Aber hier sind wir nun, und ich könnte nicht glücklicher sein.

Paul, du bist für mich mehr als nur ein Freund. Du bist wie ein Bruder. Du bist ehrlich, witzig und hast ein Herz aus Gold. Aber was du bis heute nicht weißt: In der Schule habe ich dir immer heimlich die Stifte geklaut und sie behalten. Heute gebe ich sie dir zurück, als spaßiges Hochzeitsgeschenk. Ich denke, es wird Zeit, dass du endlich deine eigene Sammlung hast.

Gott sei Dank bist du jetzt endlich unter der Haube. Die Clubbesuche von früher haben mich einiges an Gehirnzellen gekostet, und ich bin froh, dass diese wilden Nächte nun der Vergangenheit angehören. Aber ich muss sagen, dass ich es genossen habe, diese Abenteuer mit dir zu erleben.

Und dann kam Tamara in dein Leben. Tamara, du bist wie für Paul gemacht. Mit deiner hilfsbereiten, offenen und lieben Art hast du uns alle im Sturm erobert. Es ist klar, dass du Pauls perfektes Gegenstück bist, und ich könnte mir niemanden besseren an seiner Seite vorstellen.

Ich wünsche euch beiden das größte Glück und eine unvergessliche, humorvolle Ehe. Möge euer gemeinsamer Weg von Liebe, Lachen und unzähligen glücklichen Momenten gesäumt sein.

Lasst uns nun gemeinsam auf das Brautpaar anstoßen und ihre Liebe feiern. Auf Paul und Tamara! Möge eure Liebe ewig blühen und eure Ehe voller Freude und Abenteuer sein.

Prost!

Finales Ergebnis mit eigenen Worten verfeinert:

Liebe Tamara, lieber Paul, liebe Hochzeitsgäste,

Ich freue mich sehr, heute als Trauzeuge und bester Freund von Paul hier zu stehen und die besonderen Momente des heutigen Tages mit euch allen zu teilen. Um ehrlich zu sein, hätte ich nie gedacht, dass ich jemals eine Rede auf Pauls Hochzeit halten würde – vor allem, weil ich nicht damit gerechnet habe, dass er tatsächlich eine Frau finden würde, die seine schlechten Witze genauso liebt wie ich. Aber hier sind wir nun, und ich könnte nicht glücklicher sein.

Paul, du bist für mich mehr als nur ein Freund. Du bist wie ein Bruder. Dazu bist du ehrlich, witzig und hast ein Herz aus Gold. Aber was du bis heute nicht weißt: In der Schule war ich es der dir immer heimlich die Stifte geklaut und sie behalten hat. Heute gebe ich sie dir zurück, als spaßiges Hochzeitsgeschenk. Ich denke, es wird Zeit, dass du endlich deine eigene Sammlung hast. Und ich habe endlich wieder eine freie Schreibtischschublade.

Mein Bester, eines muss ich noch loswerden: Gott sei Dank bist du jetzt endlich unter der Haube. Die Clubbesuche von früher haben mich nicht nur Moneten, sondern auch einiges an Gehirnzellen gekostet, und ich bin froh, dass diese wilden Nächte nun der Vergangenheit angehören. Aber ich muss sagen, dass ich es genossen habe, diese Abenteuer mit dir zu erleben.

Und dann kam Tamara in dein Leben. Tamara, du bist wie für Paul gemacht. Mit deiner hilfsbereiten, offenen und lieben Art hast du uns alle im Sturm erobert. Mir war direkt klar, dass du Pauls perfektes Gegenstück bist, und ich könnte mir niemanden besseren an seiner Seite vorstellen.

Ich wünsche euch beiden das größte Glück und eine unvergessliche, humorvolle Ehe. Möge euer gemeinsamer Weg von Liebe, Lachen und unzähligen glücklichen Momenten gesäumt sein.

Lasst uns nun gemeinsam auf das Brautpaar anstoßen und ihre Liebe feiern. Auf Paul und Tamara! Möge eure Liebe ewig blühen und eure Ehe voller Freude und Abenteuer sein.

Beispiel 2 – Prompt für eine Brautvaterrede

Prompt an Gemini:

Liebes Gemini,
bitte schreibe mir eine 3-5 minütige Brautvaterrede. Ich heiße Torsten
und bin der Vater der Braut Cleo. Meine Rede soll persönlich, witzig und in
Form eines Fließtextes sein. Ich möchte zu Beginn das Brautpaar Cleo und Max
persönlich begrüßen, aber auch die anderen Hochzeitsgäste begrüßen und
willkommen heißen. Meine Rede soll mit einem kurzen, lustigen Hochzeitsspruch
beginnen. Cleo ist mein einziges Kind und ich bin sehr stolz auf sie. Meine
Tochter ist vor allem eines: ein liebevoller und emphatischer Mensch. Aber
manchmal ist sie auch etwas tollpatschig. Bereits in Kindertagen hat Cleo sich
regelmäßig den kleinen Zeh gestoßen oder ihre Kindertasse fallen lassen. Nun
ist mein kleines Mädchen groß und geht ihren eigenen Weg. Ich freue mich, dass
sie den Weg nicht mehr allein gehen muss, sondern Max an ihrer Seite hat. Max
ist ein toller Schwiegersohn, gütig, humorvoll und hilfsbereit. Schön, dass Max
jetzt auch offiziell Teil der Familie ist. Auch mag ich, dass Max und ich
dieselbe Leidenschaft teilen: Oldtimer. Cleo und Max wünsche ich von Herzen
alles Glück für die Zukunft. Abschließend möchte ich mit den Gästen auf das
schöne Brautpaar anstoßen!

Aufwand von ca. 10 Minuten

Ergebnis von Gemini:

Liebe Cleo, lieber Max, liebe Familie und Freunde!

"Wo die Liebe hinfällt, da wächst auch der Rasen dicker.*" – mit diesem Spruch begrüße ich euch alle ganz herzlich zur Hochzeit meines kleinen Mädchens und ihres Traummannes!

Kaum zu glauben, wie schnell die Zeit vergeht. Gefühlt war es erst gestern, als ich Cleo mit ihrem Teddy im Arm zum ersten Mal im Krankenhaus besuchte. Und jetzt steht sie hier vor mir, strahlend schön und bereit, Ja zu sagen.

Cleo, mein einziges Kind, mein Sonnenschein, mein Ein und Alles. Du bist ein ganz besonderer Mensch: liebevoll, empathisch, immer hilfsbereit und mit einem Herzen aus Gold. Aber ich gebe zu, manchmal bist du auch etwas tollpatschig. Erinnerst du dich noch, als du als kleines Kind ständig den kleinen Zeh gestoßen oder deine Kindertasse fallen gelassen hast?

Heute bist du groß und gehst deinen eigenen Weg. Und ich bin unendlich stolz auf dich, für die starke und unabhängige Frau, die du geworden bist.

Zum Glück musst du diesen Weg nicht mehr allein gehen. An deiner Seite steht Max, ein Mann, der perfekt zu dir passt. Gütig, humorvoll, hilfsbereit und mit einem Lächeln, das einem sofort die Sonne ins Herz zaubert.

Max, ich freue mich sehr, dass du jetzt offiziell Teil unserer Familie bist. Und wer weiß, vielleicht stecken in dir ja auch ein paar Oldtimer-Gene?

Cleo und Max, ihr seid ein wunderbares Paar, und ich wünsche euch von ganzem Herzen alles Glück der Welt für eure gemeinsame Zukunft.

Lasst euch von eurer Liebe leiten, steht euch immer zur Seite und genießt jeden einzelnen Moment.

Und jetzt stoßen wir an auf das Brautpaar!

Prosit auf Cleo und Max!

*Angelehnt an einen Aphorismus von Spontispruch

Finales Ergebnis mit eigenen Worten verfeinert:

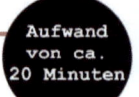

Liebe Cleo, lieber Max,
liebe Familie und Freunde!

"Wo die Liebe hinfällt, da wächst auch der Rasen dicker.*" – mit diesem Spruch begrüße ich euch alle ganz herzlich zur Hochzeit meines nicht mehr ganz so kleinen Mädchens Cleo und ihres Traummannes Max!

Kaum zu glauben, wie schnell die Zeit vergeht. Gefühlt war es erst gestern, als ich die frischgeborene Cleo im Krankenhaus und im Arm ihrer Mutter liegend bestaunen durfte. Ich gab ihr ihren zukünftigen und damals viel zu großen Plüschhund, Mr. Kuschel, und wurde mit dem ersten Anzeichen eines Lächelns belohnt. Ein zauberhaftes Bild, das ich nie vergessen werde. Vor allem weil Cleo mehr Haare auf dem Kopf hatte als Mr. Kuschel. Jetzt steht sie hier vor mir, strahlend schön und bereit, Ja zu sagen.

Cleo, mein Kind, mein Sonnenschein, mein Ein und Alles. Du bist ein ganz besonderer Mensch: liebevoll, empathisch, immer hilfsbereit und mit einem Herzen aus Gold. Aber ich gebe zu, manchmal bist du auch etwas tollpatschig. Erinnerst du dich noch, als du dir als kleines Kind ständig denselben kleinen Zeh gestoßen und deine rosafarbene Kindertasse fallen gelassen hast? Auch das zu Boden fliegende Butterbrot wollte nie auf der richtigen Seite landen. Aber zum Glück gibt es die 3-Sekunden-Regel, hab' ich recht Cleo? Ein wenig Dreck reinigt ja bekanntlich den Magen.

Heute bist du groß und gehst deinen eigenen Weg. Und ich bin unendlich stolz auf dich, auf die starke und unabhängige Frau, die du geworden bist.

Zum Glück musst du deinen Weg von nun an nicht mehr allein gehen. An deiner Seite steht Max, ein Mann, der perfekt zu dir passt. Gütig, humorvoll, hilfsbereit und mit einem Lächeln, das einem sofort die Sonne ins Herz zaubert.

Max, ich freue mich sehr, dass du jetzt offiziell Teil unserer Familie bist. Und wer weiß, vielleicht entsteht durch unsere gemeinsame Leidenschaft zu Oldtimern noch etwas ganz Großes? Allein mit unserer Sammlung an Oldtimertassen, -Gläsern und -Frühstücksbrettern könnten wir ein Café eröffnen. Unsere Frauen würden es uns wohl danken, wenn weniger buntes Geschirr die Küchenschränke "belegt".

Cleo und Max, ihr seid ein wunderbares Paar, und ich wünsche euch von ganzem Herzen alles Glück der Welt für eure gemeinsame Zukunft.

Lasst euch von eurer Liebe leiten, steht euch immer zur Seite und genießt jeden einzelnen Moment.

Und jetzt stoßen wir an: Auf das Brautpaar! Auf Cleo und Max!

*Angelehnt an einen Aphorismus von Spontispruch

Wo man am meisten fühlt, weiß man am wenigsten zu sagen.
– Annette von Droste-Hülshoff–

Beispiel 3 – Prompt für eine Rede der Trauzeugin

Prompt an Claude:

Liebes Claude,
bitte schreibe mir eine 3-5 minütige Trauzeuginnenrede. Ich heiße Sandra
und bin die Trauzeugin und beste Freundin der Braut Megan. Ihr Bräutigam
heißt Constantin. Meine Rede soll humorvoll, aber auch emotional und in Form
eines Fließtextes geschrieben sein. Ich möchte zu Beginn meiner Rede das
Brautpaar und die Gäste begrüßen und meine Rede mit einem humorvollen Zitat
zum Thema Liebe beginnen. Megan und ich kennen uns seit der Oberstufe und
sind seither unzertrennlich. Gemeinsam haben wir die Mathe-Abiturprüfung gerade
so gerockt – hier möchte ich gerne einen passenden Witz darüber einbauen. Aber
auch sonst haben wir in guten wie in schlechten Zeiten zusammengehalten und uns
gegenseitig den Rücken gestärkt. Für Megan wünsche ich mir alles Glück dieser
Welt und ich bin froh, dass sie dieses in Constantin gefunden hat. Constantin ist
herzlich, hilfsbereit und macht die weltbeste Pasta. Ich kann mich also beruhigt
wissen, wenn es Megan mal schlecht geht, da die Pasta ihr in Nullkommanichts
wieder ein Lächeln ins Gesicht zaubern wird – hier möchte ich humorvoll sagen,
dass auch Constantin allein ihr wieder zur besseren Stimmung verhelfen kann,
auch ganz ohne seine Pasta. Beiden wünsche ich eine gemeinsame Reise mit
vielen schönen und unvergesslichen Momenten, tiefgründigen Gesprächen, jede
Menge Lachen und unendlicher Liebe. Abschließend möchte ich auf das
Hochzeitspaar anstoßen und ihre Liebe mit den Gästen feiern.

Aufwand von ca. 10 Minuten

Ergebnis von Claude:

Sehr geehrtes Brautpaar, liebe Hochzeitsgäste,

"In der Mathematik der Liebe macht eins plus eins unendlich.*" Mit diesem Zitat möchte ich meine Rede für Megan und Constantin beginnen, denn es passt nicht nur zu ihrer Liebe, sondern auch zu unserer gemeinsamen Geschichte.

Ich bin Sandra, Megans beste Freundin und heute ihre überglückliche Trauzeugin. Megan und ich kennen uns seit der Oberstufe, und seitdem sind wir wie Pech und Schwefel. Gemeinsam haben wir so manches Abenteuer erlebt, aber keines war so herausfordernd wie unsere Mathe-Abiturprüfung. Wisst ihr, Megan und ich haben diese Prüfung mit Ach und Krach bestanden – man könnte sagen, wir haben die Grenze des Möglichen ausgereizt, ähnlich wie eine Asymptote, die sich einer Kurve unendlich annähert, ohne sie je zu berühren. Aber hey, wir haben es geschafft, und das ist alles, was zählt!

In all den Jahren haben Megan und ich uns gegenseitig durch dick und dünn begleitet. Ob es nun um gebrochene Herzen, Prüfungsstress oder die ewige Suche nach dem perfekten Little Black Dress ging – wir waren füreinander da. Wir haben zusammen gelacht, geweint und mehr Eiscreme verdrückt, als ich zugeben möchte. Und jetzt, liebe Megan, sehe ich dich hier in deinem atemberaubenden Brautkleid, strahlend vor Glück – und mein Herz quillt über vor Freude für dich.

Constantin, du bist derjenige, der Megans Augen zum Funkeln bringt. Du bist warmherzig, immer zur Stelle, wenn man dich braucht, und – nicht zu vergessen – der Meister der Pasta. Ich bin so froh, dass Megan dich gefunden hat. Wenn sie mal einen schlechten Tag hat, weiß ich, dass deine Pasta-Künste ihr im Handumdrehen wieder ein Lächeln ins Gesicht zaubern werden. Obwohl, lass mich das korrigieren: Ich bin mir sicher, dass du auch ganz ohne kulinarische Hilfe Megan aufheitern kannst. Deine bloße Anwesenheit reicht aus, um ihre Welt heller zu machen – die Pasta ist nur das i-Tüpfelchen.

Liebe Megan, lieber Constantin, ich wünsche euch von ganzem Herzen eine gemeinsame Reise, die so reich an Erlebnissen ist wie ein gut gefülltes Fotoalbum. Möge euer Weg gespickt sein mit tiefgründigen Gesprächen bis in die frühen Morgenstunden, mit Lachfalten verursachendem Kichern und einer Liebe, die tiefer ist als der Marianengraben. In schwierigen Zeiten sollt ihr füreinander Fels in der Brandung sein, und in guten Zeiten das Glück in vollen Zügen genießen.

Zum Abschluss möchte ich mein Glas erheben und auf das Brautpaar anstoßen. Auf Megan und Constantin, auf ihre Liebe, die wie eine perfekte Gleichung ist –

ausgewogen, wunderschön und unendlich lösbar. Möge eure Ehe so stabil sein wie ein gut konstruierter Brückenträger und so süß wie Constantins legendäres Tiramisu!

Lasst uns gemeinsam feiern, lachen und die Liebe hochleben lassen.
Auf das Brautpaar!

*Zitat von Claude

Finales Ergebnis mit eigenen Worten verfeinert:

Liebe Megan,
lieber Constantin,
liebe Familien und verehrte Hochzeitsgäste,

"Liebe ist, wenn er 'Kauf doch nicht so viel ein!' sagt und dann trotzdem fünf Tüten aus dem Supermarkt trägt.*"

Mit diesem Blick in die Zukunft unseres Brautpaares freue ich mich, als Trauzeugin und beste Freundin von Megan, so viele von euch heute hier willkommen zu heißen. Schön, dass ihr hier seid und wir gemeinsam die Liebe von Megan und Constantin feiern.

Megan und ich kennen uns seit der Oberstufe, und seitdem sind wir wie Pech und Schwefel. Gemeinsam haben wir so manches Abenteuer erlebt, aber keines war so herausfordernd wie unsere Mathe-Abiturprüfung. Wisst ihr, Megan und ich haben diese Prüfung mit Ach und Krach bestanden – man könnte sagen, wir haben die Grenze des Möglichen ausgereizt, ähnlich wie eine Asymptote, die sich einer Kurve unendlich annähert, ohne sie je zu berühren. Aber hey, wir haben es geschafft, und das ist alles, was zählt!

In all den Jahren haben Megan und ich uns gegenseitig den Rücken gestärkt, egal ob es um Liebeskummer, Studienkrisen oder die Suche nach der perfekten Jeans ging. Wir haben zusammen gelacht, geweint und mehr Eiscreme verdrückt, als ich zugeben möchte. Und jetzt, liebe Megan, sehe ich dich hier in deinem atemberaubenden Brautkleid, strahlend vor Glück – und mein Herz quillt über vor Freude für dich.

Constantin, du bist derjenige, der Megans Augen zum Funkeln bringt. Du bist warmherzig, immer zur Stelle, wenn man dich braucht, und – nicht zu vergessen – du machst die weltbeste Pasta. Ich bin so froh, dass Megan dich gefunden hat. Wenn sie mal einen schlechten Tag hat, weiß ich, dass deine Pasta-Künste ihr im Handumdrehen wieder ein Lächeln ins Gesicht zaubern werden. Obwohl, lass mich das korrigieren: Ich bin mir sicher, dass du auch ganz ohne kulinarische Hilfe Megan aufheitern kannst. Deine bloße Anwesenheit reicht aus, um ihre Welt heller zu machen – die Pasta ist nur das i-Tüpfelchen.

Liebe Megan, lieber Constantin, ich wünsche euch von ganzem Herzen eine gemeinsame Reise, die so reich an Erlebnissen ist wie ein gut gefülltes Fotoalbum. Möge euer Weg gespickt sein mit tiefgründigen Gesprächen bis in die frühen Morgenstunden, mit Lachfalten, die ihr bei all dem Spaß bekommen werdet, und einer Liebe, die tiefer ist als der Ozean. Möget ihr in schwierigen Zeiten füreinander da sein und in guten Zeiten das Glück in vollen Zügen genießen. Und falls es mal die Hilfe von außen braucht, ich bin immer für euch da.

Zum Abschluss möchte ich mein Glas erheben und auf das Brautpaar anstoßen. Auf Megan und Constantin, auf ihre Liebe, die wie eine perfekte Gleichung ist – komplex, wunderschön und unendlich. Möge eure Ehe so stabil sein wie ein gut konstruierter Brückenträger und so süß wie Constantins legendäres Tiramisu!

Lasst uns gemeinsam feiern, lachen und die Liebe hochleben lassen.
Auf das Brautpaar!

Liebe ist die Poesie der Sinne.
– Honoré de Balzac –

Beispiel 4 – Prompt für eine Bräutigamrede

Prompt an ChatGPT:

Liebes ChatGPT,
- schreibe mir bitte eine kurze Bräutigamrede
- wertschätzend und liebevoll
- Name der Braut: Sarah
- Name der Schwiegermutter: Rita
- Name des Schwiegervaters: Marcus

Aufwand von ca. 1 Minute

Ergebnis von ChatGPT:

Liebe Familie und Freunde,

Ich danke euch allen von Herzen, dass ihr heute hier seid, um diesen besonderen Tag mit Sarah und mir zu feiern. Es bedeutet uns sehr viel, euch alle hier zu sehen und eure Unterstützung und Liebe zu spüren.

Vor allem möchte ich mich bei Sarahs Eltern, Rita und Marcus, bedanken. Eure Liebe und Unterstützung haben Sarah zu der wundervollen Frau gemacht, die sie heute ist. Danke, dass ihr mich so herzlich in eure Familie aufgenommen habt. Ich schätze eure Ratschläge, eure Großzügigkeit und die unzähligen Momente, in denen ihr für uns da wart.

Sarah, meine wundervolle Braut, ich bin so glücklich, dass wir heute diesen Schritt gemeinsam machen. Du bist mein Fels, meine beste Freundin und die Liebe meines Lebens. Jeden Tag mit dir ist ein Geschenk, und ich freue mich auf alles, was die Zukunft für uns bereithält.

Lassen wir uns anstoßen auf die Liebe, das Leben und viele glückliche Jahre zusammen. Danke, dass ihr diesen besonderen Moment mit uns teilt.

Prost!

Finales Ergebnis mit eigenen Worten verfeinert:

Liebe Familie und Freunde, verehrte Hochzeitsgäste,

Ich danke euch allen von Herzen, dass ihr heute hier seid, um diesen besonderen Tag mit Sarah, meiner wunderschönen Frau, und mir zu feiern. Es bedeutet uns sehr viel, euch alle hier zu sehen und eure Unterstützung und Liebe zu spüren.

Vor allem möchte ich mich heute bei Sarahs Eltern, Rita und Marcus, bedanken. Eure Liebe und Fürsorge haben Sarah zu der wundervollen Frau gemacht, die sie heute ist. Ebenfalls sehr dankbar bin ich dafür, dass ihr mich so herzlich in eure Familie aufgenommen habt. Ich schätze eure ehrlichen Ratschläge, eure Großzügigkeit und die unzähligen Momente, in denen ihr für uns da wart. Ich könnte mir keine besseren Schwiegereltern vorstellen und bin froh euch als zweites Elternpaar in meinem Leben zu haben.

Sarah, meine märchenhafte Braut, ich bin so glücklich, dass wir heute diesen Schritt gemeinsam machen. Du bist mein Fels, meine beste Freundin, die Liebe meines Lebens, mein Zuhause. Durch dich habe ich gelernt, ausgeglichen zu sein und mehr Leichtigkeit in mein Leben zu bringen. Und falls mir das mal doch nicht so leichtfällt, hilft deine positive Art und dein Lächeln mir darüber hinweg. Jeder Tag mit dir ist ein Geschenk, und ich freue mich auf alles, was die Zukunft für uns bereithält.

Ein großes Dankeschön auch an alle Helfenden, vor und hinter den Kulissen, die den heutigen Tag zu solch einer unvergesslichen Erinnerung werden lassen. Ihr habt uns während der Hochzeitsvorbereitungen eine Menge Falten erspart und einiges an Sorgen abgenommen.

Mein abschließender Dank gilt meiner Mutter Silvia und meinem Vater Klaus. Ich danke euch für die Werte und Liebe, die ihr mir gezeigt habt. Wenn ich als Elternteil nur halb so gut performen werde wie ihr, kann nichts mehr schiefgehen.

Das wunderbare Essen liegt bereits hinter uns und nun freuen Sarah und ich uns, mit euch die Party zu eröffnen und das Tanzbein zu schwingen. Die Party bekommt um 23:00 Uhr noch einen süßen und mehrstöckigen Beigeschmack, auf den ihr euch alle freuen könnt.

Lassen wir uns anstoßen auf die Liebe, das Leben und viele glückliche Jahre zusammen. Danke, dass ihr diesen besonderen Moment mit uns teilt.

Auf einen unvergesslichen Abend!

Beispiel 5 – Prompt für eine Brautvaterrede #2

Prompt an Gemini:

Liebes Gemini,
schreibe mir eine kurze Brautvaterrede. Die Rede soll wertschätzend und witzig sein. Die Braut heißt Lisa und der Bräutigam René.

Ergebnis von Gemini:

Liebe Gäste, liebe Familie, lieber René,

Als ich klein war, dachte ich immer, der Tag, an dem ich meine Tochter zum Altar führen würde, wäre der traurigste meines Lebens. Heute stehe ich hier und muss gestehen: Ich hatte vollkommen falsch gedacht!

Liebe Lisa, du warst schon immer mein Sonnenschein. Von klein auf hast du unser Zuhause mit Lachen und Freude erfüllt. An deine ersten Schritte erinnere ich mich noch genau, als wären sie gestern gewesen: Stolpernd und unsicher, aber mit einem Lächeln im Gesicht, das jeden Raum erhellen konnte.

Und dieses Lächeln hast du dir bis heute bewahrt. Du bist zu einer starken, unabhängigen Frau herangewachsen, die genau weiß, was sie will im Leben.

Und dann kam René.

Zuerst war ich skeptisch, ich muss es gestehen. Schließlich warst du mein kleines Mädchen, und ich konnte mir nicht vorstellen, dass jemand anderes dich so glücklich machen könnte wie ich. Aber René hat sich als würdiger Partner erwiesen. Er ist liebevoll, intelligent und hat einen großartigen Humor. Ich habe das Gefühl, dass er dich auf Händen trägt und dich immer beschützen wird.

Lisa und René, ihr seid ein wunderbares Paar, und ich bin so glücklich, dass ihr euch gefunden habt. Ich wünsche euch von ganzem Herzen alles Gute für eure gemeinsame Zukunft.

Habt viel Spaß auf eurem gemeinsamen Lebensweg, genießt jeden Moment und vergesst niemals, einander zu lieben und zu respektieren.

Und jetzt, liebe Gäste, erheben wir unsere Gläser auf das Brautpaar!

Prost auf Lisa und René!

Finales Ergebnis mit eigenen Worten verfeinert:

Liebe Lisa,
lieber René,
liebe Verwandte und Freunde,
liebe Hochzeitsgäste,

Ich schätze jeder Vater hat Angst davor, wenn sein kleines Mädchen erwachsen wird, auszieht und Papa eben nicht mehr die unangefochtene Nummer 1 ist. Zugegeben, auch mir gefiel die Vorstellung lange nicht. Heute stehe ich hier und muss gestehen: Ich bin unendlich stolz, heute als Brautvater zu euch zu sprechen.

Liebe Lisa, du warst schon immer mein Sonnenschein. Von klein auf hast du unser Zuhause mit Lachen und Freude erfüllt. An deine ersten Schritte erinnere ich mich noch genau, als wären sie gestern gewesen: Stolpernd und unsicher, aber mit einem Lächeln im Gesicht, das jeden Raum erhellen konnte.

Und dieses Lächeln hast du dir bis heute bewahrt. Du bist zu einer starken, unabhängigen Frau herangewachsen, die genau weiß, was sie will im Leben. Auch in punkto Haarfarbe und -Schnitt scheinst du dir jetzt sicher zu sein. Ich weiß noch genau, wie sich deine Haare während deiner Teenagertage in regelmäßigen Abständen änderte. Wie hieß die Boyband noch gleich, dank derer deine Haarfarbe sich von blond über grün zu schwarz wechselte? Und welchem Serienstar hatten Mama und ich es zu verdanken, dass du unbedingt kurze blonde Haare haben wolltest? Rapunzel war es jedenfalls nicht.

Und dann, 4 Jahre später, kam René.

Zuerst war ich skeptisch, schließlich warst du mein kleines Mädchen und er der erste Junge, den du mit nach Hause gebracht hast. Aber René hat sich bereits in so jungen Jahren als würdiger Partner erwiesen. Er ist liebevoll, intelligent und hat einen großartigen Humor.

Lieber René, nun auch ganz offiziell: Herzlich Willkommen in unserer Familie! Wenn du unsere Tochter auch in den kommenden Jahrzehnten so beschützt wie dein Tor beim Handball, dann wird Lisa zukünftig nicht nur mit ihrem Lächeln, sondern auch mit ihrer Unversehrtheit strahlen.

Lisa und René, ihr seid ein so wunderbares Paar, und ich bin so glücklich, dass ihr euch gefunden habt. Ich wünsche euch von ganzem Herzen alles Gute für eure gemeinsame Zukunft.

Habt viel Spaß auf eurem gemeinsamen Lebensweg, genießt jeden Moment und vergesst niemals, einander zu lieben und zu respektieren.

Und jetzt, liebe Gäste, erheben wir unsere Gläser: Auf das Brautpaar und die Liebe!

Beispiel 6 – Prompt für eine Rede der Trauzeugin #2

Prompt an Claude:

Liebes Claude,
bitte schreibe mir eine Hochzeitsrede. Meine Rede als Trauzeugin soll emotional, aber humorvoll sein. Die Braut heißt Samira und der Bräutigam heißt Timon.

Aufwand von ca. 1 Minute

Ergebnis von Claude:

Liebe Gäste,
liebe Samira, lieber Timon,

Als Samiras Trauzeugin stehe ich heute hier, um eine kleine Rede zu halten. Und glauben Sie mir, ich bin mindestens so aufgeregt wie das Brautpaar – nur ohne den Vorteil, dass ich mich an einem Glas Sekt festhalten kann!

Samira und ich kennen uns schon seit der Grundschule. Damals hätte ich nie gedacht, dass ich eines Tages hier stehen und sie in einem weißen Kleid sehen würde. Nicht weil ich an ihrer Schönheit zweifelte, sondern weil sie in der dritten Klasse fest davon überzeugt war, später einmal einen Dinosaurier zu heiraten. Tja, Timon, du bist zwar kein T-Rex, aber dafür deutlich pflegeleichter!

Als Samira mir von Timon erzählte, wusste ich sofort: Da hat es jemand geschafft, ihr Herz zu erobern. Nicht nur, weil sie plötzlich ständig lächelte, sondern auch, weil sie zum ersten Mal freiwillig Fußball schaute – auch wenn sie anfangs dachte, Abseits sei eine Art Salatdressing.

Timon, du bist der perfekte Partner für unsere Samira. Du bringst sie zum Lachen, wenn sie ernst ist, und du bist ihr Fels in der Brandung, wenn sie mal wieder vor Energie übersprudelt. Ihr ergänzt euch wie Schokolade und Erdnussbutter – einzeln schon lecker, aber zusammen einfach unschlagbar.

Eure Liebe ist etwas ganz Besonderes. Ihr scheut euch nicht, füreinander da zu sein, auch wenn es mal nicht so läuft. Wie damals, als Samira sich bei eurem ersten gemeinsamen Kochversuch den Finger verbrannt hat und du, Timon, sie ins Krankenhaus gefahren hast – mit dem angebrannten Essen im Schlepptau, weil ihr beide zu aufgeregt wart, um den Herd auszuschalten. Aber genau das macht eure Beziehung aus: Ihr steht zueinander, egal was kommt. Ihr lacht zusammen, ihr weint zusammen und manchmal – nur manchmal – verbrennt ihr zusammen das Essen.

Samira, meine beste Freundin, ich bin so unglaublich glücklich für dich. Du strahlst heute wie ein Diamant, und ich weiß, dass dieses Leuchten nie verlöschen wird, solange Timon an deiner Seite ist. Timon, pass gut auf sie auf. Sie mag zwar manchmal etwas chaotisch sein, aber sie hat ein Herz aus Gold und wird dich immer zum Lachen bringen – selbst, wenn du gerade überhaupt nicht in Stimmung dafür bist.

Auf Samira und Timon! Möge eure Ehe so stark sein wie Timons Bizeps und so süß wie Samiras Lächeln. Und denkt immer daran: In guten wie in schlechten Zeiten, in Reichtum und Armut, bei Sonnenschein und Regen – Hauptsache, ihr habt einander und eine gute Pizzeria auf Kurzwahl!

Auf das Brautpaar!

Finales Ergebnis mit eigenen Worten verfeinert:

Liebe Gäste,
liebe Samira, lieber Timon,

Als Samiras Trauzeugin stehe ich heute hier, um eine kleine Rede zu halten. Und glauben Sie mir, ich bin mindestens so aufgeregt wie das Brautpaar – nur ohne den Vorteil, dass ich mich an einem Glas Sekt festhalten kann!

Samira und ich kennen uns schon seit der Grundschule. Damals hätte ich nie gedacht, dass ich eines Tages hier stehen und sie in einem weißen Kleid sehen würde. Nicht weil ich an ihrer Schönheit zweifelte, sondern weil sie in der dritten Klasse fest davon überzeugt war, später einmal einen Dinosaurier zu heiraten. Tja, Timon, du bist zwar kein T-Rex, aber dafür deutlich pflegeleichter!

Als Samira mir von Timon erzählte, wusste ich sofort: Da hat es jemand geschafft, ihr Herz zu erobern. Nicht nur, weil sie plötzlich und ständig lächelte, sondern auch, weil sie zum ersten Mal freiwillig Fußball schaute – auch wenn sie anfangs dachte, Abseits sei der Trainer der Mannschaft.

Timon, du bist der perfekte Partner für Samira. Du bringst sie zum Lachen, wenn sie ernst ist, und du bist ihr Ruhepol, wenn sie mal wieder vor Energie übersprudelt. Ihr ergänzt euch wie Schokolade und Erdnussbutter – einzeln schon ziemlich lecker, aber zusammen einfach unschlagbar.

Eure Liebe ist etwas ganz Besonderes. Ihr scheut euch nicht, füreinander da zu sein, auch wenn es mal nicht so läuft. Wie damals, als Samira kurz vor ihrer wichtigen Präsentation im Büro eine schlimme Erkältung bekam und du, Timon, mitten in der Nacht durch die halbe Stadt gefahren bist, um ihr Hustensaft, Halsbonbons und Taschentücher zu bringen. Die nächsten Tage standest du extra früher auf, um ihr eine Thermoskanne mit selbstgemachtem Ingwertee zuzubereiten. Samira hat mir später erzählt, dass deine Fürsorge ihr mehr Kraft gegeben hat als jede Medizin.

Aber genau das macht eure Beziehung aus: Ihr steht zueinander und unterstützt euch bei allem, was an der nächsten Ecke auf euch wartet. Ihr lacht zusammen, ihr weint zusammen, ihr pflegt euch gegenseitig gesund und manchmal – nur manchmal – brecht ihr dafür fast in eine Apotheke ein.

Samira, ich bin so unglaublich glücklich für dich, für meine beste Freundin. Du strahlst heute wie ein Diamant, und ich weiß, dass dieses Leuchten nie erlischt, solange Timon an deiner Seite ist.

Timon, pass gut auf sie auf. Sie mag zwar manchmal etwas chaotisch sein, aber sie hat ein Herz aus Gold und wird dich immer wieder um den Finger wickeln – selbst, wenn du felsenfest davon überzeugt bist, dass ihr kein neues Sofa oder einen neuen Wandanstrich braucht.

Auf Samira und Timon! Möge eure Ehe so stark sein wie Timons Bizeps und so süß wie Samiras Lächeln. Und denkt immer daran: In guten wie in schlechten Zeiten, in Reichtum und Armut, bei Sonnenschein und Regen – Hauptsache, ihr habt einander und eine gute Pizzeria auf Kurzwahl!

Auf das Brautpaar und auf ihre ewige Liebe!

Beispiele für Hochzeitsreden via Hochzeitsplanerin.de

Wie bereits im vorletzten Unterkapitel erwähnt, gibt es neben dem Prompt noch andere Möglichkeiten, um mit Hilfe von KI eine unvergessliche Hochzeitsrede zu verfassen – eine davon ist z.B. der Online-Service von Hochzeitsplanerin.de. Dessen Online-Formular führt dich im ersten Schritt durch insgesamt 15 Fragen, in denen du persönliches über dich und die Person, für die du die Rede schreiben möchtest, erzählst. Für die Beantwortung der Fragen kannst du je nach Detailgrad ca. 5 bis 10 Minuten Zeit einplanen. Bei Schritt Nummer zwei kommt die Künstliche Intelligenz ins Spiel, welche basierend auf deinen Angaben zwei Redeentwürfe erstellt. Diese gehen dir anschließend und in wenigen Minuten per E-Mail zu. Bevor es ans Üben geht, kannst du nun mit dem dritten und letzten Schritt beginnen: dem Finalisieren deiner Hochzeitsrede.

Mit den folgenden zwei Beispielen möchten wir dir zeigen:

- ♥ Welche Fragen im Online-Formular gestellt werden

- ♥ Wie die Redeentwürfe von Hochzeitsplanerin.de aussehen

- ♥ Welchen Unterschied es macht, wenn man das Formular mit einem hohen Detailgrad oder nur die Pflichtfelder ausfüllt

- ♥ Wie viel schriftliche Eigenleistung benötigt wird, um die Rede zu finalisieren

- ♥ Wie hoch der zeitliche Circa-Aufwand in Minuten ist, wenn es um die Beantwortung der Fragen und das Finalisieren deiner Hochzeitsrede geht

Die Aufteilung der Beispiele erfolgt daher in drei Abschnitten:

1. Das ausgefüllte Formular

2. Die zwei Redeentwürfe von Hochzeitsplanerin.de

3. Ein finales Ergebnis mit unseren Worten verfeinert

Damit du möglichst schnell den Unterschied zwischen dem finalen Ergebnis und dem ursprünglichen Redeentwurf erkennst, haben wir die Unterschiede farblich im finalen Text gekennzeichnet.

Weiter hinten im Buch unter Kapitel "Arten und Beispiele von Hochzeitsreden", findest du weitere Redebeispiele, welche unter anderem mit Hilfe des Online-Service von Hochzeitsplanerin.de erstellt worden sind und dir als Inspiration dienen werden.

Beispiel 1 – Eine humorvolle Hochzeitsrede der Schwester

Ausgefülltes Formular von Hochzeitsplanerin.de:

Aufwand von ca. 7 Minuten

1. *In welchem Stil soll deine Hochzeitsrede geschrieben werden? Diese Frage ist erforderlich**
   Humorvoll.

2. *Wie ist dein Vorname? Diese Frage ist erforderlich**
   Mona.

3. *Wie heißt die Person (Vorname), für die du die Rede halten möchtest? Diese Frage ist erforderlich**
   Michelle.

4. *In welcher Beziehung stehst du zu Michelle? Diese Frage ist erforderlich**
   Schwester.

5. *Bist du Trauzeugin oder Trauzeuge? Diese Frage ist erforderlich**
   Nein.

6. *Wie lange kennst du Michelle schon?*
   Seit immer, da sie meine kleine Schwester ist.

7. *Mit welchen 3 Worten würdest du Michelle beschreiben?*
   Liebevoll, kreativ, chaotisch.

8. *Wie heißt der/die zukünftige Ehepartner/in von Michelle?*
   Malte.

9. *Mit welchen 3 Worten würdest du Malte beschreiben?*
   Einfühlsam, hilfsbereit, witzig.

10. *Beschreibe, wie du Michelle kennengelernt hast.*
    Michelle ist meine kleine Schwester.

11. *Erzähle eine Geschichte über ein Erlebnis, welches das Michelle und dich verbindet.*
Unser Baumhaus im Garten unserer Eltern, wo wir die coolsten Abenteuer erlebt haben. Als wir unseren Hund Paulo bekommen haben – er und wir waren immer die besten Freunde und ein unschlagbares Team.

12. *Beschreibe, wie du Malte kennengelernt hast.*
Malte habe ich eher zufällig kennengelernt. Ich wollte meiner Schwester mit einem Überraschungsbesuch eine Freude machen. Leider kam ich unpassend, denn Michelle und Malte hatten es sich gerade in der Badewanne bequem gemacht und einen romantischen Abend geplant.

13. *Erzähle eine Geschichte über das Brautpaar, die du gern in deiner Hochzeitsrede einbauen möchtest.*
Michelle liebt Pflanzen und Blumen, vergisst aber gerne mal sie zu gießen. Malte mit seiner fürsorglichen Art ist da der Retter in der Not und versorgt die Pflanzen heimlich mit Wasser, sodass Michelle kein schlechtes Gewissen hat und sich immer an den schön blühenden Pflanzen erfreuen kann.

14. *Gibt es besondere Wünsche oder Themen, die du in deiner Rede ansprechen möchtest?*
Ich wünsche meiner Schwester und meinem Schwager alles Gute für ihre gemeinsame Zukunft – viel Freude, unvergessliche Momente und eine nie endende Liebe.

Hinweis zum oben genannten Aufwand:
Je detaillierter deine Angaben, desto länger dauert das Ausfüllen des Online-Formulars. Aber umso mehr von deiner persönlichen Note fließen gleichzeitig in die Redeentwürfe von Hochzeitsplanerin.de ein und du sparst dir ggf. Zeit beim Finalisieren deiner Rede.

Erster Entwurf von Hochzeitsplanerin.de:

Liebe Michelle, lieber Malte, liebe Gäste,

Ich freue mich sehr, heute hier zu stehen und ein paar Worte an meine kleine Schwester und ihren frischgebackenen Ehemann zu richten. Für diejenigen, die mich nicht kennen: Ich bin Mona, Michelles große Schwester, und ich kenne sie seit... naja, seit immer!

Michelle und ich haben schon so einige Abenteuer zusammen erlebt. Ich erinnere mich noch gut an unser Baumhaus im Garten unserer Eltern, wo wir die coolsten Abenteuer erlebten. Es war unser kleines Reich, wo wir uns als Piraten, Prinzessinnen und Superhelden ausgetobt haben. Nicht zu vergessen, als wir unseren Hund Paulo bekamen. Er, Michelle und ich waren immer die besten Freunde und ein unschlagbares Team.

Michelle ist eine wunderbare Person – liebevoll, kreativ und chaotisch. Sie hat eine Art, Menschen zum Lachen zu bringen und ihnen das Gefühl zu geben, dass alles gut wird. Sie ist die Art von Person, die man einfach lieben muss.

Malte, du bist einfühlsam, hilfsbereit und witzig – und genau das macht dich so sympathisch. Ich erinnere mich noch gut daran, wie ich dich kennengelernt habe. Ich wollte Michelle mit einem Überraschungsbesuch eine Freude machen. Leider kam ich unpassend, denn Michelle und Malte hatten es sich gerade in der Badewanne bequem gemacht und einen romantischen Abend geplant. Ich glaube, ich habe selten so schnell die Flucht ergriffen!

Eine Geschichte, die ich unbedingt teilen möchte, zeigt, wie perfekt ihr beide zusammen passt. Michelle liebt Pflanzen und Blumen, vergisst aber gerne mal, sie zu gießen. Malte, mit seiner fürsorglichen Art, ist da der Retter in der Not. Er versorgt die Pflanzen heimlich mit Wasser, sodass Michelle kein schlechtes Gewissen hat und sich immer an den schön blühenden Pflanzen erfreuen kann. Das ist wahre Liebe in Aktion!

Michelle und Malte, ich wünsche euch alles Gute für eure gemeinsame Zukunft – viel Freude, unvergessliche Momente und eine nie endende Liebe. Ihr beide seid ein wunderbares Paar, und ich bin so glücklich, dass ihr euch gefunden habt.

Zum Schluss möchte ich mit einem Zitat enden, das perfekt zu diesem besonderen Tag passt: "Liebe besteht nicht darin, dass man einander ansieht, sondern dass man gemeinsam in die gleiche Richtung blickt." – Antoine de Saint-Exupéry

Lasst uns alle auf Michelle und Malte anstoßen!

Prost!

Zweiter Entwurf von Hochzeitsplanerin.de:

Liebe Michelle, lieber Malte, liebe Gäste,

Ich freue mich sehr, heute hier zu sein und die Ehre zu haben, ein paar Worte zu sagen. Für diejenigen, die mich nicht kennen – ich bin Mona, Michelles große Schwester. Und ja, ich bin seit immer in ihrem Leben, ob sie es wollte oder nicht.

Michelle, meine kleine Schwester, die liebevoll, kreativ und chaotisch ist, hat heute einen besonderen Tag. Sie hat den Mann gefunden, der genauso einfühlsam, hilfsbereit und witzig ist wie sie selbst. Malte, du bist der perfekte Partner für Michelle, und ich könnte mir niemand besseren für sie vorstellen.

Ich erinnere mich noch gut an die Abenteuer, die Michelle und ich als Kinder erlebt haben. Unser Baumhaus im Garten unserer Eltern war unser Königreich. Wir waren Piraten, Prinzessinnen und Entdecker, und unser Hund Paulo war immer an unserer Seite. Diese Erinnerungen sind mir sehr wertvoll und haben uns als Schwestern stark verbunden.

Malte, dich habe ich auf eine etwas ungewöhnliche Weise kennengelernt. Ich dachte, ich mache Michelle eine Freude mit einem Überraschungsbesuch. Leider erwischte ich euch beide in der Badewanne, romantisch wie eh und je. Das war ein Moment, den ich so schnell nicht vergessen werde. Aber es zeigte mir, wie sehr ihr beide einander liebt und wie gut ihr zusammenpasst.

Eine Geschichte, die ich unbedingt teilen möchte, ist Michelles Liebe zu Pflanzen. Sie liebt Blumen, vergisst aber gerne mal, sie zu gießen. Malte, mit deiner fürsorglichen Art, rettest du die Pflanzen heimlich und sorgst dafür, dass sie immer schön blühen. Michelle kann sich an den Blumen erfreuen, ohne ein schlechtes Gewissen zu haben. Das ist wahre Liebe und Fürsorge, und es zeigt, wie gut ihr beide harmoniert.

Michelle und Malte, ich wünsche euch von Herzen alles Gute für eure gemeinsame Zukunft. Möge eure Ehe voller Freude, unvergesslicher Momente und einer nie endenden Liebe sein. Ihr seid ein großartiges Team, und ich bin sicher, dass ihr zusammen alles meistern werdet.

Lasst uns alle das Glas erheben und auf Michelle und Malte anstoßen – auf ein Leben voller Liebe, Lachen und Glück!

Herzlichen Glückwunsch euch beiden!

Prost!

Eure Mona

Finales Ergebnis – erster Entwurf mit eigenen Worten verfeinert:

Liebe Michelle, lieber Malte, liebe Gäste,

Ich freue mich sehr, heute hier zu stehen und ein paar Worte an meine kleine Schwester und ihren frischgebackenen Ehemann zu richten. Für diejenigen, die mich nicht kennen: Ich bin Mona, Michelles große Schwester, und ich kenne sie seit... naja, seit immer!

Ihr könnt euch also vorstellen, dass Michelle und ich schon so einige Abenteuer zusammen erlebt haben. Ich erinnere mich noch gut an unser Baumhaus im Garten unserer Eltern, wo wir die coolsten Abenteuer erlebten. Es war unser kleines Reich – die Quelle unserer Fantasien, wo wir uns mal als Piraten oder Prinzessinnen austobten und zu Superhelden wurden. Nicht zu vergessen, als wir unseren Hund Paulo bekamen. Er war fortan der Star unserer Abenteuer und unser bester Freund. Gemeinsam bildeten wir ein unschlagbares Team und die starke Verbindung zwischen mir und Michelle besteht bis heute.

Michelle, du bist eine wunderbare Person – liebevoll, kreativ und chaotisch. Deine Art, Menschen zum Lachen zu bringen und ihnen das Gefühl zu geben, dass alles gut wird, ist wie eine unerschöpfliche Superkraft. Du bist die Art von Person, die man einfach lieben muss.

Jemand, der Michelle ganz besonders liebt, sitzt direkt neben ihr. Es ist der einfühlsame, hilfsbereite und witzige Malte – und genau das macht dich, lieber Malte, so sympathisch. Ich erinnere mich noch gut daran, wie ich dich kennengelernt habe. Eigentlich wollte ich Michelle mit einem Überraschungsbesuch eine Freude machen. Leider kam ich mehr als unpassend, denn Michelle und Malte hatten es sich gerade in der Badewanne bequem gemacht und einen romantischen Abend geplant. Ich glaube, ich habe selten so schnell die Flucht ergriffen!

Was ein Glück, dass Malte sich von meinem Reinplatzen nicht beirren lassen hat und wir heute die Liebe der Zwei feiern können. Es gibt viele Beispiele, dass die beiden perfekt zusammenpassen. Eines davon möchte ich gerne mit euch teilen: Michelle liebt Pflanzen und Blumen, vergisst aber gerne mal, sie zu gießen. Malte, mit seiner fürsorglichen Art, ist da der Retter in der Not. Er versorgt die Pflanzen heimlich mit Wasser, sodass Michelle kein schlechtes Gewissen hat, und sich immer an den schön blühenden Pflanzen erfreuen kann. Das ist wahre Liebe in Aktion!

Michelle und Malte, ich wünsche euch alles Gute für eure gemeinsame Zukunft – viel Freude, unvergessliche Momente und eine nie endende Liebe. Ihr beide seid ein wunderbares Paar, und ich bin so glücklich, dass ihr euch gefunden habt.

Zum Schluss möchte ich mit einem Zitat enden, das perfekt zu diesem besonderen Tag passt: "Da wo Liebe ist, ist der Sinn des Lebens erfüllt."
– Beethoven

Lasst uns alle gemeinsam auf Michelle und Malte anstoßen!
Auf euch und die Liebe!

Beispiel 2 – Eine emotionale Rede der Bräutigammutter

Ausgefülltes Formular von Hochzeitsplanerin.de:

Aufwand von ca. 1 Minute

1. *In welchem Stil soll deine Hochzeitsrede geschrieben werden? Diese Frage ist erforderlich**
   Emotional.

2. *Wie ist dein Vorname? Diese Frage ist erforderlich**
   Lydia.

3. *Wie heißt die Person (Vorname), für die du die Rede halten möchtest? Diese Frage ist erforderlich**
   Samuel.

4. *In welcher Beziehung stehst du zu Samuel? Diese Frage ist erforderlich**
   Mutter.

5. *Bist du Trauzeugin oder Trauzeuge? Diese Frage ist erforderlich**
   Nein.

6. *Wie lange kennst du Samuel schon?*
   Keine Angabe.

7. *Mit welchen 3 Worten würdest du Samuel beschreiben?*
   Keine Angabe.

8. *Wie heißt der/die zukünftige Ehepartner/in von Samuel?*
   John.

9. *Mit welchen 3 Worten würdest du John beschreiben?*
   Keine Angabe.

10. *Beschreibe, wie du Samuel kennengelernt hast.*
    Keine Angabe.

11. *Erzähle eine Geschichte über ein Erlebnis, welches das Samuel und dich verbindet.*
    Keine Angabe.

12. *Beschreibe, wie du John kennengelernt hast.*
    Keine Angabe.

13. *Erzähle eine Geschichte über das Brautpaar, die du gern in deiner Hochzeitsrede einbauen möchtest.*
    Keine Angabe.

14. *Gibt es besondere Wünsche oder Themen, die du in deiner Rede ansprechen möchtest?*
    Keine Angabe.

Hinweis zum oben genannten Aufwand:
Wenn du innerhalb des Online-Formulars nur die ersten fünf Pflichtfragen beantwortest, ist der erste zeitliche Aufwand entsprechend geringer. Beachte jedoch, dass du zum Finalisieren deiner Rede inkl. einbringen deiner persönlichen Note im nächsten Schritt etwas mehr Zeit benötigen könntest. Die KI liefert dir in diesem Fall nur allgemeine Beispiele, da ihr konkrete Angaben zum Brautpaar, passende Geschichten, persönliche Zukunftswünsche etc. fehlen.

Erster Entwurf von Hochzeitsplanerin.de:

Liebe Familie, liebe Freunde, liebe Gäste,

Mein Name ist Lydia, und ich habe die große Ehre, heute ein paar Worte über Samuel und John zu sagen, zwei Menschen, die mir sehr am Herzen liegen und die sich heute das Ja-Wort geben.

Samuel kenne ich als seine Mutter und Wegbegleiterin nun schon viele Jahre. Wir haben zusammen die Höhen und Tiefen des Lebens durchgestanden, und ich kann mit Überzeugung sagen, dass er einer der loyalsten, herzlichsten und beeindruckendsten Menschen ist, die ich kenne. Wenn ich Samuel beschreiben müsste, würde ich sagen, dass er das Herz am rechten Fleck hat und immer einen Weg findet, das Beste aus jeder Situation zu machen. Er ist ein Mensch, der mit seiner positiven Energie und seinem ansteckenden Lachen jeden Raum erhellt.

John, dich habe ich durch Samuel kennengelernt, und von dem Moment an, als ich dich traf, wusste ich, dass du der perfekte Partner für ihn bist. Du bist geduldig, liebevoll und hast eine bemerkenswerte Fähigkeit, Samuel zu ergänzen und zu unterstützen. Ihr beide seid das perfekte Beispiel dafür, wie zwei Menschen sich gegenseitig stärken und bereichern können.

Eine Geschichte, die mich besonders an Samuel erinnert, ist die, als er im Kindesalter, es waren Sommerferien, ein Baumhaus bauen wollte. Es war ein chaotisches Projekt, voller improvisierter Lösungen und kindlicher Begeisterung. Doch am Ende schuf er sein kleines Paradies in den Ästen. Es zeigt, wie Samuel immer schon jemand war, der Träume in die Realität umsetzen konnte – und das mit einer Leidenschaft, die einfach ansteckend ist.

John, ich erinnere mich noch gut an den Tag, als Samuel dich das erste Mal zu einem unserer gemeinsamen Treffen mitbrachte. Es war sofort klar, dass ihr beide eine besondere Verbindung habt. Ihr habt euch angesehen, und es war, als ob die Welt um euch herum für einen Moment stillstand. Diese Liebe und dieses Verständnis füreinander sind etwas, das man nicht oft sieht, und es hat mich tief berührt.

Eine weitere Geschichte, die ich teilen möchte, ist die, als Samuel und John beschlossen, gemeinsam einen Hund aus dem Tierheim zu adoptieren. Sie haben sich für einen älteren Hund entschieden, der schon viel durchgemacht hatte. Diese Entscheidung zeigt, wie groß ihr Herz ist und wie sehr sie bereit sind, Liebe und Fürsorge zu geben. Es war ein Moment, der ihre gemeinsame Zukunft und ihre Werte als Paar symbolisierte.

Meine Wünsche für euch, Samuel und John, sind einfach: Möge eure Liebe immer so stark bleiben wie heute. Mögt ihr immer füreinander da sein, in guten wie in schlechten Zeiten. Mögt ihr immer die kleinen Momente des Glücks schätzen und gemeinsam großartige Abenteuer erleben.

Zum Abschluss möchte ich ein Zitat teilen, das ich für besonders passend halte: "Die besten und schönsten Dinge dieser Welt kann man weder sehen noch hören, aber man kann sie im Herzen fühlen." – Helen Keller

Lasst uns alle auf Samuel und John anstoßen, auf ihre Liebe und auf ihr gemeinsames Leben. Herzlichen Glückwunsch, ihr beiden!

Vielen Dank.

Zweiter Entwurf von Hochzeitsplanerin.de:

Liebe Familie, Freunde und natürlich das wundervolle Hochzeitspaar,

Heute stehe ich hier mit einem Herzen, das vor Freude und Stolz überquillt. Mein Name ist Lydia und ich habe die große Ehre als Mutter von Samuel, heute ein paar Worte über unser wundervolles Hochzeitspaar zu sagen.

Mit der Geburt von Samuel wusste ich, dass er jemand ganz besonderes ist. Samuel ist ein Mensch, der mit seiner warmen Art und seinem unerschütterlichen Optimismus jeden Raum erhellt. Er ist loyal, liebevoll und hat eine außergewöhnliche Gabe, Menschen zum Lachen zu bringen, selbst in den schwierigsten Zeiten.

John, du bist der perfekte Partner für Samuel. Du bist ruhig, ausgeglichen und hast eine unglaubliche Geduld, die ich immer wieder bewundere. Deine Liebe zu Samuel ist so offensichtlich und stark, dass sie jeden in ihrer Nähe berührt. Ihr beide ergänzt euch auf eine Weise, die einfach magisch ist.

Eine Geschichte, die mich besonders mit Samuel verbindet, ist unsere Mutter-Sohn-Reise nach Italien vor einigen Jahren. Wir hatten uns vorgenommen, die Toskana zu erkunden und uns in die Kultur und das Essen zu verlieben. An einem besonders heißen Tag hatten wir uns in den engen Gassen von Florenz verlaufen. Während ich langsam die Geduld verlor, blieb Samuel ruhig und begann, Passanten nach dem Weg zu fragen – auf Italienisch! Sein Mut und seine Entschlossenheit beeindruckten mich zutiefst. Am Ende fanden wir nicht nur zurück, sondern entdeckten auch eine kleine, versteckte Trattoria, in der wir einen sehr schönen und lustigen Abend verbrachten.

John, dich habe ich das erste Mal auf einem dieser legendären Konzerte kennengelernt, die Samuel so gerne veranstaltet. Es war sofort klar, dass du der Fels in der Brandung bist, auf den sich Samuel immer verlassen kann. Deine ruhige Art und dein liebevolles Wesen haben mich sofort überzeugt, dass du der Richtige für ihn bist.

Eine weitere Geschichte, die ich heute teilen möchte, ist der Moment, als Samuel mir erzählte, dass er John einen Antrag machen möchte. Wir saßen in einem kleinen Café, und ich konnte die Freude und Aufregung in seinen Augen sehen. Es war ein Moment der puren Liebe und Hoffnung, und ich wusste, dass dies der Beginn von etwas Wundervollem war.

Meine lieben Samuel und John, ich wünsche euch von Herzen alles Glück dieser Welt. Möge eure Ehe voller Lachen, Liebe und unvergesslicher Momente sein. Möget ihr immer die Stärke finden, die Herausforderungen des Lebens gemeinsam zu meistern und die kleinen Freuden des Alltags zu schätzen.

Auf euch, Samuel und John, und auf ein Leben voller Liebe und Glück!

Herzlichen Glückwunsch!

Lydia

Finales Ergebnis – eine Mischung aus beiden Entwürfen mit eigenen Worten verfeinert:

Aufwand von ca. 15 Minuten

Liebe Familien,
liebe Freunde und Gäste,
liebes Hochzeitspaar,

Als Mutter von Samuel habe ich meinen Sohn schon durch viele Höhen und Tiefen seines Lebens begleitet, und ich kann mit Überzeugung sagen, dass er einer der loyalsten, herzlichsten und beeindruckendsten Menschen ist, die ich kenne. Samuel hat sein Herz am rechten Fleck und er hat die Gabe, das Beste aus jeder Situation zu machen. Er ist ein Mensch, der mit seiner positiven Energie und seinem ansteckenden Lachen jeden Raum erhellt.

Und wie es aussieht, hat John sich ebenfalls von diesem Lachen anstecken, von der herzlichen Art umhüllen und von der stets positiven Einstellung beeindrucken lassen – sonst wäre er wohl niemals die Begleitung von Samuel bei unserem beliebten Herbst-Familienfest gewesen.

Von dem Moment an, an dem ich euch beide zusammen sah, war sofort klar, dass ihr beide eine besondere Verbindung habt. Ihr habt euch angesehen, und es war, als ob die Welt um euch herum für einen Moment stillstand. Diese Liebe und dieses Verständnis füreinander sind etwas, das man nicht oft sieht, und es hat mich tief berührt.

Und als ich dich näher kennenlernte, lieber John, wusste ich, dass du der perfekte Partner für unseren Sohn bist. Du bist geduldig, liebevoll und hast eine bemerkenswerte Fähigkeit, Samuel zu ergänzen und zu unterstützen. Umso mehr freue ich mich, dich heute offiziell und von Herzen in unserer Familie willkommen heißen zu dürfen.

Ihr beide seid für mich das perfekte Beispiel dafür, wie zwei Menschen sich gegenseitig stärken und bereichern können. Ich freue mich wahnsinnig für euer Glück und darüber, dass wir heute gemeinsam eure Liebe zueinander feiern dürfen. Möge eure Ehe voller Lachen, Liebe und vieler unvergesslicher Momente sein. Möget ihr immer die Stärke finden, die Herausforderungen des Lebens gemeinsam zu meistern und die kleinen Freuden des Alltags zu schätzen.

> Wie Helen Keller einst sagte: "Die besten und schönsten Dinge dieser Welt kann man weder sehen noch hören, aber man kann sie im Herzen fühlen."
>
> Auf euch, Samuel und John, auf euer gemeinsames Leben voller
> Liebe und Glück!

Hinweis zum finalen Text:

Der finale Text und die zwei Entwürfe mögen im ersten Moment sehr weit auseinander liegen, jedoch liefert die KI in den Entwürfen nur allgemeine Beispiele und Impulse, da im Formular zuvor wenig persönliche Angaben getätigt wurden. Als Ergebnis finden wir im finalen Text also Beispiele und Beschreibungen, die wirklich zu der Bräutigammutter und dem Hochzeitspaar passen und von den Entwürfen abweichen können.

Herausforderungen bei einer Rede

Typische Fehler und wie man sie vermeidet

Floskeln wie "Bis über beide Ohren", "Wie gesagt", "Früher oder später" etc. solltest du in deiner Rede nicht verwenden. Sie können die Zuhörer verwirren, ablenken oder langweilen. Es lohnt sich, wenn du dir Gedanken darüber machst, was du mit deinen Worten sagen und zum Ausdruck bringen möchtest. Eine individuelle Alternative können Schlagworte sein, welche für das Brautpaar oder eine der beiden Hauptpersonen stehen. Schlagworte wie Freundschaft, Liebe, Vertrauen, Zusammenhalt etc. verleihen deiner Rede Persönlichkeit und unterstreichen deine enge Bindung zum Paar bzw. zur Braut oder zum Bräutigam. Verzichte zusätzlich auf Insider-Witze, da die anderen Gäste diese nicht verstehen können. Auch sensible Themen wie Religion, Politik, Krankheit, Tod etc. solltest du in deiner Rede aussparen, da sie die positive und fröhliche Stimmung einer Hochzeit stören und zu Meinungsverschiedenheiten sowie Konflikten führen können. Negative Erinnerungen, besserwisserische Lebensweisheiten und Warnungen sind für die Hochzeitsrede ebenfalls tabu. Stattdessen kannst du humorvolle und persönliche Anekdoten erzählen – falls diese nicht zu privat sind –, Zukunftswünsche formulieren, deine Freude über das Liebesglück teilen oder deine Dankbarkeit für die Anwesenheit und Unterstützung aussprechen.

Bei multikulturellen Hochzeiten solltest du, sofern Religion eine Rolle spielt und du in dem Thema nicht sicher bist, achtsam mit religiösen Referenzen und der Verwendung von Stereotypen und Verallgemeinerungen sein, da sie als unangemessen oder beleidigend empfunden werden können. Stattdessen kannst du auf neutrale Themen ausweichen und gemeinsame Werte wie z.B. Liebe, Zusammenhalt und Familie hervorheben, die unabhängig von unterschiedlichen Kulturen anerkannt und geschätzt werden.

Vielleicht kennst du es, dass Personen mit Besteck leicht gegen ein Glas klopfen, um auf sich und ihre Rede aufmerksam zu machen – diese Weise ist nicht mehr State of the Art, weshalb du eine andere Methode nutzen solltest, um die Aufmerksamkeit der Gäste auf dich zu lenken. Im folgenden Unterkapitel findest du daher unter anderem Möglichkeiten, um auf eine angenehme Art die Aufmerksamkeit der Gäste zu gewinnen.

Der richtige Zeitpunkt für das Halten einer Rede

Damit deine Worte bei allen Gästen ankommen, deine Hochzeitsrede den Ablauf der Feier bereichert und deine Rede die verdiente Aufmerksamkeit der Zuhörerschaft bekommt, ist der Zeitpunkt deiner Rede entscheidend. Während des Empfangs oder Aperitifs bietet es sich an, als Bräutigam oder Hochzeitspaar eine Begrüßungsrede zu halten und damit alle Gäste willkommen zu heißen und sich für all die Hilfe und Unterstützung während der Hochzeitsvorbereitungen zu bedanken. Alternativ könnte aber auch der Brautvater ganz traditionell die erste Rede der Feierlichkeit halten und so die ersten Worte an das frisch getraute Hochzeitspaar richten. Eine weitere klassische Gelegenheit für Hochzeitsreden ist vor Beginn des Essens. Zu diesem Zeitpunkt sind die Gäste in der Regel ruhig und aufmerksam, und eine Rede kann den Abend offiziell eröffnen. Falls noch nicht geschehen, könnte der Brautvater den Moment nutzen, um die erste Hochzeitsrede des Abends vorzutragen. Die Pausen zwischen den Gängen bieten eine gute Gelegenheit für weitere Reden, ohne beim Essen zu stören. Bräutigameltern, Trauzeugen, Verwandte und enge Freunde nutzen oft diese Zeit, um das Paar zu ehren. Der Moment nach dem Dessert ist ein besonders beliebter Moment für die Dankesreden des Brautpaares an ihre Gäste. Es ist auch ein schöner Moment für emotionale und bedeutsame Worte, da der formelle Teil des Essens abgeschlossen ist und die Party bald beginnen wird. Auch eine kurze Rede vor dem Eröffnungstanz kann den Übergang von den formelleren Momenten zu den ausgelasseneren Teilen der Feier unterstützen. Eine letzte Rede, am Ende des Abends, die die Feier zusammenfasst, den Gästen für ihre Anwesenheit dankt und gute Wünsche für die Zukunft äußert, kann einen schönen Abschluss für den Hochzeitstag bilden. Wichtig ist, dass die Reden gut in den Ablauf der Hochzeitsfeier integriert sind, sodass sie den Fluss des Events nicht unterbrechen, sondern bereichern. Eine Koordination mit dem Hochzeitsplaner oder dem Zeremonienmeister hilft dabei, die Reden optimal zu platzieren. Von einer spontanen Rede auf einer Hochzeit solltest du also absehen. Anders ist es beispielsweise bei Ehejubiläen, wo der Ablauf der Feier in der Regel nicht so eng getaktet ist und es mehr Luft für spontane Reden oder Showeinlagen gibt.

Falls du dich fragst, wie du die Hochzeitsgäste am besten auf dich und deine Hochzeitsrede aufmerksam machst, findest du nachfolgend noch ein paar Zusatztipps dazu.

♥ **Den Zeremonienmeister oder DJ um Hilfe bitten:** Der Zeremonienmeister oder DJ hat in der Regel ein Mikrofon und kann die Aufmerksamkeit der Gäste leicht auf dich lenken, indem er deine Rede ankündigt. Beispiel: „Liebe Gäste, wir bitten um einen Moment der Aufmerksamkeit. [Dein Name] möchte jetzt einige Worte an das Brautpaar richten."

♥ **Stehen und eine Hand heben:** Aufstehen und eine Hand heben ist eine einfache, aber effektive Geste, um die Aufmerksamkeit der Gäste auf dich zu lenken. Dies zeigt, dass du etwas Wichtiges zu sagen hast. Beispiel: „Entschuldigt bitte, wenn ich kurz eure Aufmerksamkeit stehle. Ich möchte ein paar Worte sagen."

♥ **Mit einer lauten, klaren Begrüßung beginnen:** Starte mit einer laut ausgesprochenen Begrüßung, wie „Liebe Gäste" oder „Meine Damen und Herren". Dies signalisiert, dass du eine Ansage machst. Beispiel: „Liebe Freunde und Familie, ich hoffe, ihr habt alle einen wunderbaren Abend. Ich möchte kurz etwas sagen."

♥ **Eine humorvolle Bemerkung machen:** Humor kann helfen, Aufmerksamkeit zu gewinnen und die Stimmung aufzulockern. Beispiel: „Ich verspreche, mich kurz zu fassen – genauso kurz wie die Zeit, die [Name des Bräutigams] braucht, um morgens fertig zu werden!"

♥ **Musik leiser stellen lassen:** Wenn Hintergrundmusik läuft, kannst du den DJ bitten, die Musik leiser zu stellen oder zu stoppen, bevor du mit deiner Rede beginnst. Dies signalisiert den Gästen, dass etwas Wichtiges bevorsteht.

♥ **Mit einem Dank oder einer Anerkennung beginnen:** Dies zieht sofort die Aufmerksamkeit auf dich und lenkt die Gäste in eine positive, fokussierte Richtung. Beispiel: „Ich möchte mich bei allen bedanken, dass ihr heute hier seid, um diesen besonderen Tag zu feiern. Und nun möchte ich ein paar Worte an das Brautpaar richten."

Lampenfieber

Es ist normal und vollkommen in Ordnung, wenn du vor und während deiner Hochzeitsrede Lampenfieber hast oder nervös bist. Falls du mit deiner Nervosität besser umgehen oder dein Lampenfieber etwas reduzieren möchtest, gibt es ein paar Tipps und Tricks, die dir genau dabei helfen können. Einige davon kennst du vielleicht schon aus dem Kapitel "Praktische Tipps für deine Rede".

- ♥ **Gut vorbereiten:** Schreibe deine Hochzeitsrede selbst und im Voraus. Übe sie am besten vor dem Spiegel, nehme sie mit dem Smartphone auf oder probe vor Freunden und Familie, um wertvolles Feedback zu bekommen. Je häufiger du übst, desto besser wird dein Gefühl für die Länge deiner Rede, deine Betonung, dein Sprechtempo, deine Haltung etc. Und je besser du vorbereitet bist, desto sicherer wirst du dich fühlen.

- ♥ **Hilfsmittel nutzen und Notizen machen:** Bringe deine Rede mit genügend Abstand und in kurzen Sätzen oder Stichworten auf Karteikarten. Markiere darauf Betonungen und Pausen und notierte dir Erinnerungen wie "langsamer sprechen", "lächeln" und "Blickkontakt". Sie geben dir Sicherheit, falls du mal den Faden verlierst oder das Gefühl hast, zu schnell zu sprechen etc.

- ♥ **Atemtechnik anwenden:** Atme tief und kontrolliert durch die Nase ein und langsam durch den Mund aus. Das beruhigt dein Nervensystem und hilft die Anspannung zu reduzieren.

- ♥ **Visualisieren:** Stelle dir vor, wie du die Rede erfolgreich hältst. Visualisiere das Lächeln und die positiven Reaktionen der Zuhörer. Das kann dir helfen, selbstbewusster zu werden.

- ♥ **Vertraute Gesichter im Publikum suchen:** Schaue, wenn möglich, während deiner Rede zu Menschen, die dir nahestehen und dir wohlgesonnen sind. Das gibt dir zusätzliche Sicherheit und ein Gefühl von Unterstützung.

- ♥ **Langsam sprechen:** Achte bewusst darauf, langsam und deutlich zu reden. Das hilft dir, deine Gedanken zu ordnen, dich weniger zu verhaspeln und verständlich zu bleiben.

- ♥ **Fehler hinnehmen:** Mache eine kleine Pause und lächle, falls du dich versprichst oder den Faden verlierst, und fahre dann fort. Niemand erwartet Perfektion – Fehler machen dich menschlich und sympathisch.

- ♥ **Ruhig anfangen:** Beginne deine Rede mit etwas, das dir leichtfällt, wie einem herzlichen Dank an die Gäste oder einer kleinen Anekdote. Das gibt dir die Möglichkeit, dich zu beruhigen und deinen Rhythmus zu finden. Oder vielleicht hilft es dir, den Beginn deiner Rede humorvoll zu gestalten, um das Eis zu brechen und die Stimmung etwas aufzulockern.

- ♥ **Positive Einstellung:** Lächle und versuche, das Lampenfieber nicht als etwas Negatives zu sehen. Ein bisschen Nervosität kann dich wachsam und aufmerksam machen und dir helfen, deine Rede lebendig und emotional zu gestalten.

- ♥ **Lampenfieber normalisieren:** Mache dir bewusst, dass selbst erfahrene Redner und Schauspieler oft Lampenfieber haben. Es ist eine natürliche Reaktion und zeigt, dass dir die Rede wichtig ist.

- ♥ **Festkleidung mit Wohlfühlfaktor tragen:** Trage Festkleidung, in der du dich wohl fühlst. Dies gibt dir zusätzliches Selbstbewusstsein.

- ♥ **Zusatztipp – Entspannungspunkt am Handrücken drücken:** Lege den Daumen deiner rechten Hand auf die weiche Stelle (Talsenke) auf dem Handrücken zwischen dem Daumen und dem Zeigefinger deiner linken Hand. Drücke mit dem Daumen für 10 Sekunden auf diese Stelle und mache danach 2 Sekunden Pause, bevor du den Druck wieder erhöhst. Wechsle dann die Seite. Diese Übung kann insbesondere direkt vor dem Moment deiner Rede Stress reduzieren, da keiner auf deine Hände guckt. Während deiner Rede kannst du dich dann an den anderen oben genannten Tipps und Tricks bedienen.

Mehrsprachige Hochzeiten

Keiner erwartet, dass du deine gesamte Rede doppelsprachig vorträgst. Dennoch gibt es verschiedene Möglichkeiten, wie du mit kleinem Aufwand alle Gäste erreichen kannst und dabei deutlich wird, dass du dir Gedanken und Mühe gemacht hast.

- ❤ **In mehreren Sprachen begrüßen:** Beginne deine Rede mit einer mehrsprachigen Begrüßung. So fühlen sich alle Gäste willkommen und schenken dir ihre Aufmerksamkeit. Zusatztipp: Informiere dich im Vorfeld, welche Sprachen du für deine Rede berücksichtigen solltest.

- ❤ **Wichtige Aussagen übersetzen:** Übersetze die wichtigsten Zeilen oder Höhepunkte deiner Rede, damit alle Hochzeitsgäste sie verstehen und sich mit einbezogen fühlen. Beispiele hierfür sind Begrüßung der Gäste bzw. Vorstellung deiner Person, Zukunftswünsche an das Hochzeitspaar, Erklärung bzw. Überreichung des Hochzeitsgeschenks, Toast zum Anstoßen etc.

- ❤ **Einfach und klar sprechen:** Verwende eine einfache und klare Sprache, besonders wenn du in einer Sprache sprichst, die nicht deine Muttersprache ist. Vermeide komplizierte Sätze, Sprünge in verschiedene Zeitformen und Worte, bei denen dir die Aussprache oder Betonung besonders schwerfällt.

- ❤ **Humor mit Bedacht verwenden:** Sei vorsichtig bei sprachspezifischen Wortspielen und mit kulturellen Referenzen. Denn je nach Kultur oder Sprache können Witze unterschiedlich ankommen. Manche Worte lassen sich beispielsweise nicht 1:1 übersetzen oder es gibt mehrere Bedeutungen für ein Wort. Wenn du deine Hochzeitsrede humorvoll gestalten möchtest, wähle universelle, leichte Themen, die jeder nachvollziehen kann.

- ❤ **Geschichten und Anekdoten auswählen:** Erzähle Geschichten, die für alle Festgäste relevant sind und nicht zu viele kulturelle oder sprachliche Barrieren enthalten. Geschichten über das Brautpaar sind immer eine gute Wahl, da sie den gemeinsamen Nenner darstellen.

- ♥ **Danke sagen:** Bedanke dich am Ende deiner Hochzeitsrede in den verschiedenen Sprachen, um deine Wertschätzung für die Anwesenheit und Aufmerksamkeit aller Gäste zu zeigen.

- ♥ **Auf nonverbale Kommunikation achten:** Nutze Werkzeuge wie Mimik, Gestik und Augenkontakt. Sie helfen dir dabei Emotionen zu vermitteln, deine Worte zu unterstreichen und eine Verbindung zu allen Gästen herzustellen.

- ♥ **Hilfe einholen:** Lass deine Rede von einer Person gegenlesen, deren Muttersprache die gleiche Sprache ist, die du auch in deiner Hochzeitsrede verwendet hast, um sicherzugehen, dass alles korrekt und angemessen ist.

- ♥ **Authentisch bleiben:** Bleib du selbst, ein Rat, welchen du sicher schon an vorherigen Stellen im E-Book gelesen hast. Deine Aufrichtigkeit und dein Engagement, eine Verbindung zu allen Hochzeitsgästen herzustellen, werden geschätzt werden, unabhängig von möglichen Sprachbarrieren.

- ♥ **Zusatztipp – Technik verwenden:** Eröffne den Gästen die Möglichkeit, durch allgegenwärtige Geräte wie Smartphones, eine Live-Übersetzung laufen zu lassen. Hierfür kannst du zusätzlich Kopfhörer organisieren, sodass alle Zuhörenden deine Rede auf der Sprache ihrer Wahl hören und sich nicht gegenseitig stören können.

Einsatz von Multimedia

Wenn du deine Rede mit multimedialen Elementen wie Fotos, Videos, Musik etc. schmücken möchtest, kannst du dies selbstverständlich gerne tun. Es ist eine großartige Möglichkeit, um die Aufmerksamkeit der Zuhörerschaft zu gewinnen, sie mit auf eine bebilderte Zeitreise zu nehmen, lustige Momente mit ihnen zu teilen und eine abwechslungsreiche Atmosphäre zu schaffen. Bevor du mit deiner Auswahl an Fotos, Videos etc. startest, solltest du dich vorab informieren, mit welchem technischen Equipment die Location ausgestattet ist – ohne Beamer lassen sich schließlich keine Bilder und Videos übertragen und ohne Soundanlage kein Ton und keine Musik. Damit sich der Start deiner Hochzeitsrede aufgrund technischer Probleme nicht verzögert und du während deiner Rede nicht von technischen Störungen aus dem Konzept gebracht wirst, solltest du vertraut mit der Technik sein und bestenfalls einen kleinen Probelauf durchführen. Webbasierte-Apps wie airphoto.de können dir dabei eine Hilfe sein. Denn du kannst dich bereits im Vorfeld mit den Funktionen der App vertraut machen, die gewünschten Fotos und Videos hochladen und einen Testlauf starten. Am Tag deiner Rede lässt du dich von deiner eigens erstellten Slideshow begleiten, während die Hochzeitsgäste aufmerksam deinen Worten lauschen und gespannt den Bildern auf der Leinwand folgen. Höchstwahrscheinlich wird deine große Rede ebenfalls bildlich festgehalten. Mit der Live-Slideshow können die Gäste diesen und weitere Momente der Hochzeitsfeier in Echtzeit auf airphoto.de hochladen – es entsteht eine interaktive Leinwand, die unvergessliche Momente und unterschiedliche Perspektiven einfängt und die Gäste zum Mitmachen animiert.

Arten und Beispiele von Hochzeitsreden

Die Rede des Brautvaters, der Brautmutter und der Brauteltern

Du wirst als Vater oder Mutter der Braut eine Rede halten? Dann ist dieser Abschnitt besonders interessant für dich. Folgt man der Tradition, so ist deine Rede als Brautvater nicht nur Teil des Pflichtprogramms, sondern wird auch freudig von deiner Tochter und ihrem Auserwählten erwartet werden. Was also möchtest du in deiner Rede sagen? Nutze hierfür deine natürliche Superkraft als Elternteil: Keiner kennt deine Tochter besser als du. Eine perfekte Voraussetzung dafür, rückblickend aus dem Leben deiner Tochter zu erzählen und deine Hochzeitsrede mit schönen Erinnerungen und lustigen Anekdoten aus Kindertagen zu schmücken. Du möchtest liebenswerte Charaktereigenschaften deiner Tochter hervorheben und ausdrücken, wie stolz du bist? Nur zu, deine Tochter und auch die Gäste werden sich über deine persönlichen und emotionalen Worte freuen. So gern du auch über deine Tochter sprichst, nutze deine Rede als passende Gelegenheit, den Bräutigam offiziell in der Familie willkommen zu heißen. Erzähle als Brautvater, wie er um die Hand deiner Tochter angehalten hat, was du besonders an ihm schätzt und von gemeinsamen Erlebnissen. Vielleicht seid ihr euch in gewissen Dingen sogar ähnlich – dies könnte ein lustiger Aufhänger für deine Rede sein. Als Brautmutter kannst du witzige Geschichten über die Hochzeitsvorbereitungen erzählen – wie viele Anproben hat es gebraucht bis zum perfekten Kleid? Oder du sprichst darüber, wie du als Mutter die Entstehungsgeschichte des Paars wahrgenommen hast. Der Bräutigam freut sich sicher auch über ein paar persönliche Worte von seiner Schwiegermutter. Welchen ersten Eindruck hat er damals bei dir hinterlassen und wie hat er sich den Weg in dein mütterliches Herz erkämpft? Zum Abschluss deiner Rede kannst du einen väterlichen bzw. mütterlichen Rat ans Brautpaar richten, welcher auf deiner eigenen vorbildlichen Ehe fußt. Solltest du geschieden und allein leben, dann sprich darüber, was du versäumt hast. Damit das frisch vermählte Paar es besser machen kann. Sofern ein öffentlicher Kinderwunsch besteht, kannst du auch deine zukünftigen Dienste als Babysitter und weltbeste Oma bzw. weltbester Opa anbieten. Je nach Wunsch des Brautpaars und familiärer Gegebenheiten kann die Tradition der Brautvaterrede gelöst oder angepasst werden. Beispielsweise können die Brauteltern die Hochzeitsrede gemeinsam vortragen.

Auf den nächsten Seiten findest du die im Kapitel "Hochzeitsreden mit Hilfe von Künstlicher Intelligenz schreiben" angekündigten Mustervorlagen für deinen

Hochzeitsreden-Prompt, sofern du die KI als Hilfsmittel nutzen möchtest. Gefolgt von diversen Beispielen zu Hochzeitsreden von Brautvater, Brautmutter und Brauteltern, die dir als Inspiration dienen werden.

Mustervorlagen für deinen Hochzeitsreden-Prompt als Brautvater, Brautmutter bzw. Brauteltern

Liebe KI,
bitte schreibe mir eine [3-5 minütige] Hochzeitsrede. Ich heiße [deinen Namen] und bin [der Vater/die Mutter] der Braut [Name]. Ihr Bräutigam heißt [Name]. Meine [Brautvaterrede/Brautmutterrede] soll [z.B. humorvoll] und in Form [z.B. eines Fließtextes] geschrieben sein. In meiner Rede möchte ich das Thema [z.B. Liebe] behandeln. Zu Beginn möchte ich das Brautpaar persönlich begrüßen, aber auch die anderen Hochzeitsgäste und die Verwandtschaft begrüßen und willkommen heißen. Nach der Begrüßung möchte ich meine Rede passend zum oben genannten Thema mit [z.B. einem Zitat, einem Spruch, einer Metapher etc.] beginnen. Den Hauptteil möchte ich zunächst meiner Tochter und der Braut [Name] widmen. [Platz für Persönliches zur Tochter wie: Charaktereigenschaften, Geschichten aus Kindheitstagen, liebevolle Worte, Lob etc.] Im Anschluss möchte ich meinen Schwiegersohn [Name] offiziell in unserer Familie willkommen heißen. [Platz für Persönliches zum Schwiegersohn wie: Charaktereigenschaften, Gemeinsamkeiten, gemeinsame Erlebnisse, erster Eindruck etc.] Der Schlussteil meiner Rede soll mit Zukunftswünsche an das Brautpaar geschmückt sein. [Platz für weitere Elemente wie: Anekdoten, Zitate, väterlicher/mütterlicher Rat etc. und/oder konkrete Anforderungen bzgl. der Zukunftswünsche.] Abschließend möchte ich mit den Gästen auf das schöne Brautpaar und ihre Liebe anstoßen.

Liebe KI,
bitte schreibe uns eine [3-5 minütige] Hochzeitsrede. Wir heißen [eure Namen] und sind die Eltern der Braut [Name]. Ihr Bräutigam heißt [Name].
Unsere gemeinsame Brautelternrede soll [z.B. emotional] und in Form eines Dialogs geschrieben sein. In unserer Rede möchten wir das Thema [z.B. Glück] behandeln. Zu Beginn möchten wir das Brautpaar persönlich begrüßen, aber auch die anderen Hochzeitsgäste und die Verwandtschaft begrüßen und willkommen heißen. Nach der Begrüßung möchten wir unsere Rede passend zum oben genannten Thema mit [z.B. einem Zitat, einem Spruch, einer Metapher etc.] beginnen. Den Hauptteil möchten wir zunächst unserer Tochter und der Braut [Name] widmen. [Platz für Persönliches zur Tochter wie: Charaktereigenschaften, Geschichten aus Kindheitstagen, liebevolle Worte, Lob etc.] Im Anschluss möchten wir unseren Schwiegersohn [Name] offiziell in unserer Familie willkommen heißen. [Platz für Persönliches zum Schwiegersohn wie: Charaktereigenschaften, Gemeinsamkeiten, gemeinsame Erlebnisse, erster Eindruck etc.] Der Schlussteil unserer Rede soll mit Zukunftswünsche an das Brautpaar geschmückt sein. [Platz für weitere Elemente wie: Anekdoten, Zitate, elterlicher Rat etc. und/oder konkrete Anforderungen bzgl. der Zukunftswünsche.] Abschließend möchten wir mit den Gästen auf das schöne Brautpaar und ihre Liebe anstoßen.

Foto: Lauren Baker Photography

Beispiele für die Rede des Brautvaters

Geliebt zu werden macht uns stark. Zu lieben macht uns mutig.

– Laotse –

Eine emotionale und humorvolle Brautvaterrede

Prompt an ChatGPT:

Aufwand von ca. 5 Minuten

Liebe KI,
bitte schreibe mir eine [3-5 minütige] Hochzeitsrede.
Ich heiße [Frank] und bin der Vater der Braut [Lara]. Ihr Bräutigam heißt [Tim].
Meine Brautvaterrede soll [humorvoll wie auch emotional] und in Form [eines Fließtextes] geschrieben sein. In meiner Rede möchte ich das Thema [Erwachsenwerden] behandeln. Zu Beginn möchte ich das Brautpaar persönlich begrüßen, aber auch die anderen Hochzeitsgäste und die Verwandtschaft begrüßen und willkommen heißen. Nach der Begrüßung möchte ich meine Rede passend zum oben genannten Thema mit [einem schönen Zitat] beginnen. Den Hauptteil möchte ich zunächst meiner Tochter und der Braut [Lara] widmen. [Ich als Brautvater erinnere mich noch gut an die Zeit, als meine kleine Tochter Lara sich einen Prinzen auf dem weißen Pferd gewünscht hat. Lara ist eine so schöne Braut und ich bin sehr stolz darauf, wie meine Tochter erwachsen geworden ist.] Im Anschluss möchte ich meinen Schwiegersohn [Tim] offiziell in unserer Familie willkommen heißen. [An Tim mag ich seine hilfsbereite und witzige Art. Tim kann toll kochen, vor allem seine BBQ-Soße und die Rippchen sind ausgezeichnet.] Der Schlussteil meiner Rede soll mit Zukunftswünsche an das Brautpaar geschmückt sein. [Ich wünsche beiden für Ihre Zukunft eine humorvolle und tiefgründige Ehe, unvergessliche Erlebnisse und einen starken Partner – denn wie wir wissen, ist das Leben kein Ponyhof.] Abschließend möchte ich mit den Gästen auf das schöne Brautpaar und ihre Liebe anstoßen.

Finales Ergebnis mit eigenen Worten verfeinert:

Liebe Lara, lieber Tim,
liebe Hochzeitsgäste und liebe Verwandte,

Ich heiße euch alle herzlich willkommen zu diesem besonderen Tag, an dem wir die Liebe und die Verbindung zwischen zwei wunderbaren Menschen, meiner Tochter Lara und meinem Schwiegersohn Tim, feiern. Es macht mich stolz, heute hier stehen zu dürfen, um ein paar Worte zu sagen, die sowohl aus tiefstem Herzen kommen als auch ein Lächeln auf unsere Gesichter zaubern sollen.

„Erwachsenwerden heißt, aus Träumen Realität zu machen.*"

Meine liebe Lara, als ich dich heute in deinem wunderschönen Brautkleid gesehen habe, wurde mir einmal mehr bewusst, wie schnell die Zeit vergeht. Ich erinnere mich noch gut an damals, wo du als kleines Mädchen davon geträumt hast, dass eines Tages ein Prinz auf seinem weißen Pferd angeritten kommen würde, um dich zu heiraten. Du hast in tausend Bildern von deiner rosaroten Traumhochzeit mit einer Menge Glitzer und bunten Einhörnern gesprochen. Heute stehst du hier, strahlend und verliebt über beide Ohren, in deinem zartrosa Tüllkleid. Du hast dich zu einer beeindruckenden jungen Frau entwickelt. Du bist mutig, voller Empathie und hast ein Herz aus Gold. Und ich könnte nicht stolzer auf dich sein.

Vor 5 Jahren kam Traumprinz Tim in dein Leben: Der graue Drahtesel war fast genauso schön wie das weiße Pferd aus deinen Träumen.

Tim, deine Fähigkeit, Freude und Lachen in jede Situation zu bringen, ist etwas ganz Besonderes, und ich bin froh, dich in unserer Familie zu haben. – Damit nochmal ganz offiziell und von Herzen: Willkommen in unserer Familie! An dir, mein lieber Tim, ist ein ausgezeichneter Koch verloren gegangen – deinetwegen träume ich regelmäßig von deiner BBQ-Soße und den Rippchen. Am Grill hast auch du mein Herz im Sturm erobert.

Für eure gemeinsame Zukunft wünsche ich euch eine humorvolle und tiefgründige Ehe. Möget ihr unvergessliche Erlebnisse sammeln und immer einen starken Partner an eurer Seite haben. Denn, wie wir alle wissen, ist das Leben kein Ponyhof. Es wird Herausforderungen geben, aber mit Liebe und Humor werdet ihr sie meistern und zusammen daran wachsen.

Lasst uns nun das Glas erheben und auf das Brautpaar anstoßen. Auf Lara und Tim – möge eure Liebe immer stärker und heller werden, und mögt ihr gemeinsam alle Abenteuer des Lebens meistern!

*Verfasser des Zitats unbekannt

*Liebe ist die gemeinsame Freude an der
wechselseitigen Unvollkommenheit.*
– Carl Ludwig Börne –

Eine lustige Hochzeitsrede des Brautvaters

Prompt an Claude:

Liebe KI,
bitte schreibe mir eine [3-5 minütige] Hochzeitsrede. Ich heiße [Manfred] und bin der Vater der Braut [Sina]. Ihr Bräutigam heißt [Felix]. Meine Brautvaterrede soll [im Stil von Torsten Sträter geschrieben sein, mit viel Witz und Komik] und die Form [eines Fließtextes] haben. Zu Beginn möchte ich das Brautpaar persönlich begrüßen, aber auch die anderen Hochzeitsgäste und die Verwandtschaft begrüßen und willkommen heißen. Nach der Begrüßung möchte ich meine Rede passend zum Thema [Humor und Liebe] mit [einem lustigen Zitat von Torsten Sträter] beginnen. Den Hauptteil möchte ich zunächst meiner Tochter und der Braut [Sina] widmen. [Sina ist meine jüngste Tochter. Als Kind war sie immer sehr laut, da sie es liebte, auf ihren Musikinstrumenten (Xylophon, Flöte und Triangel) zu spielen. Daher möchte ich einen lustigen Spruch über laute Kinder sagen. Ihre Leidenschaft zur Musik begann somit bereits in Kindertagen. Heute ist sie eine bezaubernde Sängerin. Sina zeichnet sich durch ihre empathische Art und Leichtigkeit aus.] Im Anschluss möchte ich meinen Schwiegersohn [Felix] offiziell in unserer Familie willkommen heißen. [Er passt super zu Sina. Er ist witzig, immer bei bester Laune und macht genauso viel Krach wie Sina damals. Er ist ebenfalls Musiker und spielt E-Gitarre. Und er hat einen grünen Daumen. Hier möchte ich einen Witz darüber machen, dass ich keinen grünen Daumen habe.] Der Schlussteil meiner Rede soll mit Zukunftswünsche an das Brautpaar geschmückt sein. [Und ich möchte einen lustigen Spruch über das Eheleben sagen.] Abschließend möchte ich mit den Gästen auf das schöne Brautpaar und ihre Liebe anstoßen.

Aufwand von ca. 5 Minuten

Finales Ergebnis mit eigenen Worten verfeinert:

Liebe Sina,
lieber Felix,
liebe Familie, Freunde und Gäste,

Schön, dass ihr alle den Weg hierher gefunden habt, um dem romantischen Spektakel des heutigen Tages beizuwohnen. Und damit herzlich willkommen zur Hochzeit von meiner Tochter Sina und ihrem Auserwählten Felix.

Zu Beginn möchte ich meinen Lieblingskomiker Torsten Sträter zitieren: "Liebe ist wie ein Furz. Wenn man's erzwingen muss, ist es wahrscheinlich Scheiße." Nun, zum Glück müssen wir hier heute nichts erzwingen, denn die Liebe zwischen Sina und Felix ist so echt wie mein Haarausfall.

Lasst mich euch etwas über meine Tochter Sina erzählen. Sie ist meine Jüngste und mein Gott, was für ein Krach-Macher sie als Kind war! Ihr Lieblingshobby? Uns allen mit Xylophon, Flöte und Triangel den letzten Nerv zu rauben. Wisst ihr, was der Unterschied zwischen einem Kind mit Musikinstrumenten und einer Sirene ist? Die Sirene hört irgendwann auf. Aber seht her, aus dem kleinen Lärmmonster ist eine bezaubernde Sängerin, eine fürsorgliche Tochter und eine wunderschöne junge Frau geworden.

Und dann kam Felix. Lieber Felix, herzlich willkommen in unserer Familie! Du passt zu Sina wie die Butter aufs Brot – oder besser gesagt, wie der Verstärker zur E-Gitarre. Dein Humor, deine gute Laune und deine Fähigkeit, genauso viel Krach zu machen wie Sina damals, machen dich zum perfekten Schwiegersohn. Und dann hast du auch noch einen grünen Daumen! Weißt du, der einzige grüne Daumen, den ich je hatte, war nach einem missglückten Versuch, Spinat zu kochen.

Ihr Zwei seid wie eine gut geölte Maschine – nur dass ihr Öl durch Kaffee ersetzt habt und die Maschine eine Gitarre ist. Möge eure Zukunft so harmonisch sein wie eure Musik und so farbenfroh wie Felix' Garten. Und denkt immer daran: Eine Ehe ist wie eine Tüte Gummibärchen – süß, bunt und manchmal klebrig. Aber wenn man zusammenhält, kommt man auch durch die zähen Phasen.

So, genug der Worte! Lasst uns die Gläser erheben, auf Sina und Felix, auf ihre Liebe und auf eine Zukunft, die so strahlend ist wie Sinas Stimme und so grün wie Felix' Daumen! Möge eure Ehe niemals verstimmt sein und eure Liebe immer den richtigen Ton treffen.

Wenn zwei Liebende einig sind,
bedeuten Schwierigkeiten kein Hindernis.
– Alfred de Musset –

Eine klassisch-traditionelle Rede des Brautvaters

Prompt an ChatGPT:

Liebe KI,
bitte schreibe mir eine [3-5 minütige] Hochzeitsrede. Ich heiße [Sascha] und bin [der Vater] der Braut [Mia]. Ihr Bräutigam heißt [Leon]. Meine [Brautvaterrede] soll [klassisch und traditionell] und in Form [eines Fließtextes] geschrieben sein. In meiner Rede möchte ich das Thema [Ehe] behandeln. Zu Beginn möchte ich das Brautpaar persönlich begrüßen, aber auch die anderen Hochzeitsgäste und die Verwandtschaft begrüßen und willkommen heißen. Nach der Begrüßung möchte ich meine Rede passend zum oben genannten Thema mit [einer Metapher] beginnen. Den Hauptteil möchte ich zunächst meiner Tochter und der Braut [Mia] widmen. [Mia ist fürsorglich, ehrgeizig und talentiert. Ich möchte eine kleine Anekdote aus Mias Kindheitstagen erzählen und liebevolle Worte an meine Tochter richten.] Im Anschluss möchte ich meinen Schwiegersohn [Leon] offiziell in unserer Familie willkommen heißen. [Mit der Übergabe von Mia an Leon werden zwei Familien zu einer großen. Von nun an muss Leon gut auf Mia aufpassen, sie beschützen, sie zum Lachen bringen und ihr ein guter Ehemann sein. Ich weiß, dass er dieser Rolle ausgezeichnet nachkommen wird, da er humorvoll, stark und ehrlich ist.] Der Schlussteil meiner Rede soll mit Zukunftswünsche an das Brautpaar geschmückt sein. [Ich möchte außerdem einen väterlichen Rat zum Thema Ehe sagen.] Abschließend möchte ich mit den Gästen auf das schöne Brautpaar und ihre Liebe anstoßen.

Aufwand von ca. 5 Minuten

Finales Ergebnis mit eigenen Worten verfeinert:

Liebe Mia,
lieber Leon,
liebe Verwandtschaft,
verehrte Hochzeitsgäste,

Es ist mir eine große Ehre, heute hier zu stehen und diese wunderbare Feier zu eröffnen. Als Vater der Braut fühle ich mich besonders stolz und bewegt, diesen besonderen Tag mit euch allen teilen zu dürfen. Herzlich willkommen und vielen Dank, dass ihr alle hier seid, um dieses freudige Ereignis mit uns zu feiern.

Liebe Mia, lieber Leon, die Ehe ist wie ein wundervoller Garten. Sie beginnt mit einem kleinen Samen der Liebe und wächst durch Pflege, Geduld und Zuneigung zu einer prächtigen Oase heran. Wie ein Garten erfordert auch die Ehe beständige Aufmerksamkeit, Hingabe und die Bereitschaft, gemeinsam durch alle Jahreszeiten des Lebens zu gehen.

Mia, mein liebes Kind, bereits vor 22 Jahren hast du eine ähnliche Hingabe an den Tag gelegt. Als du etwa fünf Jahre alt warst, hast du dich so leidenschaftlich um deinen kleinen Plüschhasen Hoppel gekümmert. Du hast ihn gefüttert, in den Schlaf gewogen und ihm Geschichten vorgelesen. Schon damals war zu sehen, wie viel Liebe und Fürsorge in dir steckt.

Heute sehe ich, dass aus dem kleinen Mädchen eine beeindruckende und talentierte junge Frau geworden ist, auf die ich unglaublich stolz bin. Und ich weiß schon jetzt, dass du in deiner Ehe dieselbe Liebe und Hingabe zeigen wirst, die du schon immer in dir getragen hast.

Mit dem heutigen Tag vereinen sich nicht nur zwei Menschen, sondern auch zwei Familien.

Lieber Leon, als meinen Schwiegersohn heiße ich dich von Herzen in unserer Familie willkommen. Du bist humorvoll, stark und ehrlich, und ich bin überzeugt, dass du Mia ein wunderbarer Ehemann sein wirst. Du wirst sie beschützen, sie zum Lachen bringen und immer an ihrer Seite stehen. Ich habe volles Vertrauen in dich und weiß, dass ihr gemeinsam eine glückliche Zukunft vor euch habt.

Zu guter Letzt möchte ich euch beiden einen väterlichen Rat mit auf den Weg geben: Vergesst nie, wie wichtig Kommunikation und Verständnis in einer Ehe sind. Hört einander zu, unterstützt euch gegenseitig und pflegt eure Liebe wie den kostbarsten Schatz.

Liebe Gäste, lasst uns nun das Glas erheben und auf dieses wunderschöne Brautpaar und ihre Liebe anstoßen. Auf Mia und Leon, auf ihre gemeinsame Zukunft voller Glück, Liebe und schöner Momente!

Bevor du heiratest, habe beide Augen offen,
doch hinterher drücke eines zu.
– Jamaikanisches Sprichwort –

Eine witzige Rede des Brautvaters

Prompt an Claude:

Liebe KI,
bitte schreibe mir eine [3-5 minütige] Hochzeitsrede. Ich heiße [Martin] und bin [der Vater] der Braut [Lena]. Ihr Bräutigam heißt [Marvin]. Meine Brautvaterrede soll [witzig, lustig] und in Form [eines Fließtextes] geschrieben sein. Zu Beginn möchte ich das Brautpaar persönlich begrüßen, aber auch die anderen Hochzeitsgäste und die Verwandtschaft begrüßen und willkommen heißen. Nach der Begrüßung möchte ich meine Rede passend zum Anlass mit [einem witzigen Spruch] beginnen. Den Hauptteil möchte ich zunächst meiner Tochter und der Braut [Lena] widmen. [Lena ist mutig, einfühlsam und manchmal auch etwas naiv. Ich möchte eine lustige Anekdote über die Naivität von Lena während ihrer Kindheitstage erzählen. Außerdem möchte ich ihr sagen, wie stolz ich auf sie bin.] Im Anschluss möchte ich meinen Schwiegersohn [Marvin] offiziell in unserer Familie willkommen heißen. [Marvin ist ein klasse Junge und ich mag ihn und vor allem wie liebevoll er mit meiner Tochter umgeht. Ich würde gerne so gut Golf spielen können wie er. Hier möchte ich einen Witz über meine eigene Unsportlichkeit einbauen und sagen, wie sehr ich mich auf die anstehenden Golfrunden mit ihm und unserer Familie freue.] Der Schlussteil meiner Rede soll mit [witzigen] Zukunftswünsche an das Brautpaar geschmückt sein. Abschließend möchte ich mit den Gästen auf das schöne Brautpaar und ihre Liebe anstoßen.

Aufwand von ca. 5 Minuten

Finales Ergebnis mit eigenen Worten verfeinert:

Liebe Hochzeitsgäste,
liebe Verwandtschaft und vor allem,
liebes Brautpaar Lena und Marvin,

Herzlich willkommen zu diesem wunderbaren Anlass! Als Vater der Braut freue ich mich, heute ein paar Worte an euch richten zu dürfen. Aber keine Sorge, ich halte mich dabei an die goldene Regel für Hochzeitsreden: Sie sollten wie ein Minirock sein – lang genug, um alles Wichtige zu bedecken, aber kurz genug, um interessant zu bleiben!

Meine liebe Lena, von dem Tag an, als du in unser Leben getreten bist, hast du es mit deinem Mut, deiner Einfühlsamkeit und – ja, auch mit deiner gelegentlichen Naivität – bereichert. Ich erinnere mich noch gut an den Tag, als die kleine Lena fest davon überzeugt war, dass Kühe lila sind, weil sie so oft die Milka-Werbung gesehen hat. Es brauchte einen Ausflug auf den Bauernhof und einige sehr verwirrte Blicke, von Lena und den echten Kühen, um sie vom Gegenteil zu überzeugen. Heute stehst du hier als erwachsene Frau und wunderschöne Braut und ich frage mich, wo nur die Zeit geblieben ist. Ich bin einfach unfassbar stolz auf dich und froh über deinen guten Männergeschmack.

Was mich zu dir kommen lässt, lieber Marvin, mein neuer Schwiegersohn. Willkommen in unserer Familie! Du bist wirklich ein Glücksgriff – nicht nur für Lena, sondern auch für uns alle. Die Art und Weise, wie du meine Tochter behandelst, lässt mein Vaterherz höherschlagen. Aber eins muss ich dir sagen: Dein Golftalent macht mich fertig! Weißt du, wenn ich Golf spiele, sieht das aus, als würde ein Schimpanse versuchen, mit 'nem Besenstiel Schmetterlinge zu fangen. Du hingegen schlägst jeden Ball elegant über den Platz. Aber ich freue mich schon riesig auf weitere gemeinsame Golfrunden mit dir und der Familie. Vielleicht lernst du mir ja noch, wie man den Ball trifft, ohne dabei umzufallen!

Zum Schluss möchte ich euch beiden noch ein paar Wünsche mit auf den Weg geben: Möge eure Ehe so stabil sein wie Lenas Überzeugung von lilafarbenen Kühen und so elegant wie Marvins Golfschwung. Möget ihr immer genug Humor haben, um über die kleinen Stolpersteine des Lebens zu lachen, und genug Liebe, um die großen Herausforderungen gemeinsam zu meistern. Und falls ihr mal nicht weiterwisst, denkt einfach an mich auf dem Golfplatz – dann wisst ihr, dass es immer jemanden gibt, der sich noch mehr abmüht als ihr!

Lasst uns nun alle gemeinsam die Gläser erheben und auf das wunderbare Brautpaar anstoßen. Auf Lena und Marvin, auf die Liebe und auf eine Zukunft voller Glück, Freude und unvergesslicher Momente!

Eine geschichtenerzählende Brautvaterrede

Liebe Hochzeitsgäste,
liebe Freunde und Familie,
liebe Lina und lieber Ben,

Als stolzer Brautvater meiner wunderschönen Tochter Lina und als frischgebackener Schwiegervater meines großartigen Schwiegersohns Ben, heiße ich euch alle herzlich willkommen zu diesem besonderen Anlass und einer unvergesslichen Hochzeitsfeier.

Ihr könnt euch sicher vorstellen, dass ich mir lange und viele Gedanken darüber gemacht habe, was ich heute sagen möchte und wie.

Meine liebe Lina, als kleines Mädchen hast du es geliebt, wenn ich dir Geschichten vorgelesen habe. Da du deiner Mutter und mir von Beginn an alles über dich und Ben erzählt hast, möchte ich diesen Anlass nutzen, um dir dieses Mal eine ganz besondere Geschichte vorzulesen.

Es war ein heißer Sommertag, als sich die Wege von Lina und Ben das erste Mal kreuzten. Lina, eine junge talentierte Künstlerin, hatte sich an den See ihres Heimatortes Plön zurückgezogen, um die friedliche Landschaft in ihrem Notizbuch zu skizzieren. Ben, ein leidenschaftlicher Angler, hatte ganz in ihrer Nähe seinen Platz am Ufer gefunden.

„Was machst du da?" fragte Ben neugierig, als nach über einer Stunde noch immer kein Fisch anbeißen wollte. „Ich zeichne die direkt vor uns liegende Seelandschaft und den uns umgebenden Sommer.", antwortete sie lächelnd.

Aus dieser einst zufälligen Begegnung wurde eine tiefgehende Verbindung. Sie lachten viel, teilten Geheimnisse und entdeckten gemeinsam neue Orte. Es war, als ob ihre Seelen schon lange aufeinander gewartet hätten. Die Jahre vergingen, und die Liebe von Lina und Ben wuchs und festigte sich mit jedem Tag, der verging.

Als Vater war es schön, sein einziges Kind so glücklich zu sehen. Mit Ben hatte ein liebevoller und hilfsbereiter junger Mann Einzug in das Leben von Lina gefunden. Und ich als Vater wusste und wünschte mir, dass ihre Liebe fortan ewig halten wird und sie alle Herausforderungen des Lebens gemeinsam meistern werden.

Lieber Ben, ich bin froh, dass sich meine damaligen Wünsche erfüllt haben und ich dich heute auch ganz offiziell in unserer Familie willkommen heißen darf!

Lina und Ben, ich bin stolz auf euch und eure bisherige Geschichte und werde gespannt die nächsten Kapitel eurer Liebes- und Lebensgeschichte verfolgen.

"So lebten sie glücklich und zufrieden bis ans Ende ihrer Tage, einander immer treu und voller Liebe."

Auf unser zauberhaftes Brautpaar. Auf Lina und Ben, ihre Liebe und das Glück!

Was für Glück, wenn du jemanden findest,
der so ganz genau in dein Herz passt.
– Unbekannt –

Eine humorvolle Hochzeitsrede des Brautvaters

Liebe Lea, lieber Jonas, liebe Familie und Freunde, liebe Gäste,

Herzlich willkommen zu diesem besonderen Tag, an dem wir die Hochzeit meiner Tochter Lea und meines Schwiegersohns Jonas feiern. Es ist mir eine große Freude, euch alle hier zu begrüßen und diesen bedeutsamen Moment mit euch zu teilen.

Ich sehe schon in euren Gesichtern, liebe Gäste, dass ihr euch fragt, ob ich mich in Erinnerungen verlieren werde und das Essen kalt wird. Keine Sorge, ich werde mich kurzfassen. Als Vater von zwei Töchtern habe ich selten die Gelegenheit, ungestört zu sprechen, somit ist das hier umso mehr ein Once-in-a-Lifetime-Moment für mich.

Als Vater hat man viele Rollen: Man ist Vorbild, Beschützer, guter Zuhörer und manchmal auch Taxifahrer. Aber heute bin ich vor allem eins: ein stolzer Papa. Lea, es kommt mir vor, als wäre es gestern gewesen, dass ich dich als kleines Baby in meinen Armen hielt. Du warst schon damals voller Energie und Leben. Jetzt bist du eine erwachsene, starke, liebevolle Frau und bereit, eine eigene Familie zu gründen. Ich habe Stunden damit verbracht, peinliche Kinder- und Jugendfotos von dir zu sortieren. Aber du fandest die Idee, meine Rede mit einer Diashow zu ergänzen, wohl nicht so gut wie ich.

In einer viel wichtigeren Sache sind wir uns aber einig: Dass Jonas perfekt zu dir passt und dir ein hervorragender Unterstützer und Beschützer sein wird. Jonas, ich freue mich, jetzt auch ganz offiziell sagen zu können: Willkommen in der Familie! Bitte unterschreibe hier die Geheimhaltungsvereinbarung über unsere Familienrezepte.

Lea und Jonas, eure Hochzeit heute berührt mich tief, und ich bin stolz darauf, dass wir diesen Tag gemeinsam feiern dürfen. Möge eure Liebe ewig halten und euch mit etwas Humor durch alle Höhen und Tiefen des Lebens tragen.

Liebe Gäste, bevor uns gleich die Vorspeise serviert wird, lasst uns gemeinsam auf Lea und Jonas anstoßen. Auf eine unvergessliche Hochzeitsfeier und auf euer Liebesglück!

Wichtiger als alles andere ist die Liebe. Wenn ihr sie habt, wird euch nichts fehlen. Sie ist das Band, das euch verbindet.

– Kolosser. 3,14 –

Der Brautvater hält eine traditionelle Rede

Ausgefülltes Formular von Hochzeitsplanerin.de:

1. *In welchem Stil soll deine Hochzeitsrede geschrieben werden?*
   Diese Frage ist erforderlich*
   Traditionell.

2. *Wie ist dein Vorname? Diese Frage ist erforderlich**
   Roman.

3. *Wie heißt die Person (Vorname), für die du die Rede halten möchtest?*
   Diese Frage ist erforderlich*
   Alicia.

4. *In welcher Beziehung stehst du zu Alicia? Diese Frage ist erforderlich**
   Vater.

5. *Bist du Trauzeugin oder Trauzeuge? Diese Frage ist erforderlich**
   Nein.

6. *Wie lange kennst du Alicia schon?*
   Alicia kenne ich mein ganzes Leben, seit dem Moment, als ich sie zum ersten Mal in meinen Armen gehalten habe.

7. *Mit welchen 3 Worten würdest du Alicia beschreiben?*
   Wenn ich Alicia in drei Worten beschreiben müsste, wären es: liebevoll, zielstrebig und humorvoll. Sie hat immer ein Herz für andere, verliert ihre Ziele nie aus den Augen und bringt mit ihrem Humor jeden Raum zum Strahlen.

8. *Wie heißt der/die zukünftige Ehepartner/in von Alicia?*
   Joshua.

9. *Mit welchen 3 Worten würdest du Joshua beschreiben?*
   Joshua ist für mich zuverlässig, herzlich und respektvoll. Seitdem er in Alicias Leben getreten ist, habe ich gesehen, wie er sie mit seiner beständigen Art unterstützt und gleichzeitig so viel Wärme in unsere Familie bringt.

Aufwand von ca. 10 Minuten

10. *Beschreibe, wie du Alicia kennengelernt hast.*

Ich erinnere mich noch genau an den Tag, an dem ich Alicia zum ersten Mal im Arm hielt. Es war ein Moment voller Liebe und Ehrfurcht. Von da an war mir klar, dass ich alles tun würde, um sie zu beschützen und sie dabei zu unterstützen, ihren eigenen Weg zu finden. Dieser Weg hat uns heute hierhergeführt.

11. *Erzähle eine Geschichte über ein Erlebnis, welches das Alicia und dich verbindet.*

Eine Erinnerung, die mir besonders im Gedächtnis geblieben ist, stammt aus der Zeit, als Alicia etwa 10 Jahre alt war. Wir haben zusammen eine Hundehütte gebaut. Natürlich habe ich als Vater versucht, alles perfekt zu machen, aber Alicia bestand darauf, ihre eigenen Ideen umzusetzen – und das mit einem unglaublichen Enthusiasmus. Am Ende sah die Hütte vielleicht nicht perfekt aus, aber sie war voll mit ihrer Kreativität und ihrem einzigartigen Charme. Und unserem Hund Bello gefiel sie ebenfalls. Diese Geschichte zeigt für mich, wie sie schon immer mit so viel Leidenschaft und Eigenständigkeit ihre Projekte angegangen ist.

12. *Beschreibe, wie du Joshua kennengelernt hast.*

Joshua habe ich zum ersten Mal getroffen, als Alicia ihn zu einem Familienessen mitgebracht hat. Ich erinnere mich, dass er sich sofort herzlich in unsere Runde eingefügt hat, was nicht einfach ist, wenn man auf eine so eng verbundene Familie trifft. Sein Respekt und seine freundliche Art haben sofort einen bleibenden Eindruck bei mir hinterlassen.

13. *Erzähle eine Geschichte über das Brautpaar, die du gern in deiner Hochzeitsrede einbauen möchtest.*

Eine besondere Geschichte, die das Wesen von Alicia und Joshua als Paar wunderbar zeigt, ist, wie sie sich während einer schwierigen Zeit unterstützt haben. Ich erinnere mich an eine Phase, in der Alicia viel Stress bei der Arbeit hatte. Joshua war der Fels in der Brandung – er hat sie unterstützt, ermutigt und dafür gesorgt, dass sie auch in dieser Zeit immer noch lachen konnte. Das zeigt, wie stark ihre Bindung ist und wie sie sich gegenseitig ergänzen.

14. *Gibt es besondere Wünsche oder Themen, die du in deiner Rede ansprechen möchtest?*

In meiner Rede möchte ich betonen, wie stolz ich auf Alicia bin, dass sie ihren eigenen Weg gegangen ist und dabei einen so wunderbaren Partner wie Joshua gefunden hat. Außerdem möchte ich den Wert der Familie hervorheben und wie wichtig es ist, dass beide auch in ihrer Ehe immer zueinanderstehen, so wie sie es schon jetzt tun. Ein kleiner Rat für die Ehe könnte sein, dass Kommunikation und gegenseitiger Respekt der Schlüssel sind – und natürlich nie den Humor zu verlieren.

Finales Ergebnis mit eigenen Worten verfeinert:

Liebes Hochzeitspaar,
liebe Familien, geschätzte Freunde und verehrte Gäste,

Heute ist ein ganz besonderer Tag, denn meine wunderschöne Tochter Alicia und ihr geliebter Joshua sind heute den Bund der Ehe eingegangen. Ein Anlass, der gefeiert werden muss und zu dem ich euch herzlich willkommen heiße – schön, dass ihr alle hier seid! Bevor ich zum Hauptteil meiner Rede übergehe, möchte ich die Gelegenheit nutzen, und mich bei allen Beteiligten bedanken, die an den Vorbereitungen der Hochzeitsfeier mitgewirkt haben – ihr habt in den letzten Wochen etwas wirklich Großes auf die Beine gestellt und ich bin beeindruckt von all der schönen Dekoration, dem lecker duftenden und gutaussehenden Essen und all der Mühe, die in diesem Abend steckt.

Meine liebe Alicia, ich erinnere mich noch genau an den Tag, an dem ich dich zum ersten Mal in meinen Armen hielt. Es war ein Moment voller Liebe und Ehrfurcht, genau wie heute, als ich dich zum Altar führen durfte. Aus dir ist eine wundervolle Frau geworden. Damals wie heute hast du ein riesiges Herz für andere und dein Humor füllt jeden Raum mit bester Laune. Ich bin unendlich stolz auf dich und schaue zugleich nostalgisch auf die Zeit mit meinem kleinen Mädchen zurück: Du warst ca. 10 Jahre alt als wir beide gemeinsam die Hundehütte für Bello bauten. Ich als Vater habe versucht alles perfekt zu machen, aber du bestandest darauf, deine eigenen Ideen umzusetzen – und das mit einem unglaublichen Enthusiasmus. Am Ende sah die Hundehütte vielleicht nicht perfekt aus, aber sie war voll mit deiner Kreativität und deinem einzigartigen Charme. Und unserem Hund Bello gefiel sie ebenfalls.

Mit ebenso viel Enthusiasmus hat Alica damals Joshua zum Familienessen mitgebracht. Joshua, Ich erinnere mich, dass du dich sofort herzlich in unsere Runde eingefügt hast, was nicht einfach ist, wenn man auf eine so eng verbundene Familie trifft. Deine respektvolle, herzliche und zuverlässige Art haben sofort einen bleibenden Eindruck bei mir hinterlassen. Seitdem du in Alicias Leben getreten bist, sehe ich, wie du meine Tochter mit deiner beständigen Art unterstützt und gleichzeitig so viel Wärme in unsere Familie bringst und dafür möchte ich dir danken. Gleichzeitig bin ich stolz darauf, dich in unserer Familie willkommen zu heißen.

In einer Ehe ist es wichtig, immer zueinander zu stehen – eine Sache, die euch heute schon hervorragend gelingt. Lasst mich euch den Schlüssel einer ewigen und liebevollen Ehe verraten: offene Kommunikation, gegenseitiger Respekt und die Kunst den alltäglichen Herausforderungen immer mit etwas Humor zu begegnen.

Liebe Alicia, lieber Joshua, ich wünsche euch von Herzen alles Gute für eure gemeinsame Zukunft. Möge eure Ehe stets von Liebe, Respekt und Freude erfüllt sein.

Liebe Gäste, hebt eure Gläser und stoßt mit mir auf unser schönes Brautpaar und ihre Zukunft an – auf Alicia und Joshua!

Foto: Pepper Nix Photography

Beispiele für die Rede der Brautmutter

Lieben heißt: Das Glück des anderen suchen.
– Don Johannes Bosco –

Eine emotionale und persönliche Brautmutterrede

Prompt an ChatGPT:

Liebe KI,
bitte schreibe mir eine [3-5 minütige] Hochzeitsrede. Ich heiße [Petra] und bin [die Mutter] der Braut [Nele]. Ihr Bräutigam heißt [Patrick]. Meine Brautmutterrede soll [emotional und persönlich] und in Form [eines Fließtextes] geschrieben sein. In meiner Rede möchte ich das Thema [Liebe] behandeln. Zu Beginn möchte ich das Brautpaar persönlich begrüßen, aber auch die anderen Hochzeitsgäste und die Verwandtschaft begrüßen und willkommen heißen. Nach der Begrüßung möchte ich meine Rede passend zum oben genannten Thema mit [einem schönen Zitat zum Thema Liebe] beginnen. Den Hauptteil möchte ich zunächst meiner Tochter und der Braut [Nele] widmen. [Nele ist liebevoll, fleißig und wahnsinnig emphatisch. Als Kind hat Nele immer Mutter-Vater-Kind gespielt. Ihre Traumvorstellung waren zwei Kinder und einen Familienhund (am liebsten ein Golden Retriever). Patrick kann ihr diese Kindheitsvorstellung sicher erfüllen. Ich bin stolz auf Nele und die wunderschöne Frau, die sie geworden ist.] Im Anschluss möchte ich meinen Schwiegersohn [Patrick] offiziell in unserer Familie willkommen heißen. [Patrick ist überaus freundlich, humorvoll und liebevoll mit Nele. Patrick hat sich seit der ersten Sekunde wahnsinnig viel Mühe gegeben. Für mich gab es bei unserer ersten Begegnung einen Strauß Blumen und er war sehr charmant.] Der Schlussteil meiner Rede soll mit Zukunftswünsche an das Brautpaar geschmückt sein. [Ich möchte außerdem noch einen Rat an das Brautpaar zum Thema Haushalt richten.] Abschließend möchte ich mit den Gästen auf das schöne Brautpaar und ihre Liebe anstoßen.

Aufwand von ca. 5 Minuten

Finales Ergebnis mit eigenen Worten verfeinert:

Liebe Nele,
lieber Patrick,
liebe Familie und Freunde,
verehrte Hochzeitsgäste,

Ich freue mich sehr, heute hier stehen zu dürfen, um diesen besonderen Tag mit euch allen zu feiern. Als Mutter der Braut ist es mir eine große Ehre, ein paar Worte an meine geliebte Tochter Nele, ihren wundervollen Bräutigam Patrick und natürlich an alle, die heute mit uns sind, zu richten.

"Liebe ist wie der Wind, man kann sie nicht sehen, aber man kann sie fühlen.*" – dieser schöne Gedanke ist eine tolle Beschreibung für die heutige Atmosphäre und vor allem für die Energie zwischen Nele und Patrick.

Nele, meine liebe Tochter, mit dem Tag deiner Geburt hast du mein mütterliches Herz mit Freude und Glück erfüllt. Und noch heute schwelge ich gerne in Erinnerungen an damals: Schon als kleines Mädchen hattest du große Träume und hast stundenlang Mutter-Vater-Kind gespielt. Deine Traumvorstellung war klar: zwei Kinder, zuerst einen Jungen und darauffolgend ein kleines Mädchen, und einen Familienhund – am liebsten einen Golden Retriever namens Pluto. Ich bin überzeugt, dass Patrick dir diese Wunschvorstellung eines Tages sicher erfüllen kann. Heute bin ich so stolz auf dich und die wunderschöne Frau, die du geworden bist: liebevoll, fleißig und wahnsinnig empathisch.

Patrick, mein lieber Schwiegersohn, traditionell heißt der Brautvater den Schwiegersohn in der Familie willkommen. Wie du weißt, geben unsere familiären Gegebenheiten dies nicht her, sodass ich diese ehrenvolle Aufgabe heute gerne übernehme. Herzlich willkommen in unserer Familie! Es ist schön, dies jetzt auch ganz offiziell sagen zu können. Vom ersten Moment an, als ich dich kennengelernt habe, war klar, dass du das perfekte Gegenstück für Nele bist. Und das lag nicht an dem wunderschönen und überdimensional großen Strauß Blumen, den du mir damals mitgebracht hast. Deine Freundlichkeit, dein Humor und deine Liebe zu meiner Tochter haben sofort mein Herz gewonnen.

Meine Lieben, Nele und Patrick, ihr ergänzt euch beide auf so wunderbare Weise und es ist bezaubernd zu sehen, wie ihr beide gemeinsam lacht, euch gegenseitig unterstützt und immer füreinander da seid.

Für die Zukunft wünsche ich euch alles Glück dieser Welt. Möge eure Liebe stets wachsen und euch durch alle Höhen und Tiefen des Lebens tragen.

Ein kleiner mütterlicher Rat zum Schluss: Ein gut geführter Haushalt ist eine gemeinsame Aufgabe. Unterstützt euch gegenseitig, kommuniziert offen und bewahrt immer euren Sinn für Humor.

Lasst uns nun alle unsere Gläser erheben und auf dieses schöne Brautpaar und ihre Liebe anstoßen.

Auf Nele und Patrick!

*Zitat von Nicholas Sparks

Ehe ist gegenseitige Freiheitsberaubung in beiderseitigem Einvernehmen.
– Oscar Wilde –

Eine humorvoll ergänzende Rede der Brautmutter

Prompt an Claude:

Liebe KI,
bitte schreibe mir eine [3-5 minütige] Hochzeitsrede. Ich heiße [Kerstin] und bin [die Mutter] der Braut [Alina]. Ihr Bräutigam heißt [Moritz]. Meine Brautmutterrede soll [lustig und persönlich] und in Form [eines Fließtextes] geschrieben sein. In meiner Rede möchte ich das Thema [Liebe] behandeln. [Mein Ehemann hat zuvor die Brautvaterrede gehalten und ich möchte als Brautmutter ein paar ergänzende Worte an Alina und Moritz richten.] Zu Beginn möchte ich meine Rede passend zum oben genannten Thema mit [einem humorvollen Spruch] beginnen. Den Hauptteil möchte ich zunächst meiner Tochter und der Braut [Alina] widmen. [Alina ist schon seit Kindertagen wie ein Flummi gepaart mit einer liebevollen, aber auch launischen Art. Ich bin stolz auf meine Tochter und liebe sie sehr.] Im Anschluss möchte ich ein paar Worte zu meinem Schwiegersohn [Moritz] sagen. [Mit Moritz haben wir einen tollen Familienzuwachs und Schwiegersohn bekommen. Er passt mit seiner ruhigen und sachlichen Art perfekt zu Alina und bringt sie damit auf herzliche Weise immer zurück auf den Boden der Tatsachen.] Den Schlussteil meiner Rede möchte ich nutzen, um mich den vorangegangenen Zukunftswünsche von meinem Mann anzuschließen. [Ich möchte dem Paar zum Abschluss noch einen mütterlichen, aber humorvollen Rat zum Thema Haushalt mitgeben.] Abschließend möchte ich mit den Gästen auf das schöne Brautpaar und ihre Liebe anstoßen.

Aufwand von ca. 5 Minuten

Finales Ergebnis mit eigenen Worten verfeinert:

Liebe Hochzeitsgesellschaft,
liebe Alina,
lieber Moritz,

"Die Ehe ist wie ein Tanz – manchmal walzt man elegant durchs Leben, und manchmal tritt man sich gegenseitig auf die Füße.*" Mit diesem augenzwinkernden Vergleich möchte ich meine Rede beginnen, denn wie wir alle wissen, ist die Liebe voller Rhythmus und manchmal auch voller überraschender Schritte.

Nachdem mein Mann bereits einige rührende Worte gefunden hat, möchte ich als Brautmutter noch ein paar Gedanken hinzufügen. Alina, mein Schatz, von klein auf warst du wie ein Flummi – voller Energie und immer in Bewegung. Deine liebevolle Art hat uns oft zum Lächeln gebracht, auch wenn deine gelegentlichen Launen uns manchmal Kopfzerbrechen bereitet haben. Aber genau das macht dich aus, und ich bin unendlich stolz auf die wunderbare Frau, zu der du herangewachsen bist. Und auch wenn du inzwischen selbständig und unabhängig bist: Du kannst jederzeit auf Papas und meine Unterstützung, unseren Rat und Liebe zählen.

Und nun zu dir, lieber Moritz. Du bist wirklich ein Glücksgriff für unsere Familie. Mit deiner ruhigen und sachlichen Art bist du der perfekte Gegenpol zu unserer quirligen Alina. Es ist faszinierend zu beobachten, wie du es schaffst, sie sanft auf den Boden der Tatsachen zurückzuholen, wenn sie mal wieder Gefahr läuft, vor lauter Begeisterung abzuheben. Ihr ergänzt euch auf eine Art und Weise, die man sich als Eltern für sein Kind nur wünschen kann.

Wenn ich euch beide zusammen sehe, dann weiß ich, dass ihr füreinander bestimmt seid. Eure Liebe ist wie ein wunderschönes Gemälde – Alina malt mit kräftigen, lebendigen Farben, während Moritz die feinen Details und Schattierungen hinzufügt. Gemeinsam erschafft ihr etwas ganz Besonderes.

Für eure gemeinsame Zukunft, Alina und Moritz, möchte ich mich den wundervollen Wünschen, die Papa bereits so herzlich ausgesprochen hat, anschließen. Ich freue mich über euer Glück und eure Liebe – mögen eure Herzen in Ewigkeit im gleichen Rhythmus schlagen.

Und nun noch ein kleiner mütterlicher Rat, den ich euch mit auf den Weg geben möchte: Denkt immer daran, Liebe geht durch den Magen – aber nur, wenn der Abwasch gemacht ist! Also findet einen Weg, die Hausarbeit fair aufzuteilen, denn nichts ist romantischer als ein Mann mit Spülhandschuhen!

Lasst uns nun gemeinsam unsere Gläser erheben und auf das wunderbare Brautpaar anstoßen. Auf Alina und Moritz, auf ihre Liebe und auf eine glückliche, gemeinsame Zukunft!

*Angelehnt an eine Textpassage aus „Tanz auf Glas" von Ka Hancock

Eine lustige Brautmutterrede

Liebe Angelina,
lieber Lukas,
verehrte Gäste,
liebe Freunde und Familie,

"Erwachsensein ist, wenn man aufhört zu wachsen – außer in die Breite." Mit diesen Worten von Anke Engelke möchte ich meine Rede beginnen. Denn heute feiern wir nicht nur die Liebe, sondern auch einen weiteren Schritt ins Erwachsenenleben unserer geliebten Angelina und ihres Lukas.

Wie mein Mann schon so schön in seiner Rede erwähnt hat, ist es kaum zu glauben, dass unsere Angelina nun vor dem Altar steht. Gefühlt war es erst gestern, als sie uns davon überzeugt hat, dass Schokolade zum Frühstück eigentlich sehr gesund sei, weil Kakao ja schließlich aus Bohnen gemacht wird. Oder als sie argumentierte, dass ihr Zimmer nicht aufgeräumt werden müsse, weil kreatives Chaos die Grundlage für Genialität sei. Tja, unser kleines Schlitzohr hatte schon immer ein Talent dafür uns, um den Finger zu wickeln.

Aber Spaß beiseite – Angelina, mein Schatz, ich bin unendlich stolz auf dich. Deine Kreativität, dein Einfallsreichtum und deine Überzeugungskraft haben dich zu der wunderbaren Frau gemacht, die du heute bist. Jetzt bist du verheiratet, aber eines ist gewiss: Du wirst immer unser kleines Mädchen bleiben – nur eben in einer etwas größeren Version.

Lukas, unser Schwiegersohn aus dem Bilderbuch. Du bist humorvoll, charismatisch und kinderlieb – kurzum, der perfekte Mann für unsere Angelina. Aber lass mich dir einen gut gemeinten Rat geben: Schnall dich an! Angelinas Einfallsreichtum wird euer Leben ordentlich auf den Kopf stellen. Ich bin schon sehr gespannt, wie viele ihrer kreativen Ideen du aushalten kannst. Mein Tipp: Entwickle schnell eine Immunität gegen ihre charmanten Überredungskünste, sonst findest du dich bald in einem Haus voller exotischer Haustiere wieder, weil Angelina argumentiert hat, dass ein Lama im Garten eigentlich ein sehr praktischer Rasenmäher ist.

Zum Schluss möchte ich mich den Zukunftswünschen meines Mannes anschließen und euch, Angelina und Lukas, noch einen letzten mütterlichen, aber humorvollen Rat mit auf den Weg geben: Erwachsensein bedeutet nicht, alles im Griff zu haben. Es bedeutet, gemeinsam durch dick und dünn zu gehen, auch wenn mal etwas schiefläuft. Lacht zusammen, wenn ihr aus Versehen die Wäsche pink färbt, weil ihr vergessen habt, die rote Socke auszusortieren. Steht füreinander ein, wenn einer von euch mal wieder den Schlüssel im Schloss stecken lässt. Und vor allem: bewahrt euch eure Kindheit im Herzen, denn nichts hält eine Ehe so jung wie ein bisschen albern zu sein.

Nun lasst uns alle unsere Gläser erheben und auf das wunderbare Brautpaar anstoßen. Auf Angelina und Lukas, auf die Liebe und auf ein Leben voller Abenteuer, Lachen und ein bisschen kreatives Chaos!

Die Summe unseres Lebens sind die Stunden,
in denen wir liebten.
– Wilhelm Busch –

Eine kurze und poetische Hochzeitsrede der Brautmutter

Liebe Laura,
lieber Nico,
liebe Verwandte, Freunde und Hochzeitsgäste,

Heute versammeln wir uns in großer Freud,
um zu feiern die Liebe und Zweisamkeit heut.
Laura, meine Tochter, und Nico, ihr Mann,
vereint in Liebe, die ewig bestehen kann.

Laura, mein Herz, wie die Zeit doch vergeht,
als kleines Mädchen, das voller Träume steht.
Ehrgeizig, fürsorglich und kreativ,
eine Krankenschwester mit Herz und oft nachtaktiv.
Schon früh wolltest du für andere da sein,
und heute tust du es – großherzig und rein.
Ich bin so stolz auf dich, das sei gewiss,
du mit deiner Art, erhellst jede Finsternis.

Nico, du bist nun Teil unserer Sippe,
und wir begrüßen dich mit einem fröhlichen Wippe.
Geduldig, höflich und großzügig, du bist,
es ist schön zu sehen, wie du mit unserer Laura sitzt.
Mit deiner Geduld und handwerklichem Geschick,
baust du gemeinsam mit Laura Schritt für Schritt.
Euer Haus entsteht aus Liebe und Kraft,
ein Heim, das euch beide glücklich macht.

Ein mütterlicher Rat, zum Hausbau schließt:
seid geduldig, bleibt vereint, das ist der Schlüssel, liest.
Auch wenn es mal schwierig wird und die Nerven liegen blank,
gemeinsam seid ihr stark, daran denkt und dankt.

Lasst uns nun anstoßen auf dieses Paar,
auf ihre Liebe, die bleibt, Jahr für Jahr.
Auf Laura und Nico, das Brautpaar heut,
viel Glück und Segen, Harmonie und Freud.

Eine traditionelle Rede der Brautmutter

Ausgefülltes Formular von Hochzeitsplanerin.de:

Aufwand von ca. 7 Minuten

1. *In welchem Stil soll deine Hochzeitsrede geschrieben werden? Diese Frage ist erforderlich**
Traditionell.

2. *Wie ist dein Vorname? Diese Frage ist erforderlich**
Gudrun.

3. *Wie heißt die Person (Vorname), für die du die Rede halten möchtest? Diese Frage ist erforderlich**
Svea.

4. *In welcher Beziehung stehst du zu Svea? Diese Frage ist erforderlich**
Mutter.

5. *Bist du Trauzeugin oder Trauzeuge? Diese Frage ist erforderlich**
Nein.

6. *Wie lange kennst du Svea schon?*
Svea kenne ich seit dem Tag ihrer Geburt.

7. *Mit welchen 3 Worten würdest du Svea beschreiben?*
Herzlich, entschlossen, humorvoll.

8. *Wie heißt der/die zukünftige Ehepartner/in von Svea?*
Jasper.

9. *Mit welchen 3 Worten würdest du Jasper beschreiben?*
Zuverlässig, einfühlsam, offen.

10. *Beschreibe, wie du Svea kennengelernt hast.*
Ich erinnere mich noch gut an den Moment, als ich Svea das erste Mal in meinen Armen hielt – sie war so winzig und dennoch so stark. In diesem Augenblick wusste ich, dass sie etwas ganz Besonderes ist.

11. *Erzähle eine Geschichte über ein Erlebnis, welches das Svea und dich verbindet.*
Als Svea noch ein kleines Mädchen war, wollte sie unbedingt ein kleines Zelt im Garten aufstellen und darin die Nacht verbringen. Es war eine kühle und stürmische Nacht, aber Svea hat darauf bestanden, draußen zu bleiben – bis zum frühen Morgen, als sie dann doch unter meiner Decke aufgewacht ist. Svea ist eben entschlossen, aber manchmal hat Mama eben doch recht, nicht wahr?

12. *Beschreibe, wie du Jasper kennengelernt hast.*
Jasper lernte ich vor 8 Jahren bei Kaffee und Kuchen kennen. Er war offen und herzlich, und ich wusste direkt, dass er ein wichtiger Teil unserer Familie werden wird.

13. *Erzähle eine Geschichte über das Brautpaar, die du gern in deiner Hochzeitsrede einbauen möchtest.*
Svea erzählte von einer gemeinsamen Wandertour mit Jasper. Es regnete in Strömen, und sie waren völlig durchnässt. Doch anstatt sich zu beschweren, fingen sie an, im Regen zu tanzen und zu lachen. Dieser Moment zeigt mir, wie sehr die beiden das Leben miteinander genießen können – auch wenn es manchmal stürmisch wird.

14. *Gibt es besondere Wünsche oder Themen, die du in deiner Rede ansprechen möchtest?*
Ich wünsche den beiden, dass sie in ihrer Ehe immer den Mut finden, zusammen durch dick und dünn zu gehen – wie bei ihrem Regenspaziergang.

Finales Ergebnis mit eigenen Worten verfeinert:

Liebes Brautpaar,
liebe Familien, Freunde und Gäste,

Voller Freude stehe ich heute hier als Brautmutter vor euch, sehe so viele bekannte Gesichter und schaue verzaubert auf unsere Svea und ihren Jasper. Danke, dass ihr alle hier seid und diesen besonderen Tag mit unseren Familien feiert. Und ein ebenso großes Dankeschön an alle, die im Vorfeld bei all den Vorbereitungen geholfen haben!

Doch lasst mich nun ein paar Worte über unsere Tochter Svea sagen. Von Anfang an war Svea ein Kind, das mit offenen Augen und großem Herzen durch die Welt ging. Hinzu kam oft eine große Portion Svea-Humor. Aber auch ihre Entschlossenheit zeichnete sich früh ab: Als Svea noch ein kleines Mädchen war, wollte sie unbedingt ein kleines Zelt im Garten aufstellen und darin die Nacht verbringen. Es war eine kühle und stürmische Nacht, aber Svea hat darauf bestanden, draußen zu bleiben – bis zum frühen Morgen, als sie dann doch unter meine Bettdecke gekrabbelt ist. Svea ist eben entschlossen, aber manchmal hat Mama eben doch recht, nicht wahr?

Auch heute kommt es noch vor, dass ich mir vorstelle, wie Svea mit all diesen Eigenschaften Jasper verzauberte, bevor wir ihn vor 8 Jahren auf einem gemütlichen Sonntag bei Kaffee und Kuchen kennenlernen durften. Jasper war offen und herzlich, und ich wusste direkt, dass er ein wichtiger Teil unserer Familie werden wird. Umso schöner ist es heute, dich Jasper, herzlich und mit offenen Armen in unserer Familie willkommen zu heißen!

Ich weiß genau, dass ihr zwei das Leben miteinander in vollen Zügen genießen könnt, auch wenn es manchmal stürmisch wird. Euer erster gemeinsamer Wandertrip hat es bereits bewiesen: Trotz strömenden Regen und völlig durchnässter Kleidung habt ihr gemeinsam im Regen getanzt, gelacht und das Leben gefeiert, anstatt euch zu beschweren. Eine Fähigkeit, die euch auch in den nächsten Jahren viele schöne Momente bescheren und euch noch enger zusammenbringen wird.

Liebe Svea, lieber Jasper, ich wünsche euch von Herzen, dass ihr in eurer Ehe immer den Mut findet, zusammen durch dick und dünn zu gehen – ähnlich wie bei eurer Wandertour. Mögt ihr stets eure Herzlichkeit, euer

Einfühlungsvermögen und euren Humor bewahren, die euch so besonders machen.

Lasst uns nun die Gläser erheben und auf das frisch vermählte Paar anstoßen. Auf Svea und Jasper! Möge eure gemeinsame Reise voller Liebe, Lachen und unvergesslicher Momente sein.

Foto: Katharina Franke von V.I.Photography

Beispiel für die Rede der Brauteltern

Keiner ist so verrückt,
dass er nicht einen noch Verrückteren fände. der ihn versteht.
– Heinrich Heine –

Eine humorvolle und warmherzige Brautelternrede

Prompt an Claude:

Liebe KI,
bitte schreibe uns eine [3-5 minütige] Hochzeitsrede. Wir heißen
[Corinna und Michael] und sind die Eltern der Braut [Leonie]. Ihr Bräutigam
heißt [Finn]. Unsere gemeinsame Brautelternrede soll [lustig] und in Form eines
Dialogs geschrieben sein. In unserer Rede möchten wir das Thema [Haushalt]
behandeln. Zu Beginn möchten wir das Brautpaar persönlich begrüßen, aber
auch die anderen Hochzeitsgäste und die Verwandtschaft begrüßen und
willkommen heißen. Nach der Begrüßung möchten wir unsere Rede passend
zum oben genannten Thema mit [einem lustigen Spruch oder Zitat] beginnen.
Den Hauptteil möchten wir zunächst unserer Tochter und der Braut [Leonie]
widmen. [Leonie ist aufmerksam, liebevoll und turbulent. Schon als Kind war sie
ein Wirbelwind. Hier eine lustige Anekdote aus Kindertagen einbauen. Danach
möchten wir liebevolle Worte an unsere Tochter richten.] Im Anschluss möchten
wir unseren Schwiegersohn [Finn] offiziell in unserer Familie willkommen heißen.
[Finn ist höflich, humorvoll und ruhig. Hier möchten wir einen Witz darüber
machen, wie er sich zukünftig durch unseren Wirbelwind Leonie nicht aus der
Ruhe bringen lässt.] Der Schlussteil unserer Rede soll mit lustigen
Zukunftswünsche an das Brautpaar geschmückt sein. [Wir möchten einen
lustigen elterlichen Rat zum Thema Haushalt mitgeben.] Abschließend
möchten wir mit den Gästen auf das schöne Brautpaar und ihre Liebe anstoßen.

Aufwand
von ca.
5 Minuten

Finales Ergebnis mit eigenen Worten verfeinert:

Aufwand von ca. 20 Minuten

Mutter: Liebe Leonie, lieber Finn, liebe Verwandtschaft und Freunde aus nah und fern, verehrte Hochzeitsgäste.

Vater: Wir freuen uns riesig, dass ihr alle heute hier seid, um mit uns die Hochzeit unserer Tochter Leonie und unseres geschätzten Schwiegersohns Finn zu feiern!

Mutter: Spätestens mit der Ehe kommen der gemeinsame Haushalt und die Gewissheit, dass Socken ein Eigenleben entwickeln und sich verstecken.

Vater: Kein Problem, im Tragen von unterschiedlichen Socken war Leonie schon als Kind Weltmeisterin – ganz nach dem Motto: Je bunter, desto schöner.

Mutter: Wie wahr! Leonie ist unser kleiner bunter Wirbelwind und so unglaublich aufmerksam und liebevoll. Erinnerst du dich noch an deinen 30. Geburtstag? Da wollte sie unbedingt selbst den Kuchen für dich backen...

Vater: Oh ja! Die Küche sah hinterher aus, als hätte eine Mehlbombe eingeschlagen. Aber der Kuchen war trotzdem lecker – wenn auch etwas schief.

Mutter: Leonie, inzwischen bist du zu einer wunderbaren jungen Frau herangewachsen. Wir sind so stolz auf dich und lieben dich von ganzem Herzen.

Vater: Lieber Finn, wir freuen uns, dich heute offiziell in unserer Familie willkommen zu heißen! Du bist der ruhende Pol, den unser Wirbelwind Leonie braucht.

Mutter: Genau! Finn, wir bewundern deine Ruhe und deinen Humor. Ich wette, du wirst auch dann noch lächeln, wenn Leonie mal wieder den Haushalt komplett auf den Kopf stellt.

Vater: Apropos Haushalt – wir haben da noch einen kleinen Rat für euch beide: Vergesst nie, dass es im Leben nicht darum geht, wer den Abwasch macht, sondern wer dabei die lustigsten Grimassen schneidet!

Mutter: Und denkt immer daran: Eine Ehe ist wie eine Waschmaschine. Man wirft alles rein, und manchmal kommt etwas ganz Unerwartetes wieder heraus!

Vater: Wir wünschen euch von Herzen alles Gute für eure gemeinsame Zukunft. Möge euer Zuhause immer voller Liebe, Lachen und vielleicht auch ein bisschen kreativem Chaos sein.

Mutter: Und nun möchten wir mit allen Gästen auf das wunderbare Brautpaar anstoßen!

Vater & Mutter: Auf Leonie und Finn! Auf ihre ewige Liebe und viele glückliche Momente!

Die Rede des Bräutigamvaters, der Bräutigammutter und der Bräutigameltern

Die Rede der Bräutigameltern ist zwar weniger verpflichtend als für die Eltern bzw. den Vater der Braut, aber deshalb nicht weniger geschätzt vom Brautpaar und den Gästen. Wenn du dich als Vater oder Mutter des Bräutigams also dazu entschieden hast, eine persönliche Hochzeitsrede zu halten, nur zu! Die Hochzeitsgesellschaft wird deinen Worten gespannt lauschen, wenn:

- ♥ Du dich von deiner authentischen und emotionalen Seite zeigst

- ♥ Du dich bei den Gästen für ihr Kommen und beim Organisationsteam bedankst

- ♥ Du lustige Anekdoten aus der Kindheit und Jugend deines Sohnes erzählst und wertschätzende Worte an ihn richtest

- ♥ Du deine Schwiegertochter mit liebevollen Worten in der Familie willkommen heißt

- ♥ Du deine Freude über die Vergrößerung der Familie mit den Gästen teilst

- ♥ Du deine Zukunftswünsche an das Brautpaar richtest und gemeinsam mit den Gästen auf das Paar anstößt

Zusätzlich kannst du dir noch überlegen, ob du deinem Sohn und seiner Angetrauten einen elterlichen Rat mitgeben und wie du dem Brautpaar deine bzw. eure Unterstützung als Eltern anbieten möchtest.

Im Kapitel "Hochzeitsreden mit Hilfe von Künstlicher Intelligenz schreiben" haben wir dir bereits die Mustervorlagen für deinen Hochzeitsreden-Prompt angekündigt. Wenn du die KI also als Hilfsmittel nutzen möchtest, findest du auf den nächsten Seiten besagte Mustervorlagen, gefolgt von diversen Beispielen zu Hochzeitsreden von Bräutigamvater, Bräutigammutter und Bräutigameltern, die dir als Inspiration dienen werden.

Mustervorlagen für deinen Hochzeitsreden-Prompt als Bräutigamvater, Bräutigammutter bzw. Bräutigameltern

Liebe KI,
bitte schreibe mir eine [3-5 minütige] Hochzeitsrede. Ich heiße [deinen Namen] und bin [der Vater/die Mutter] des Bräutigams [Name]. Seine Braut heißt [Name]. Meine [Bräutigamvaterrede/Bräutigammutterrrede] soll [z.B. emotional] und in Form [z.B. eines Fließtextes] geschrieben sein. In meiner Rede möchte ich das Thema [z.B. Verantwortung] behandeln. Zu Beginn möchte ich das Brautpaar und die Hochzeitsgäste begrüßen und mich bei den Gästen herzlich für ihr Kommen und bei dem Organisationsteam bedanken. Nach der Begrüßung möchte ich meine Rede passend zum oben genannten Thema mit [z.B. einem Zitat, einem Spruch, einer Metapher etc.] beginnen. Den Hauptteil möchte ich zunächst meinem Sohn und Bräutigam [Name] widmen. [Platz für Persönliches zum Sohn wie: Charaktereigenschaften, Anekdoten aus Kindheit und Jugend, wertschätzende Worte etc.] Im Anschluss möchte ich meine Schwiegertochter [Name] offiziell und mit liebevollen Worten in unserer Familie willkommen heißen. [Platz für Persönliches zur Schwiegertochter wie: Charaktereigenschaften, gemeinsame Erlebnisse, erster Eindruck etc.] Bevor ich zum Schluss komme, möchte ich meine Freude über die Vergrößerung der Familie zum Ausdruck bringen. Der Schlussteil meiner Rede soll mit Zukunftswünsche an das Brautpaar geschmückt sein. [Platz für weitere Elemente wie: Anekdoten, Zitate, väterlicher/mütterlicher Rat etc. und/oder konkrete Anforderungen bzgl. der Zukunftswünsche]. Abschließend möchte ich mit den Gästen auf das schöne Brautpaar und ihre Liebe anstoßen.

Liebe KI,

bitte schreibe uns eine [3-5 minütige] Hochzeitsrede. Wir heißen [eure Namen] und sind die Eltern des Bräutigams [Name]. Seine Braut heißt [Name]. Unsere gemeinsame Bräutigamelternrede soll [z.B. lustig] und in Form eines Dialogs geschrieben sein. In unserer Rede möchten wir das Thema [z.B. Glück] behandeln. Zu Beginn möchten wir das Brautpaar und die Hochzeitsgäste begrüßen und uns bei den Gästen herzlich für ihr Kommen und bei dem Organisationsteam bedanken. Nach der Begrüßung möchten wir unsere Rede passend zum oben genannten Thema mit [z.B. einem Zitat, einem Spruch, einer Metaphern etc.] beginnen. Den Hauptteil möchten wir zunächst unserem Sohn und Bräutigam [Name] widmen. [Platz für Persönliches zum Sohn wie: Charaktereigenschaften, Anekdoten aus Kindheit und Jugend, wertschätzende Worte etc.] Im Anschluss möchten wir unsere Schwiegertochter [Name] offiziell und mit liebevollen Worten in unserer Familie willkommen heißen. [Platz für Persönliches zur Schwiegertochter wie: Charaktereigenschaften, gemeinsame Erlebnisse, erster Eindruck etc.] Bevor wir zum Schluss kommen, möchten wir unsere Freude über die Vergrößerung der Familie zum Ausdruck bringen. Der Schlussteil unserer Rede soll mit Zukunftswünsche an das Brautpaar geschmückt sein. [Platz für weitere Elemente wie: Anekdoten, Zitate, elterlicher Rat etc. und/oder konkrete Anforderungen bzgl. der Zukunftswünsche.] Abschließend möchten wir mit den Gästen auf das schöne Brautpaar und ihre Liebe anstoßen.

Lieben heißt, unser Glück in das Glück eines anderen zu legen.

– Gottfried Wilhelm Leibniz –

Foto: Derek Chad Photography

Beispiele für die Rede des Bräutigamvaters

Eine Hochzeit ist ein Ereignis, eine Ehe eine Leistung.
– Unbekannt –

Eine lustige Bräutigamvaterrede

Prompt an Claude:

Aufwand von ca. 5 Minuten

Liebe KI,
bitte schreibe mir eine [3-5 minütige] Hochzeitsrede. Ich heiße [Kai] und bin [der Vater] des Bräutigams [Torben]. Seine Braut heißt [Paula]. Meine Bräutigamvaterrede soll [lustig und humorvoll] und in Form [eines Fließtextes] geschrieben sein. In meiner Rede möchte ich das Thema [Gaming] behandeln. Zu Beginn möchte ich das Brautpaar und die Hochzeitsgäste begrüßen und mich bei den Gästen herzlich für ihr Kommen und bei dem Organisationsteam bedanken. Nach der Begrüßung möchte ich meine Rede passend zum oben genannten Thema mit [einem lustigen Spruch oder Zitat] beginnen. Den Hauptteil möchte ich zunächst meinem Sohn und Bräutigam [Torben] widmen. [Torben ist unser Nerd und jüngster von 4 Söhnen. Er liebt die Technik genauso sehr wie seine Liebsten. Schon früher hatte er nur Augen für seine Spielekonsole. Hier möchte ich einen passenden Witz machen. Ansonsten ist Torben einfach nur ein rundum toller Kerl und Sohn – hilfsbereit und immer für einen da.] Im Anschluss möchte ich meine Schwiegertochter [Paula] offiziell und mit liebevollen Worten in unserer Familie willkommen heißen. [Paula ist eine klasse Schwiegertochter und Partnerin für unser Torben. Sie ist warmherzig, hilfsbereit und liebt die Natur – anders als Torben. Hier möchte ich einen Witz darüber machen, wie gut Tageslicht und Natur unserem Torben wohl bekommt.] Bevor ich zum Schluss komme, möchte ich meine Freude über die Vergrößerung der Familie zum Ausdruck bringen. Der Schlussteil meiner Rede soll mit Zukunftswünsche an das Brautpaar geschmückt sein. [Ich möchte einen lustigen Spruch über das Gaming machen.]. Abschließend möchte ich mit den Gästen auf das schöne Brautpaar und ihre Liebe anstoßen.

Finales Ergebnis mit eigenen Worten verfeinert:

Aufwand von ca. 20 Minuten

Liebes Brautpaar,
liebe Freunde und Verwandte,
liebe Hochzeitsgesellschaft,

Herzlich willkommen zu diesem besonderen Tag! Als Vater des Bräutigams freue ich mich sehr, dass ihr alle gekommen seid, um mit Torben und Paula diesen wunderbaren Moment zu feiern. Ein großes Dankeschön auch an alle Helfenden, die diese Feier möglich gemacht haben – ihr habt wirklich großartige Arbeit geleistet!

Sicher wissen viele, dass unser Sohn Torben ein leidenschaftlicher Gamer ist. Nun, lasst mich meine Rede mit einem passenden Spruch beginnen: "In der Ehe gibt es kein Game Over – nur neue Level und aufregende Quests!" Und an alle, die jetzt nur Bahnhof verstehen, keine Sorge, die Übersetzung kommt: Quest ist ein neumodisches Wort für Mission oder Aufgabe.

Torben ist unser jüngster von vier Söhnen und ihr habt es sicherlich schon geahnt: Ein Nerd. Er liebt die Technik fast genauso sehr wie seine Liebsten. Schon als kleiner Junge hatte er nur Augen für seine Spielekonsole. Ich erinnere mich noch gut daran, wie wir ihn hunderte Male zum Essen rufen mussten – es war, als würden wir versuchen, einen Endgegner zu besiegen! Aber Torben ist nicht nur in der virtuellen, sondern auch in der echten Welt zu einem Helden herangewachsen: mutig, klug und immer für einen da. Er hat das Herz am rechten Fleck, auch wenn es manchmal hinter einem Bildschirm versteckt ist.

Hinter jedem Helden steckt eine starke Frau. Was mich zu Paula, unserer wundervollen Schwiegertochter kommen lässt. Paula, wir heißen dich von Herzen in unserer Familie willkommen! Du bist die perfekte Frau für unser Torben. Deine warmherzige und hilfsbereite Art hat uns alle verzaubert. Ich muss sagen, ich bin beeindruckt, wie du es geschafft hast, Torben aus seiner digitalen Höhle zu locken. Deine Liebe zur Natur scheint ansteckend zu sein – wer hätte gedacht, dass unser Torben einmal freiwillig und regelmäßig ins Tageslicht treten würde? Ich bin mir sicher, das Vitamin D tut ihm gut – vielleicht lädt er ja bald schneller als sein Computer!

Es erfüllt mich mit großer Freude zu sehen, wie sich unsere Familie vergrößert. Torben und Paula, ihr beide ergänzt euch perfekt – wie ein gut eingespieltes Team in einem Multiplayer-Game.

Bevor ich zum Ende komme, möchte ich euch noch ein paar Wünsche für die Zukunft mit auf den Weg geben: Möge eure Ehe so stabil sein wie eine gute Internetverbindung, mögen eure gemeinsamen Abenteuer spannender sein als jedes Rollenspiel, und möge eure Liebe sich schneller entwickeln als die Grafikleistung moderner Spielekonsolen!

Nun lasst uns alle unsere Gläser erheben und auf das wunderbare Brautpaar und ihre Liebe anstoßen. Auf Torben und Paula – möge euer gemeinsames Leben voller Highscores sein!

Glücklich allein ist die Seele, die liebt.

– Johann Wolfgang von Goethe –

Eine emotionale und wertschätzende Rede des Bräutigamvaters

Prompt an ChatGPT:

Liebe KI,
bitte schreibe mir eine [3-5 minütige] Hochzeitsrede. Ich heiße [Rainer] und bin [der Vater] des Bräutigams [Nick]. Seine Braut heißt [Sophie]. Meine Bräutigamvaterrede soll [emotional und wertschätzend] und in Form [eines Fließtextes] geschrieben sein. In meiner Rede möchte ich das Thema [Zeit] behandeln. Zu Beginn möchte ich das Brautpaar und die Hochzeitsgäste begrüßen und mich bei den Gästen herzlich für ihr Kommen und bei dem Organisationsteam bedanken. Nach der Begrüßung möchte ich meine Rede passend zum oben genannten Thema mit [einem schönen Spruch] beginnen. Den Hauptteil möchte ich zunächst meinem Sohn und Bräutigam [Nick] widmen. [Persönliches zu meinem Sohn wie: Charaktereigenschaften, Anekdoten aus Kindheit und Jugend, wertschätzende Worte etc.] Im Anschluss möchte ich meine Schwiegertochter [Sophie] offiziell und mit liebevollen Worten in unserer Familie willkommen heißen. [Persönliches zu meiner Schwiegertochter wie: Charaktereigenschaften, gemeinsame Erlebnisse, erster Eindruck etc.] Bevor ich zum Schluss komme, möchte ich meine Freude über die Vergrößerung der Familie zum Ausdruck bringen. Der Schlussteil meiner Rede soll mit Zukunftswünsche an das Brautpaar geschmückt sein. [Ich möchte eine schöne, abschließende Metapher am Ende sagen.] Abschließend möchte ich mit den Gästen auf das schöne Brautpaar und ihre Liebe anstoßen.

Aufwand von ca. 5 Minuten

Finales Ergebnis mit eigenen Worten verfeinert:

Liebe Sophie,
lieber Nick,
liebe Familien,
geschätzte Freunde und Gäste,

Es ist mir eine große Freude und Ehre, heute hier, als stolzer Vater des Bräutigams, zu stehen und diese Rede zu halten. Zunächst möchte ich alle herzlich willkommen heißen und mich bei euch bedanken, dass ihr diesen besonderen Tag mit uns feiert. Ein besonderer Dank gilt auch dem Organisationsteam, das mit so viel Herzblut und Hingabe diesen wundervollen Tag möglich gemacht hat.

"Die Zeit ist ein Geschenk, das man am besten mit den Menschen teilt, die man liebt.*" Aus diesem Grund sind wir heute alle zusammengekommen, um unserem Sohn Nick und seiner zauberhaften Sophie unsere Zeit zu schenken und sie gleichzeitig bei ihrem Start in ein gemeinsames Eheleben zu begleiten.

Nick, mein lieber Sohn, ich bewundere dich schon immer für deine Fähigkeit, dich wie ein Chamäleon an jede Situation und neue Umgebungen anzupassen. So auch damals, als du mit 7 Jahren kurzerhand die Hauptrolle im Schultheater übernommen und dein Improvisationstalent zum Besten gegeben hast. Oder wie du monatelang allein durch Lateinamerika gereist bist, mühelos neue Sprachen gelernt und dich in anderen Kulturen eingefunden hast. Diese Anpassungsfähigkeit hat dir nicht nur geholfen, neue und herausfordernde Situationen zu meistern, sondern auch dein Herz und deinen Geist für die Schönheit und Chancen der Welt zu öffnen.

Nun, da du eine neue Reise mit Sophie beginnst, freue ich mich zu sehen, wie diese Eigenschaft weiterhin euer gemeinsames Leben bereichern wird.

Sophie, mit offenen Armen und von ganzem Herzen heiße ich dich offiziell in unserer Familie willkommen! Du bist eine wunderbare, gutherzige und sympathische junge Frau. Deine Leichtigkeit und Freude am Leben passen perfekt zu Nick. Zusammen seid ihr wie ein Fluss, der sanft durch verschiedene Landschaften fließt, sich anpasst und stets seinen Weg findet.

Es erfüllt mich mit großer Freude und Stolz, dass unsere Familie durch eure Verbindung wächst. Ich sehe eine Zukunft voller Glück, Liebe und gemeinsamer Abenteuer für euch beide. Die Zeit, die vor euch liegt, wird euch viele wunderbare Momente schenken, und ich wünsche euch, dass ihr jeden einzelnen davon auskostet. Denn: "Die Liebe kennt keine Zeit. Sie entspringt der Ewigkeit und begleitet uns durch alle Augenblicke des Lebens.**"

Liebe Gäste, lasst uns nun gemeinsam auf das schöne Brautpaar und ihre Liebe anstoßen! Möge eure gemeinsame Zeit stets von Freude, Harmonie und tiefem gegenseitigem Verständnis geprägt sein.

Auf Sophie und Nick!

*Angelehnt an ein Zitat von Rick Warren
** Inspiriert vom Buch „Die Liebe kennt keine Zeit" von Brian L. Weiss

Eine Rede des Bräutigamvaters – Poesie trifft auf Fließtext

Willkommen hier, ihr lieben Leute,
Zur Hochzeitsfeier, welche Freude!
Für eure Hilfe, euren Fleiß,
Sagen wir Dank, ihr wisst Bescheid!

Es ist wundervoll, dass heute so viele Gäste gekommen sind, um diesen besonderen Tag – die Hochzeit von Peer und Carolin – mit uns zu feiern. Ich habe selten so viel tatkräftige Unterstützung und helfende Hände gesehen, vielen Dank dafür!

In Erinnerungen schwelgen wir,
Von Kindertagen bis jetzt und hier.
Voller Liebe blicken wir nun zurück,
Mama und Papa wünschen euch das größte Glück.

Ich erinnere mich noch genau an den Tag, als Peer stolz seinen ersten Fußballpokal nach Hause brachte. Und heute? Heute stand ich mit feuchten Augen in der Kirche und sah meinen Sohn, wie er seiner bezaubernden Braut Carolin das Ja-Wort gab. Was für ein bewegender Moment!

Vom Trikot zum Anzug, welch ein Wandel,
Wer hätte das gedacht, beim Bändel!
Manch graues Haar wuchs mir dabei,
Doch heute bin ich überglücklich, jawohl, ich gesteh's frei!

Liebe Gäste, hätte ich all die Jahre gewusst, dass es so wunderbar kommen würde, wäre ich wohl gelassener gewesen. Besonders als Peer verkündete, er wolle Profi-Gamer werden und in Südkorea sein Glück versuchen. Oder als er heimlich plante, eine Boyband zu gründen, um mit ihr auf Welttournee zu gehen.

Die Teenagerzeit, oh je, oh je,
Darüber schweigen wir lieber, verstehe...
Doch heute stehst du hier, mein Sohn,
Mit deiner Braut, welch schöner Lohn!

Wie ein frischer Windhauch ist Carolin in unser Leben getreten. Ihre sanfte Stärke, ihr mitfühlendes Herz und ihr brillanter Geist haben uns vom ersten Moment an begeistert. Wir sind überglücklich, Carolin nun offiziell in unserer Familie willkommen zu heißen!

Carolin, du bist ein Juwel, das ist klar,
Für Peer, für uns, einfach wunderbar!
In unseren Herzen hast du einen Platz gefunden,
Wir freuen uns auf viele gemeinsame Stunden.

Lieber Peer, liebe Carolin, ihr habt in euch gegenseitig einen starken, liebevollen und zuverlässigen Partner gefunden. Und falls ihr doch mal Hilfe von außen braucht, wir sind immer für euch da.

So lasst uns nun die Gläser heben,
Auf Peer und Carolin, hoch sollt ihr leben!
Möge eure Liebe stets gedeihen,
Und euer Leben voller Glück sein!

Eine geschichtenerzählende Bräutigamvaterrede

Liebes Brautpaar,
liebe Familien und Freunde,
liebe Gäste,

Vielen Dank, dass ihr diesen gegenwärtigen und besonderen Moment mit uns teilt und wir heute gemeinsam die Liebe von meinem Sohn Dominik und seiner wundervollen Braut Kim feiern. Ein herzliches Dankeschön gilt auch all denen, die bei der Vorbereitung und Organisation dieses Festes geholfen haben. Durch eure Unterstützung dürfen wir mit all unseren Sinnen einen unvergesslichen Tag erleben.

Ich möchte mit meiner Rede vor allem euren Gehörsinn und eure Vorstellungskraft schärfen: Stellt euch vor, wir könnten durch die Zeit reisen, um die besonderen Momente im Leben von Dominik und Kim erneut zu erleben. Genau das möchte ich heute mit euch tun – allerdings aus der Perspektive der Bräutigameltern.

Unsere Reise beginnt 2015 an einem wunderschönen Sommertag. Dominik war schon immer ein Abenteurer. Als kleiner Junge war er kaum zu bremsen, wenn es darum ging, neue Dinge zu entdecken. Eines Tages, ich erinnere mich noch gut, kam er mit einem leuchtenden Funkeln in den Augen nach Hause. Er hatte in der Schule jemanden kennengelernt, der seine Abenteuerlust teilte. Dieser jemand war Kim. Schon von Anfang an wusste ich, dass sie etwas Besonderes war.

Springen wir ein paar Jahre weiter in die Zukunft, als Kim und Dominik begannen, ihre Zeit mit Freude und gemeinsamen Momenten zu füllen. Ich erinnere mich dabei besonders an einen Nachmittag, als sie zusammen Kuchen für die Vorfinanzierung ihrer Abschlussball-Location backten. Die Küche sah danach aus wie ein Schlachtfeld aus Mehl und Schokolade, aber ihr Lachen erfüllte das ganze Haus. In diesem Moment wusste ich, dass ihre Verbindung stark und unzertrennlich war.

Unsere Reise führt uns weiter zu den Herausforderungen, die sie gemeinsam meisterten. Einmal, als Dominik eine schwierige Entscheidung in seiner Karriere treffen musste, war Kim seine größte Stütze. Ihre Ratschläge und ihr unerschütterliches Vertrauen gaben ihm die Kraft, die richtige Wahl zu treffen. Ihre Beziehung wuchs und gedieh, wie ein fest verwurzelter Baum mit einer üppigen Baumkrone und vielen Früchten.

Nun kommen wir zurück in die Gegenwart und zur heutigen Hochzeitsfeier, um ihre Liebe zu feiern. Ihr neuer Reiseabschnitt hat gerade erst begonnen, und ich bin voller Zuversicht, dass sie viele weitere glückliche Momente erleben werden. Sie haben bereits gezeigt, dass sie ein starkes Team sind, und ich bin sicher, dass sie auch weiterhin zusammen durch dick und dünn gehen werden.

Und auch wenn du schon seit Jahren zur Familie gehörst, liebe Kim, heute ist es offiziell: Herzlich Willkommen in unserer Familie!

Lasst uns also die Gläser erheben und auf Dominik und Kim anstoßen. Auf eure Liebe und viele unvergessliche Abenteuer!

Eine traditionelle Rede des Bräutigamvaters

Ausgefülltes Formular von Hochzeitsplanerin.de:

1. *In welchem Stil soll deine Hochzeitsrede geschrieben werden?*
   Diese Frage ist erforderlich*
   Traditionell.

2. *Wie ist dein Vorname? Diese Frage ist erforderlich**
   Carlo.

3. *Wie heißt die Person (Vorname), für die du die Rede halten möchtest?*
   Diese Frage ist erforderlich*
   Enrico.

4. *In welcher Beziehung stehst du zu Enrico? Diese Frage ist erforderlich**
   Vater.

5. *Bist du Trauzeugin oder Trauzeuge? Diese Frage ist erforderlich**
   Nein.

6. *Wie lange kennst du Enrico schon?*
   Als Vater kenne ich Enrico natürlich schon sein ganzes Leben lang, also
   seit 28 Jahren. Ich durfte zusehen, wie er zu dem wunderbaren
   Menschen herangewachsen ist, der er heute ist.

7. *Mit welchen 3 Worten würdest du Enrico beschreiben?*
   Wenn ich Enrico in drei Worten beschreiben müsste, dann wären es
   herzlich, mutig und humorvoll. Sein warmes Herz hat ihn immer
   ausgezeichnet und sein Humor bringt uns immer zum Lachen.

8. *Wie heißt der/die zukünftige Ehepartner/in von Enrico?*
   Adrian.

9. *Mit welchen 3 Worten würdest du Adrian beschreiben?*
   Adrian ist jemand, den ich als einfühlsam, kreativ und authentisch
   kennengelernt habe. Besonders seine Art, auf Menschen einzugehen,
   beeindruckt mich immer wieder. Ich freue mich, Adrian mit dem heutigen

Tag in unserer Familie willkommen zu heißen!

10. *Beschreibe, wie du Enrico kennengelernt hast.*
Ich erinnere mich an den Tag, an dem Enrico geboren wurde, als wäre
es gestern. Es war ein Moment voller Freude und Aufregung – ähnlich
wie heute. Seitdem habe ich das Glück, ihn als Vater aufwachsen zu
sehen, und jeder Tag mit ihm ist ein Geschenk.

11. *Erzähle eine Geschichte über ein Erlebnis, welches das Enrico und dich
verbindet.*
Eine meiner liebsten Erinnerungen an Enrico ist unser erster Urlaub am
Meer. Er hatte so lange gezögert, ins Wasser zu springen, doch als er es
schließlich tat, strahlte er vor Stolz. Diesen Mut hat er sich bis heute
bewahrt und ist damit ein erfolgreicher junger Mann geworden.

12. *Beschreibe, wie du Adrian kennengelernt hast.*
Es war spät abends, als Enrico uns Adrian mit einem stolzen Lächeln
vorstellte. Ich wusste sofort, dass die beiden eine besonders starke
Verbindung haben – ihre Liebe zueinander war quasi ansteckend.

13. *Erzähle eine Geschichte über das Brautpaar, die du gern in deiner
Hochzeitsrede einbauen möchtest.*
Enrico und Adrian haben oft bei uns zu Hause gekocht und es war
immer herzerwärmend ihnen dabei zuzusehen: Die Art, wie sie in der
Küche zusammengearbeitet haben, hat mir gezeigt, wie eingespielt sie
sind. Sie haben sich ergänzt, miteinander gelacht und ein wunderbares
Essen auf den Tisch gebracht. In diesen Momenten wurde mir jedes Mal
aufs Neue klar, dass die beiden ein starkes Team sind und alles im
Leben gemeinsam meistern werden.

14. *Gibt es besondere Wünsche oder Themen, die du in deiner Rede
ansprechen möchtest?*
Es erfüllt mich mit großer Freude zu sehen, wie Enrico und Adrian
gemeinsam in die Zukunft blicken. Ich könnte mir keinen besseren
Partner für meinen Sohn vorstellen und freue mich darauf, die beiden
auf ihrem weiteren Lebensweg zu begleiten. Für mich war und ist
Familie immer das Wichtigste, und es macht mich glücklich, zu sehen,
wie unsere Familie nun weiterwächst.

Finales Ergebnis mit eigenen Worten verfeinert:

Liebes Hochzeitspaar,
geschätzte Freunde und Verwandte,
verehrte Gäste,

Heute feiern wir die Hochzeit meines Sohnes Enrico und seines wunderbaren Partners Adrian – was mich mit unendlicher Freude erfüllt. Wie schön, dass so viele von euch diesem besonderen Anlass beiwohnen und gemeinsam mit uns feiern.

Als Vater kenne ich Enrico natürlich schon sein ganzes Leben lang, also seit 28 Jahren. Ich erinnere mich an den Tag, an dem Enrico geboren wurde, als wäre es gestern gewesen. Es war ein Moment voller Freude und Aufregung – ähnlich wie heute. Seitdem durfte ich zusehen, wie er zu dem wunderbaren Menschen herangewachsen ist, der er heute ist: herzlich, mutig und humorvoll. Sein warmes Herz hat ihn immer ausgezeichnet, genauso wie sein Mut zu und für sich selbst, seine Gefühle und seine Sexualität einzustehen. Egal wie viel Gegenwind es von außen gab, er blieb sich selbst treu und hat dabei sein herzliches Lachen nie verloren – und damals wie heute bin ich unfassbar stolz auf ihn.

Wenn Enrico gerade mal nicht von Herzen lacht, dann läuft er oft mit einem strahlenden Lächeln durchs Leben. Doch eines Abends war sein Lächeln besonders strahlend – es war spät, aber das stolze Lächeln auf seinem Gesicht war unübersehbar, als er uns Adrian vorstellte. Ich merkte sofort, dass die beiden eine sehr starke Verbindung haben – ihre Liebe zueinander war quasi ansteckend und erfüllte das ganze Wohnzimmer.

Aber auch unsere Küche bekam eine große Portion von ihrer Liebe ab, da die Zwei oft bei uns zuhause gekocht haben. Es war immer herzerwärmend, ihnen dabei zuzusehen: Die Art, wie sie in der Küche zusammenarbeiteten, hat mir gezeigt, wie eingespielt sie sind. Sie haben sich ergänzt, miteinander gelacht und ein wunderbares Essen auf den Tisch gebracht. In diesen Momenten wurde mir jedes Mal aufs Neue klar, dass die beiden ein starkes Team sind und alles im Leben gemeinsam meistern werden.

Es erfüllt mich mit großer Freude zu sehen, wie Enrico und Adrian gemeinsam in die Zukunft blicken. Ich könnte mir keinen besseren Partner für meinen Sohn vorstellen und freue mich darauf, die beiden auf ihrem weiteren Lebensweg zu begleiten. Für mich war und ist Familie immer das Wichtigste, und es macht mich glücklich und stolz zugleich, zu sehen, wie unsere Familie mit Adrian nun weiterwächst. Ich freue mich dich, lieber Adrian, mit dem heutigen Tag in unserer Familie willkommen zu heißen!

Liebes Hochzeitspaar, ich wünsche euch von Herzen alles Gute für eure gemeinsame Zukunft. Möge euer Weg stets von Liebe, Glück und Gesundheit begleitet sein.

Und nun hebt eure Gläser und stoßt mit mir auf dieses wunderbare Paar an. Auf Enrico und Adrian! Auf ihre Liebe!

Foto: Kaitie Brainerd Photography

Beispiele für die Rede der Bräutigammutter

*Die glücklichsten Paare haben nicht den gleichen Charakter,
sie haben nur das größte Verständnis füreinander!*

– Unbekannt –

Eine liebevolle Rede der Bräutigammutter

Prompt an Claude:

Liebe KI,
bitte schreibe mir eine [3-5 minütige] Hochzeitsrede. Ich heiße [Claudia] und bin [die Mutter] des Bräutigams [Erik]. Seine Braut heißt [Tabea]. Meine Bräutigammutterrrede soll [romantisch] und in Form [eines Fließtextes] geschrieben sein. In meiner Rede möchte ich das Thema [Liebe als Reise] behandeln. Zu Beginn möchte ich das Brautpaar und die Hochzeitsgäste begrüßen und mich bei den Gästen herzlich für ihr Kommen und bei dem Organisationsteam bedanken. Nach der Begrüßung möchte ich meine Rede passend zum oben genannten Thema mit [einer romantischen Metapher] beginnen. Den Hauptteil möchte ich zunächst meinem Sohn und Bräutigam [Erik] widmen. [Erik ist fürsorglich und ein liebevoller Papa. Schon als Kind war er sich sicher, dass er selbst mal Papa sein will.] Im Anschluss möchte ich meine Schwiegertochter [Tabea] offiziell und mit liebevollen Worten in unserer Familie willkommen heißen. [Tabea ist eine wundervolle Frau und Mutter und ich schätze sie als meine Schwiegertochter sehr.] Bevor ich zum Schluss komme, möchte ich meine Freude über die Vergrößerung der Familie zum Ausdruck bringen. Der Schlussteil meiner Rede soll mit Zukunftswünsche an das Brautpaar geschmückt sein. [Ich wünsche den beiden eine Zukunft reich an unvergesslichen Momenten und ein Haus voll mit Liebe.] Abschließend möchte ich mit den Gästen auf das schöne Brautpaar und ihre Liebe anstoßen.

Aufwand von ca. 5 Minuten

Finales Ergebnis mit eigenen Worten verfeinert:

Liebe Hochzeitsgesellschaft,
liebe Gäste, und vor allem,
liebes Brautpaar Erik und Tabea,

Ich möchte euch alle herzlich willkommen heißen und mich bei euch bedanken, dass ihr heute hier seid, um diesen besonderen Tag mit uns zu feiern. Liebes Organisationsteam, euch gebührt ein ganz besonderer Dank für all eure Mühe und die Gestaltung dieser wundervollen Feier.

Die Liebe ist wie eine Reise, ein Abenteuer, das zwei Menschen gemeinsam antreten. Sie ist wie ein Fluss, der sich seinen Weg durch die Landschaft bahnt – manchmal ruhig und sanft, dann wieder wild und aufregend. Erik und Tabea, ihr habt euch auf diese Reise begeben, Hand in Hand, Herz an Herz, um gemeinsam die Wunder des Lebens zu entdecken.

Mein Sohn Erik, von klein auf warst du ein fürsorglicher Mensch mit einem großen Herzen. Schon als Kind hast du davon geträumt, einmal selbst Vater zu werden. Heute sehe ich, wie sich dieser Traum erfüllt hat. Du bist nicht nur ein liebevoller Papa, sondern auch ein wunderbarer Sohn und ein starker Partner für Tabea. Deine Fähigkeit, andere zu umsorgen und zu lieben, macht mich unendlich stolz.

Tabea, meine liebe Schwiegertochter, ich möchte dich offiziell und von ganzem Herzen in unserer Familie willkommen heißen. Du bist eine bemerkenswerte Frau und eine hingebungsvolle Mutter. Deine Warmherzigkeit und dein Lächeln haben nicht nur Eriks Herz erobert, sondern auch unsere Familie bereichert. Ich bin dankbar, dich als Schwiegertochter zu haben und schätze dich sehr.

Es erfüllt mich mit großer Freude zu sehen, wie unsere Familie durch eure Verbindung wächst und gedeiht. Eure Liebe zueinander und zu eurem Sohn Tom ist eine Inspiration für uns alle.

Für eure gemeinsame Zukunft wünsche ich euch, Erik und Tabea, dass eure Reise voller unvergesslicher Momente sein wird. Möge euer Zuhause stets von Liebe und Kinderlachen erfüllt sein, mögen eure Herzen füreinander schlagen wie am ersten Tag, und möge eure Verbindung mit jedem Schritt auf eurem gemeinsamen Weg stärker werden.

Lasst uns nun gemeinsam unsere Gläser erheben und auf das wunderbare Brautpaar und ihre Liebe anstoßen. Auf Erik und Tabea – möge eure Reise voller Glück, Liebe und Abenteuer sein!

Der Geist, der allen Dingen Leben verleiht, ist die Liebe.
– Chinesisches Sprichwort –

Eine ergänzende Bräutigammutterrede mit Humor

Prompt an ChatGPT:

Aufwand von ca. 5 Minuten

Liebe KI,
bitte schreibe mir eine [3-5 minütige] Hochzeitsrede. Ich heiße [Susanne]
und bin [die Mutter] des Bräutigams [Maurice]. Seine Braut heißt [Merle].
Meine Bräutigammutterrrede soll [lustig und ergänzend zu der
vorangegangenen Rede meines Mannes] und in Form [einer Kurzgeschichte]
geschrieben sein. In meiner Rede möchte ich das Thema [Zueinanderfinden von
den M&Ms Merle und Maurice] behandeln. Zu Beginn möchte ich mich den
begrüßenden und dankenden Worte meines Mannes an die Gäste, Verwandte,
das Brautpaar und die Helfenden anschließen. Danach möchte ich meine Rede
passend zum Thema [Zueinanderfinden] mit [einem lustigen Spruch] beginnen.
Den Hauptteil möchte ich zunächst meinem Sohn und Bräutigam [Maurice]
widmen. [Maurice ist ein liebevoller Chaot. Als Mutter hat es mich sicher schon
ein paar graue Haare gekostet, um dem Chaos von Maurice Herr zu werden.
Hier möchte ich einen passenden Witz einbauen.] Im Anschluss möchte ich
meine Schwiegertochter [Merle] offiziell und mit liebevollen Worten in unserer
Familie willkommen heißen. [Merle ist eine liebe Seele, so hilfsbereit, geduldig
und immer fröhlich. Ich möchte ein bisschen darüber scherzen, wie lange sie
sich ihre Ruhe bei Maurice' chaotischem Wesen wohl bewahren kann. Und ihr
dabei viel Glück und Sanftmut wünschen.] Bevor ich zum Schluss komme,
möchte ich meine Freude über die Vergrößerung der Familie zum Ausdruck
bringen. Der Schlussteil meiner Rede soll mit Zukunftswünsche an das
Brautpaar geschmückt sein. [Am Ende möchte ich einen lustigen Spruch über
das Zueinanderfinden von verloren gegangenen Dingen im gemeinsamen
Haushalt machen.] Abschließend möchte ich mit den Gästen auf das schöne
Brautpaar und ihre Liebe anstoßen.

Ganz wichtig: Bitte schreibe mir die Rede als lustige Kurzgeschichte. Maurice
und Merle sollen hierbei als zwei M&M's dargestellt werden, die zueinander
finden.

Finales Ergebnis mit eigenen Worten verfeinert:

Aufwand von ca. 15 Minuten

Liebe Gäste,
liebe Freunde,
liebe Verwandte und alle Helfenden,

Ich möchte mich den herzlichen Worten meines Mannes anschließen und ebenfalls ein großes Dankeschön an euch alle richten. Es ist wunderschön, dass wir heute hier beisammen sind, um die Hochzeit von Maurice und Merle zu feiern.

Lasst uns für einen kurzen Moment in eine Geschichte eintauchen und ergründen, wie unser Brautpaar zueinander gefunden hat. Stellt euch vor, Maurice und Merle sind zwei M&Ms. Ja genau, zwei süße Schokoladenbonbons.

Es war einmal eine riesige Tüte voller M&Ms. In dieser Tüte lebte ein besonders lebhafter M&M namens Maurice. Maurice war immer in Bewegung, purzelte wild herum und hinterließ dabei gerne etwas Unordnung. Er war bekannt dafür, dass er nie an einem Ort blieb – mal hier, mal dort – ein echtes kleines Chaos-Bonbon. Manchmal fragte ich mich, ob sich jemals ein M&M finden würde, das in der Lage wäre, mit seinem turbulenten Wesen Schritt zu halten.

Und dann, eines Tages, tauchte Merle auf. Merle war ein M&M mit einer ganz besonderen Farbe – strahlend und warm. Sie brachte Ruhe in die Tüte, wo zuvor nur Wirbelwind herrschte. Mit ihrer sanften Art und ihrem fröhlichen Lächeln schaffte sie es, auch die wildesten M&Ms zu beruhigen. Selbst Maurice wurde plötzlich stiller und schien seine Rastlosigkeit zu verlieren, sobald Merle in der Nähe war.

Manchmal stellte sich heraus, dass Maurice versehentlich ein paar von Merles farbenfrohen Freunden verschüttet hatte. Doch Merle blieb gelassen und lächelte nur. Sie wusste, dass Maurice' Herz aus der gleichen süßen Schokolade gemacht war wie ihres, auch wenn er hin und wieder mal den Überblick verlor.

Ich freute mich so sehr, dass Merle als dieses strahlende M&M in unsere Familie gekommen ist. Ihre Geduld, Fröhlichkeit und ruhiges Wesen sind genau das, was Maurice brauchte. Und während ich manchmal scherzte, wie lange Merle wohl ihre Ruhe bewahren kann, wusste ich tief im Inneren, dass sie die perfekte Ergänzung zu unserem liebevoll-chaotischen Maurice ist.

Es ist eine große Freude zu sehen, wie unsere Familie wächst. Die Liebe und das Glück, dass ihr beide miteinander teilt, sind wahrhaft ansteckend. Die zwei M&Ms, die sich in der großen Tüte des Lebens gefunden haben, sind heute ein Bild der wahren Liebe und des Zusammenhalts.

Zum Abschluss wünsche ich euch beiden eine Zukunft voller süßer Momente und unzähliger glücklicher Erinnerungen. Möget ihr immer zueinander finden, auch wenn ihr mal wieder ein paar verlorene M&Ms in der Sofaritze suchen müsst.

Lasst uns nun gemeinsam auf das Brautpaar anstoßen. Auf Merle und Maurice. Auf ihre süße Liebe!

Eine poetische Rede der Bräutigammutter

Liebe Festgesellschaft, vereint in Freude,
Ich grüße euch an diesem Tag der Liebe.
Für Anton und Ole, unser Hochzeitspaar heute,
Feiern wir der Herzens Siege.

Den Helfern gilt mein Dank, ihr wart so fleißig,
Habt diesen Tag zum Strahlen gebracht.
Eure Mühen waren wahrlich nicht vergebens,
Ihr habt Wunder hier vollbracht.

Erinnert sei an Oles erste Stunde,
Als Säugling, klein und zart.
Nun steht er hier, ein Mann von Welt,
Mit Anton an der Hand, und Bart.

Oh Ole, erinnerst du dich der Träume,
Von einem Mann, der dich versteht?
Anton, bist du bereit für Abenteuer,
Für Pancakes um Mitternacht, wenn's weht?

Ihr habt gewählt den Weg gemeinsam,
Der Partner an eurer Seite ein Gewinn.
Anton, lerntest du zu lesen seine Schrift?
In Einkaufslisten liegt oft tieferer Sinn.

Anton, dein Lächeln erhellte unser Heim,
Als Ole dich erstmals brachte.
Er strahlte, stolperte vor Glück,
Über die Schwelle, was uns alle lachte.

Ole, mein Sohn, gewachsen bist du,
Von Kind zum Mann, verantwortungsvoll.
Doch Socken liegen noch im Wohnzimmer,
Anton wird's richten, liebevoll.

Möge eure Ehe sein wie guter Wein,
Mit Jahren reift er, wird nur besser.
Und gibt es Streit, denkt an Spaghetti,
Da braucht es keine Messer.

In Freud und Leid, in Arm und Reich,
In Krankheit und Gesundheit steht zusammen.
Und haltet stets Schokolade bereit,
Für alle Fälle, lasst die Liebe flammen.

So danke ich nochmals allen Gästen,
Die diesen Tag so schön gemacht.
Lasst uns feiern, lachen, lieben,
Die Hochzeit sei gefeiert bis in die Nacht!

Erhebt die Gläser, lasst uns prosten,
Auf Anton und Ole, stark und süß.
Wie Morgenkaffee und Lächeln zart,
Sei eure Liebe stets gewiss.

Wer Liebe sucht, findet sie nicht, sie überfällt uns,
wenn wir sie am wenigsten erwarten.
– George Sand –

Eine kurze Rede der Bräutigammutter

Liebe Marie,
lieber Hannes,
liebe Familie,
geschätzte Freunde und verehrte Gäste,

Es kommt mir vor, als wäre es erst gestern gewesen, als man mir das kleine Bündel Glück auf die Brust gelegt hat. Heute ist Hannes ein erwachsener Mann, aber er hat immer noch diesen leidenschaftlichen Funken in sich, besonders wenn es um seine Lieblingsmannschaft im Handball geht.

Lieber Hannes, erinnerst du dich noch daran, wie du mir einmal gesagt hast, dass du eines Tages eine großartige Frau heiraten würdest, die deine Vorliebe für Pizza mit Ananas teilt? Nun, ich hoffe, Marie, du hast dich auf diese kulinarische Herausforderung vorbereitet! Und falls nicht, auch nicht schlimm. Hannes hat mit dir eine bezaubernde, einfühlsame und kluge Frau an seiner Seite, er wird es dir verzeihen. Wir als Teil deiner neuen Familie tun es jedenfalls und empfangen dich mit offenen Armen.

Liebes Brautpaar, ihr habt euch entschieden, den Weg des Lebens gemeinsam zu gehen. Hannes, ich hoffe, du hast dir mittlerweile gemerkt, wie man die Waschmaschine richtig bedient, sonst habt ihr plötzlich nur noch Kinderkleidung zum Anziehen.

Für eure Zukunft wünsche ich euch: Eine Liebe, die so aufregend ist wie ein Handballspiel. Ein Haus voller Freude und Lachen, auch wenn die Kleidung schrumpft. Und viele schöne Momente, strahlend wie das Gelb einer Ananas.

Auf das Brautpaar, Marie und Hannes!
Auf eure Liebe und eure gemeinsame Zukunft!

Eine Rede der Bräutigammutter – Worte von Herzen

Ausgefülltes Formular von Hochzeitsplanerin.de:

1. *In welchem Stil soll deine Hochzeitsrede geschrieben werden?*
   Diese Frage ist erforderlich*
   Humorvoll.

2. *Wie ist dein Vorname? Diese Frage ist erforderlich**
   Dalia.

3. *Wie heißt die Person (Vorname), für die du die Rede halten möchtest?*
   Diese Frage ist erforderlich*
   Adam.

4. *In welcher Beziehung stehst du zu Alicia? Diese Frage ist erforderlich**
   Mutter.

5. *Bist du Trauzeugin oder Trauzeuge? Diese Frage ist erforderlich**
   Nein.

6. *Wie lange kennst du Adam schon?*
   Ich kenne Adam sein ganzes Leben lang – seit dem Moment, als er seinen ersten Schrei getan hat und die Welt und wir das Glück hatten, ihn zu haben.

7. *Mit welchen 3 Worten würdest du Adam beschreiben?*
   Neugierig, humorvoll, hilfsbereit.

8. *Wie heißt der/die zukünftige Ehepartner/in von Adam?*
   Kayla.

9. *Mit welchen 3 Worten würdest du Kayla beschreiben?*
   Herzlich, stark, geduldig.

10. *Beschreibe, wie du Adam kennengelernt hast.*
    Ich erinnere mich noch genau an den Tag, an dem Adam geboren wurde. Er war nicht nur süß, sondern auch schon damals erstaunlich laut

Aufwand von ca. 7 Minuten

– das hat sich im Laufe der Jahre nicht geändert!

11. *Erzähle eine Geschichte über ein Erlebnis, welches das Adam und dich verbindet.*
Einmal wollte Adam unbedingt einen Kuchen für mich backen. Er hatte das noch nie allein gemacht, aber er bestand darauf, es ohne Hilfe zu versuchen. Das Ergebnis war... sagen wir mal eine Wundertüte. Der Kuchen sah aus wie ein Unfall, aber der Geschmack war überraschend gut – es passte zu Adam: Manchmal ist er chaotisch, aber immer mit dem Herzen bei der Sache.

12. *Beschreibe, wie du Kayla kennengelernt hast.*
Ich erinnere mich noch genau an das erste Aufeinandertreffen mit Kayla. Sie kam mit einem riesigen Lächeln zur Tür herein und innerhalb von Minuten fühlte es sich so an, als wäre sie schon immer da gewesen. Ihre warme Art machte schnell klar, dass sie die perfekte Partnerin für Adam ist.

13. *Erzähle eine Geschichte über das Brautpaar, die du gern in deiner Hochzeitsrede einbauen möchtest.*
Keine Angabe.

14. *Gibt es besondere Wünsche oder Themen, die du in deiner Rede ansprechen möchtest?*
Eine wunderbare Zukunft wünsche ich den beiden. Möge ihre Ehe immer so stark sein wie Adams Wille, nie die richtigen Mülltüten zu kaufen.

Finales Ergebnis mit eigenen Worten verfeinert:

Liebe Kayla,
lieber Adam,
liebe Verwandte, Freunde und Gäste,

Als Mutter von Adam erinnere ich mich noch gut an den Moment, als Adam seinen ersten Schrei getan hat und wir überglücklich waren, ihn zu haben.

Adam, du hast uns um viele schöne und lustige Erinnerungen bereichert. Wie zum Beispiel, als du unbedingt einen Kuchen für mich backen wolltest. Du hattest das noch nie allein gemacht, aber du bestandest darauf, es ohne Hilfe zu versuchen. Das Ergebnis war... sagen wir mal eine Wundertüte. Der Kuchen sah aus wie ein Unfall, aber der Geschmack war überraschend gut – es passte perfekt zu dir: Manchmal chaotisch, aber immer mit dem Herzen bei der Sache.

Wisst ihr, als Mutter spürt man, wenn sich ihr Kind einer Sache mit besonders viel Herz verschrieben hat. Nur war es in dem Fall keine Sache, sondern eine Person – es war Kayla. Dabei erinnere ich mich noch genau an das erste Aufeinandertreffen. Sie kam mit einem riesigen Lächeln zur Tür herein und innerhalb von Minuten fühlte es sich so an, als wäre sie schon immer da gewesen.

Kayla, du hast nicht nur Adams Herz erobert, sondern auch das unserer ganzen Familie. Deine Fähigkeit, jeden Raum mit Freude und Lachen zu füllen, ist ein Geschenk, das wir alle schätzen. Ich wusste sofort, dass du die Richtige für Adam bist, als ich sah, wie ihr beide zusammen seid – wie zwei Puzzleteile, die perfekt ineinanderpassen.

Heute feiern wir nicht nur die Vereinigung zweier Menschen und Familien, sondern insbesondere die Vereinigung zweier Herzen, die sich gefunden haben und nun gemeinsam durch das Leben gehen werden. Möge euer gemeinsamer Lebensabschnitt eine wunderbare Zukunft voller Glück, Freude und schöner Momente für euch bereithalten.

Lasst uns alle das Glas erheben und auf Adam und Kayla anstoßen. Möge eure Liebe weiterwachsen und gedeihen und möge eure Ehe immer so stark sein wie Adams Wille, nie die richtigen Mülltüten zu kaufen.

Liebe ist, wenn man Tag und Nacht singen möchte.
Ohne Honorar und Manager.
– Frank Sinatra –

Foto: Erin Johnson Photography

Beispiel für die Rede der Bräutigameltern

Es gibt nichts Schöneres als geliebt zu werden.
Geliebt um seiner selbst willen oder vielmehr trotz seiner selbst.
– Victor Hugo –

Eine humorvolle und wertschätzende Rede der Bräutigameltern

Prompt an ChatGPT:

Liebe KI,
bitte schreibe uns eine [3-5 minütige] Hochzeitsrede. Wir heißen [Beate und Uwe] und sind die Eltern des Bräutigams [Finn]. Seine Braut heißt [Leonie]. Unsere gemeinsame Bräutigamelternrede soll [witzig, romantisch] und in Form eines Dialogs geschrieben sein. In unserer Rede möchten wir das Thema [Liebe] behandeln. Zu Beginn möchten wir das Brautpaar und die Hochzeitsgäste begrüßen und uns bei den Gästen herzlich für ihr Kommen und bei dem Organisationsteam bedanken. Nach der Begrüßung möchten wir unsere Rede passend zum oben genannten Thema mit [einem schönen Spruch oder einer Anekdote] beginnen. Den Hauptteil möchten wir zunächst unserem Sohn und Bräutigam [Finn] widmen. [Finn ist unser Strahlemann vollgepackt mit Humor. Kurze witzige Anekdoten aus der Kindheit oder Jugend einbauen. Er hat aber auch seine ruhige und emphatische Seite, die wir sehr an ihm lieben.] Im Anschluss möchten wir unsere Schwiegertochter [Leonie] offiziell und mit liebevollen Worten in unserer Familie willkommen heißen. [Leonie ist eine so bezaubernde Braut und ein wunderbarer Mensch. Mit ihrer liebevollen und aufmerksamen Art hat sie nicht nur Finn erobert.] Bevor wir zum Schluss kommen, möchten wir unsere Freude über die Vergrößerung der Familie zum Ausdruck bringen. Der Schlussteil unserer Rede soll mit Zukunftswünsche an das Brautpaar geschmückt sein. [Die Rede soll mit einem schönen, aber humorvollen Spruch enden.] Abschließend möchten wir mit den Gästen auf das schöne Brautpaar und ihre Liebe anstoßen.

Aufwand von ca. 5 Minuten

Finales Ergebnis mit eigenen Worten verfeinert:

Aufwand von ca. 20 Minuten

Vater: Liebe Hochzeitsgäste, liebe Freunde und Familien, wir möchten euch alle ganz herzlich willkommen heißen an diesem unvergesslichen Tag! Als stolze Eltern des Bräutigams, ist es uns eine große Freude, euch heute hier zu sehen, um gemeinsam die Liebe von unserem Sohn Finn und seiner bezaubernden Braut Leonie zu feiern.

Mutter: Ein besonderes Dankeschön geht an alle, die von nah und fern angereist sind und so Teil vieler schöner Erinnerungen werden. Ein riesiges Dankeschön auch an das Organisationsteam – durch eure magischen Hände ist eine zauberhafte Location entstanden.

Vater: Bevor wir zu den offiziellen Teilen unserer Rede kommen, möchten wir mit einem schönen Spruch beginnen: "Liebe besteht nicht nur darin, dass man einander ansieht, sondern auch dass man gemeinsam in die gleiche Richtung blickt.*"

Mutter: Liebe ist das zentrale Thema heute und deshalb wollen wir mit unserem Sohn, dem Bräutigam Finn, beginnen. Finn ist unser Strahlemann, humorvoll und einfallsreich. Ich erinnere mich noch gut daran, wie er als kleiner Junge einmal versucht hat, unserem Nachbarn den Gartenschlauch zu klauen, um einen eigenen Wasserpark zu bauen.

Vater: Und dabei war er so stolz auf seine Idee, dass er uns mit einem breiten Grinsen erklärte, wie er bald der beste Wasserpark-Besitzer der Nachbarschaft sein würde. Kurz zur Einordnung: Mehr als ein Planschbecken und eine Wasser-Bodenrutsche aus alten Plastikplanen war es nicht. Eben ein improvisiertes Badevergnügen, das mehr Herz als Hightech hatte.

Mutter: Aber Finn hat nicht nur eine humorvolle und kreative, sondern auch eine ruhige und empathische Seite, die wir sehr an ihm lieben. Er ist stets bereit, zuzuhören und zu helfen, wenn jemand in Not ist. Es ist für uns daher umso bedeutungsvoller, dass er mit Leonie eine Partnerin gefunden hat, die so wunderbar zu ihm passt.

Vater: Liebe Leonie, wir möchten dich nun auch offiziell und mit ganzem Herzen in unserer Familie willkommen heißen. Du bist heute eine wunderschöne Braut.

Aber auch sonst bist du strahlend schön mit deiner liebevollen und warmherzigen Art – mit ihr hast du nicht nur Finn, sondern auch uns alle im Sturm erobert.

Mutter: Mit dir, liebe Leonie, ist unsere Familie ein Stückchen schöner geworden. Eure Liebe ist ein Geschenk und die Freude, die ihr ausstrahlt, ist ansteckend.

Vater: Möge eure gemeinsame Zukunft von Liebe, Glück und Humor geprägt sein. Und denkt daran: Manchmal braucht es nur ein bisschen Fantasie und ein paar alte Plastikplanen, um unvergessliche Erinnerungen zu schaffen.

Mutter: Und jetzt, lasst uns alle gemeinsam auf das Brautpaar anstoßen!

Vater & Mutter: Auf Finn und Leonie! Und auf die Liebe!

*Angelehnt an das Originalzitat von Antoine de Saint-Exupéry

Die Rede der Trauzeugen

Du wurdest gefragt, ob du Trauzeuge bzw. Trauzeugin sein möchtest? Herzlichen Glückwunsch zu dieser Rolle – du hast mit ihr eine sehr wichtige Funktion vor, während und auch nach der Hochzeit! Freue dich schon jetzt auf die ehrenvolle Aufgabe, eine Hochzeitsrede halten zu dürfen. Neben den Eltern und der besseren Hälfte stehst du der Braut bzw. dem Bräutigam am nächsten und ihr kennt euch wahrscheinlich schon viele Jahre. Ein großer Vorteil, von dem du beim Schreiben deiner Rede Gebrauch machen solltest. Dir anvertraute Geheimnisse sollten unbedingt geheim bleiben, bewahre euer gegenseitiges Vertrauen und deine Loyalität. Frage dich stattdessen: Was verbindet euch und eure Freundschaft? Was zeichnet deinen besten Freund bzw. deine beste Freundin aus? Welche Bedeutung hat er/sie in deinem Leben? Sicher habt ihr schon viele gemeinsame und lustige Momente erlebt, von denen du in deiner Rede berichten kannst. Möglicherweise warst du dabei, als sich das Brautpaar kennengelernt hat. Auch hierüber kannst du sprechen, aber stimme dich vorher mit der Braut und dem Bräutigam ab. So kannst du sicherstellen, dass sich die Inhalte in euren Reden nicht doppeln und schlimmer noch, die Zuhörenden langweilen. Nutze deine Rede, um deine Freude und Zukunftswünsche an das Brautpaar zu adressieren. Bringe zum Ausdruck, dass du auch in Zukunft für deine Freundin bzw. deinen Freund da bist, egal wann und in welcher Lebenslage.

Vielleicht hast du Lust als Trauzeuge des Bräutigams deine Rede gemeinsam mit der Trauzeugin der Braut zu halten, oder andersrum? Falls ja, tut euch zusammen und gestaltet gemeinsam eine unvergessliche Hochzeitsrede für eure besten Freunde.

Du möchtest die KI als Hilfsmittel nutzen? Auf den nächsten Seiten findest du die im Kapitel "Hochzeitsreden mit Hilfe von Künstlicher Intelligenz schreiben" angekündigten Mustervorlagen für deinen Hochzeitsreden-Prompt. Gefolgt von diversen Beispielen zu Hochzeitsreden des Trauzeugen und der Trauzeugin, die dir als Inspiration dienen werden.

Mustervorlagen für deinen Hochzeitsreden-Prompt als Trauzeuge bzw. Trauzeugin

Liebe KI,

bitte schreibe mir eine [3-5 minütige] Hochzeitsrede. Ich heiße [deinen Namen] und bin [der Trauzeuge/die Trauzeugin] von [dem Bräutigam/der Braut]. Die Braut heißt [Name] und ihr Bräutigam heißt [Name]. Meine Trauzeugenrede soll [z.B. romantisch] und in Form [z.B. eines Fließtextes] geschrieben sein. In meiner Rede möchte ich das Thema [z.B. Freundschaft] behandeln. Zu Beginn möchte ich das Brautpaar persönlich begrüßen, aber auch die Familien, Freunde und andere Hochzeitsgäste begrüßen und willkommen heißen. Nach der Begrüßung möchte ich meine Rede passend zum oben genannten Thema mit [z.B. einem Zitat, einem Spruch, einer Metapher etc.] beginnen. Im Hauptteil möchte ich meine Freude über die Eheschließung des Brautpaares zum Ausdruck bringen. Als nächstes möchte ich ein paar persönliche Worte an [meinen besten Freund/meine beste Freundin] richten. [Platz für Persönliches wie: Charaktereigenschaften, die Bedeutung von ihm/ihr in meinem Leben, gemeinsame Erlebnisse, Kennenlerngeschichte des Brautpaars, liebevolle Worte, das ich immer für sie/ihn da sein werde etc.] Im Anschluss möchte ich darüber sprechen, wie gut [Name und Name] zusammenpassen und wie froh ich bin, dass sie zueinander gefunden haben. [Platz für weitere persönliche Worte wie: Warum passt das Brautpaar so gut zusammen, was schätzt du an der besseren Hälfte deines Freundes/deiner Freundin etc.] Der Schlussteil meiner Rede soll mit Zukunftswünsche an das Brautpaar geschmückt sein. [Platz für weitere Elemente wie: Anekdoten, Zitate, Überleitung zum Hochzeitsspiel/ Hochzeitsgeschenk, konkrete Anforderungen bzgl. der Zukunftswünsche etc.] Abschließend möchte ich mit den Gästen auf das schöne Brautpaar und ihre Liebe anstoßen.

Liebe KI,

bitte schreibe uns eine [3-5 minütige] Hochzeitsrede. Wir heißen [eure Namen] und sind die Trauzeugen des Brautpaars. Die Braut heißt [Name] und ihr [Bräutigam] heißt [Name]. Unsere Trauzeugenrede soll [z.B. humorvoll] und in Form eines Dialogs geschrieben sein. In unserer Rede möchten wir das Thema [z.B. Hilfsbereitschaft] behandeln. Zu Beginn möchten wir das Brautpaar persönlich begrüßen, aber auch die Familien, Freunde und andere Hochzeitsgäste begrüßen und willkommen heißen. Nach der Begrüßung möchten wir unsere Rede passend zum oben genannten Thema mit [z.B. einem Zitat, einem Spruch, einer Metapher etc.] beginnen. Im Hauptteil möchten wir unsere Freude über die Eheschließung des Brautpaares zum Ausdruck bringen. Als nächstes möchten wir ein paar persönliche Worte an unsere besten Freunde richten. [Platz für Persönliches wie: Charaktereigenschaften, die Bedeutung von ihm/ihr in eurem Leben, gemeinsame Erlebnisse, Kennenlerngeschichte des Brautpaars, liebevolle Worte, das ihr immer für sie/ihn da sein werdet etc.] Im Anschluss möchten wir darüber sprechen, wie gut [Name und Name] zusammenpassen und wie froh wir sind, dass sie zuei-nander gefunden haben. [Platz für weitere persönliche Worte wie: Warum passt das Brautpaar so gut zusammen, was schätzt ihr an der besseren Hälfte eures Freundes/eurer Freundin etc.] Der Schlussteil unserer Rede soll mit Zukunftswünsche an das Brautpaar geschmückt sein. [Platz für weitere Elemente wie: Anekdoten, Zitate, Überleitung zum Hochzeitsspiel/Hochzeitsgeschenk, konkrete Anforderungen bzgl. der Zukunftswünsche etc.] Abschließend möchten wir mit den Gästen auf das schöne Brautpaar und ihre Liebe anstoßen.

Seine Freude in der Freude des anderen finden können:
Das ist das Geheimnis des Glücks.
– George Bernanos –

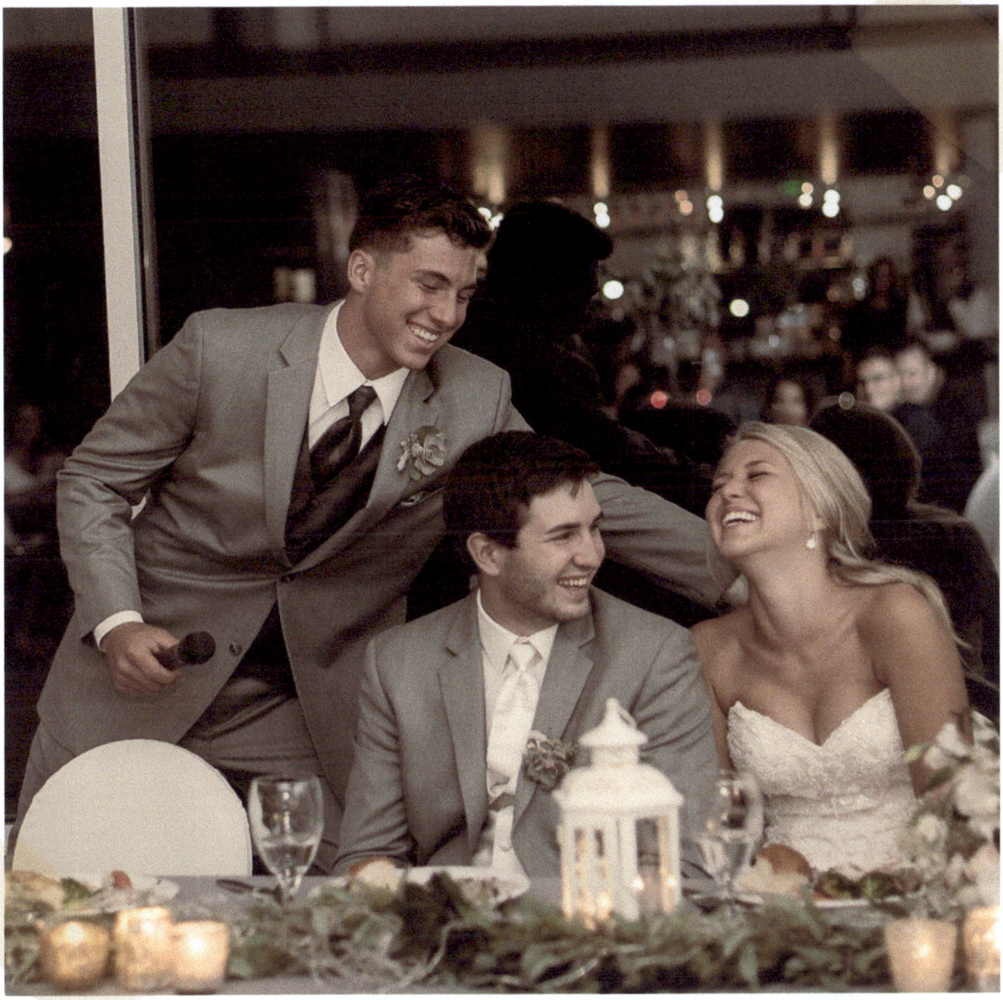

Beispiele für die Rede des Trauzeugen

Um den vollen Wert des Glücks zu erfahren,
brauchen wir jemanden, um es mit ihm zu teilen.

– Mark Twain –

Eine freundschaftliche Trauzeugenrede mit Humor

Prompt an ChatGPT:

Aufwand von ca. 5 Minuten

Liebe KI,
bitte schreibe mir eine [3-5 minütige] Hochzeitsrede. Ich heiße [Zac] und bin [der Trauzeuge] von [dem Bräutigam]. Die Braut heißt [Isabel] und ihr Bräutigam heißt [Jannik]. Meine Trauzeugenrede soll [in Erinnerungen schwelgend, humorvoll] und in Form [eines Fließtextes] geschrieben sein. In meiner Rede möchte ich das Thema [Freundschaft] behandeln. Zu Beginn möchte ich das Brautpaar persönlich begrüßen, aber auch die Familien, Freunde und andere Hochzeitsgäste begrüßen und willkommen heißen. Nach der Begrüßung möchte ich meine Rede passend zum oben genannten Thema mit [einem passenden Spruch und Witz] beginnen. Im Hauptteil möchte ich meine Freude über die Eheschließung des Brautpaares zum Ausdruck bringen. Als nächstes möchte ich ein paar persönliche Worte an [meinen besten Freund] richten. [Persönliches über Jannik wie: Charaktereigenschaften, die Bedeutung von ihm in meinem Leben, gemeinsame Erlebnisse, Kennenlerngeschichte des Brautpaars, liebevolle Worte, das ich immer für ihn da bin etc.] Im Anschluss möchte ich darüber sprechen, wie gut [Jannik und Isabel] zusammenpassen und wie froh ich bin, dass sie zueinander gefunden haben. [Weitere persönliche Worte wie: Warum passt das Brautpaar so gut zusammen, was schätzt du an der besseren Hälfte deines Freundes.] Der Schlussteil meiner Rede soll mit Zukunftswünsche an das Brautpaar geschmückt sein. [Hier bitte eine Überleitung zum Hochzeitsspiel "Wer würde eher" einbauen.] Abschließend möchte ich mit den Gästen auf das schöne Brautpaar und ihre Liebe anstoßen.

Finales Ergebnis mit eigenen Worten verfeinert:

Liebe Isabel,
lieber Jannik,
liebe Familien, Freunde und alle, die heute mit uns feiern,

Zunächst einmal ein herzliches Willkommen an euch alle! Es ist ein besonderer Tag, an dem wir zusammenkommen, um die Liebe zweier wunderbarer Menschen zu feiern. Ich bin Zac, der Trauzeuge von Jannik, und ich habe die Ehre, heute ein paar Worte zu sagen. Ich verspreche, es wird weder zu lang noch zu ernst – und sogar ein bisschen lustig!

Freundschaft, liebe Gäste, ist wie eine gute Flasche Wein: Je älter sie wird, desto besser wird sie. Nun ja, die Flaschen sind bei uns nie älter als einen Abend geworden. Aber unsere Freundschaft haben wir damit bestens konserviert.

Jannik und ich kennen uns nämlich schon seit 15 Jahren oder besser gesagt seit ca. 600 Litern Wein. Wir haben so ziemlich alles miteinander erlebt – von durchfeierten Nächten, an die wir uns nicht mehr erinnern, bis hin zu Tagen, die wir niemals vergessen werden. Ich erinnere mich noch gut an unseren Umzug in die gemeinsame WG. Jannik hat versucht, ein IKEA-Regal ohne Anleitung aufzubauen. Belassen wir es einfach dabei, dass am Ende die Hälfte der Schrauben übrig war und das Regal irgendwie trotzdem stand. Vielleicht war das ja schon ein Vorbote für das, was heute passiert – etwas Großes, Stabiles, und doch manchmal unerklärlich, wie es funktioniert!

Jannik, unsere Freundschaft war immer von großem Wert für mich. Und jetzt, wo du Isabel geheiratet hast, sehe ich, dass du jemanden gefunden hast, der mindestens genauso zuverlässig, warmherzig und humorvoll ist wie du. Ihr beide ergänzt euch einfach perfekt!

Isabel, ich könnte nicht glücklicher sein, dass Jannik jemanden gefunden hat, der so gut zu ihm passt wie du. Vor allem, da wir dank dir keine Angst mehr davor haben müssen, dass Möbelstücke in sich zusammenfallen oder der Stuhl unter einem plötzlich nachgibt.

Zum Schluss möchte ich euch beiden nur das Beste für eure gemeinsame Zukunft wünschen. Möge eure Ehe voller Liebe, Lachen und vieler weiterer unvergesslicher Momente sein. Und möge eure Freundschaft, die ihr miteinander teilt, die Basis für eine lange und glückliche Ehe sein. Apropos Freundschaft: Falls ihr mal Unterstützung oder einen guten Rat braucht, ich werde immer für euch da sein.

Und bevor wir jetzt alle unsere Gläser erheben, habe ich noch eine kleine Überraschung für euch vorbereitet. Ein Spiel, das beweisen wird, wie gut ihr euch wirklich kennt – „Wer würde eher?". Ich bin mir sicher, dass wird genauso lustig wie einen IKEA-Schrank ohne Anleitung aufzubauen.

Jetzt aber erst einmal: Auf das wunderschöne Brautpaar und ihre Liebe
– auf Isabel und Jannik!

Große Dinge ereignen sich nicht mittags um zwölf Uhr zehn.
Sie wachsen langsam.
– Kurt Tucholsky –

Eine lustige Rede des Trauzeugen

Prompt an Claude:

Liebe KI,
bitte schreibe mir eine [3-5 minütige] Hochzeitsrede. Ich heiße [Norman] und bin [der Trauzeuge] von [dem Bräutigam]. Die Braut heißt [Saskia] und ihr Bräutigam heißt [Philipp]. Meine Trauzeugenrede soll [modern und lustig] und in Form [eines Fließtextes] geschrieben sein. In meiner Rede möchte ich das Thema [Loyalität] behandeln. Zu Beginn möchte ich das Brautpaar persönlich begrüßen, aber auch die Familien, Freunde und andere Hochzeitsgäste begrüßen und willkommen heißen. Nach der Begrüßung möchte ich meine Rede passend zum oben genannten Thema mit [einem passenden Vergleich] beginnen. Im Hauptteil möchte ich meine Freude über die Eheschließung des Brautpaares zum Ausdruck bringen. Als nächstes möchte ich ein paar persönliche Worte an [meinen besten Freund] richten. [Philipp ist der anständigste Mensch, den ich kenne, ganz anders als ich, der nur Flausen im Kopf hat. Deswegen ergänzen wir uns in der Freundschaft so gut und er hat mir schon oft aus der Patsche geholfen. Er bedeutet mir sehr viel und deshalb bin ich froh, dass er mit Saskia eine tolle Frau an seiner Seite hat. Ich möchte einen Witz darüber machen, dass jetzt beide mich aus unbequemen Situationen retten können. Ich möchte Philipp sagen, dass ich auch jederzeit für ihn und Saskia da sein werde.] Im Anschluss möchte ich darüber sprechen, wie gut [Philipp und Saskia] zusammenpassen und wie froh ich bin, dass sie zueinander gefunden haben. [Die beiden passen so gut zusammen, weil sie einander verstehen, ohne ein Wort sagen zu müssen. So etwas habe ich noch nie gesehen und wenn ich ehrlich bin, dann wünsche ich mir so etwas mit meiner zukünftigen Frau auch.] Der Schlussteil meiner Rede soll mit Zukunftswünsche an das Brautpaar geschmückt sein. [Meine Zukunftswünsche an das Hochzeitspaar sollen humorvoll und modern sein.] Abschließend möchte ich mit den Gästen auf das schöne Brautpaar und ihre Liebe anstoßen.

Aufwand von ca. 5 Minuten

Finales Ergebnis mit eigenen Worten verfeinert:

Aufwand von ca. 20 Minuten

Liebe Hochzeitsgesellschaft,
liebe Saskia und lieber Philipp,

Ich freue mich, hier und heute als Trauzeuge von Philipp zu stehen und ein paar Worte an euch alle richten zu dürfen. Besonders möchte ich die Familien und Freunde begrüßen, die heute hier sind, um diesen wunderbaren Tag mit Saskia und Philipp zu feiern.

Wenn ich an Loyalität denke, kommt mir unweigerlich ein treuer Hund in den Sinn. Aber keine Sorge, Philipp, ich vergleiche dich jetzt nicht mit einem süßen Vierbeiner! Obwohl, wenn ich darüber nachdenke, gibt es da schon einige Parallelen: Du bist treu, zuverlässig und immer zur Stelle, wenn man dich braucht. Mit dem Unterschied, dass du statt nach nassem Hund wie ein Duftbaum riechst und sabbern tust du in der Regel auch nicht.

Spaß beiseite. Es erfüllt mich wirklich mit großer Freude, heute Zeuge eurer Eheschließung zu sein. Philipp, mein bester Freund, du bist wirklich der anständigste Mensch, den ich kenne – ganz im Gegensatz zu mir mit meinen ständigen Flausen im Kopf. Vielleicht ist es genau deshalb, warum wir uns in unserer Freundschaft so gut ergänzen. Du hast mir schon oft aus der Patsche geholfen, und dafür bin ich dir unendlich dankbar. Du bedeutest mir sehr viel, und ich bin überglücklich, dass du mit Saskia eine so großartige Frau an deiner Seite hast.

Apropos aus der Patsche helfen – ich freue mich schon darauf, dass jetzt gleich zwei Personen bereitstehen, um mich aus unbequemen Situationen zu retten. Doppeltes Rettungsteam, sozusagen! Aber im Ernst, Philipp und Saskia, ich möchte euch beiden versprechen, dass auch ich jederzeit für euch da sein werde. Egal ob ihr Hilfe beim Umzug braucht oder jemanden, der eure Blumen gießt, während ihr in den Flitterwochen seid – ich bin euer Mann!

Was mich besonders fasziniert, ist zu sehen, wie gut ihr beide zueinander passt. Ihr versteht euch ohne Worte. Eine Verbindung, die ich so noch nie gesehen habe. Wenn ich ganz ehrlich bin, wünsche ich mir für meine zukünftige Ehe auch so eine Harmonie. Vielleicht habt ihr da noch ein paar Tipps für mich.

Wie dem auch sei. Möge eure Ehe so stabil sein wie Philipps Haarwuchs und so strahlend wie Saskias Lächeln! Möget ihr gemeinsam so viele Abenteuer erleben, wie ich peinliche Momente hatte, aus denen Philipp mich retten musste. Und möge eure Liebe so unerschütterlich sein wie mein Glaube daran, dass ich eines Tages doch noch Millionär werde!

Zum Abschluss möchte ich nun das Glas erheben und mit euch allen auf das wunderbare Brautpaar und ihre Liebe anstoßen. Auf Saskia und Philipp – möge eure Zukunft voller Glück und Liebe sein!

Eine Rede als Trauzeuge und bester Freund des Bräutigams

Liebe Hochzeitsgesellschaft, liebe Familienangehörige unseres Brautpaares – und natürlich liebe Anna und lieber Peter!

Als ihr mich vor einigen Monaten gefragt habt, ob ich bei eurer Hochzeit als Trauzeuge fungieren möchte, war ich als Peters bester Freund nicht sonderlich überrascht, aber unglaublich geehrt. Die Freude und das Glück in euren Augen waren damals unübersehbar und heute, hier vor dem Altar, sehe ich dieses Strahlen erneut. Es erfüllt mich mit Stolz und Freude, diesen besonderen Moment mit euch teilen zu dürfen.

Peter und ich kennen uns schon seit der Grundschule, wo wir zusammen die Schulbank drückten, und zahlreiche Abenteuer erlebten. Ich erinnere mich noch gut daran, wie wir beide uns mehr oder weniger heimlich von den Matheaufgaben ablenkten, indem wir uns gegenseitig mit Papierkügelchen beschossen. Niemand hätte damals gedacht, dass Peter eines Tages ein erfolgreicher Ingenieur sein würde. Dazu ist er der humorvollste und fürsorglichste Mensch, den ich kenne. Anna, du hast einen wahren Glücksgriff gemacht – nicht nur, weil Peter trotz der versäumten Mathestunden so klug ist, sondern auch, weil er das Herz am rechten Fleck hat.

Anna ist eine bemerkenswerte Frau. Ihre Wärme und ihr unerschütterlicher Optimismus sind nur einige der vielen Eigenschaften, die sie so besonders machen. Außerdem habe ich selbst die Erfahrung machen dürfen, dass sie eine meisterhafte Köchin ist, während Peter es irgendwie schafft, sogar eine Tiefkühlpizza verbrennen zu lassen.

Also, mein Bester, lass Anna so oft wie möglich in der Küche das Zepter schwingen – es wird euch beiden guttun!

Liebe Anna, lieber Peter – ich wünsche euch von Herzen nur das Beste. Möge eure Ehe von Freude, Vertrauen und unzähligen schönen Momenten geprägt sein. Mögen die Herausforderungen des Lebens eure Bindung nur noch stärker machen. Ich bin stolz, euer Trauzeuge zu sein, und ihr könnt euch darauf verlassen, dass ich euch immer zur Seite stehen werde, wenn ihr mich braucht.

Liebe Gäste, ich bitte euch, eure Gläser zu erheben und auf das Glück und die Liebe dieses wundervollen Paares anzustoßen. Auf Anna und Peter!

Eine Rede des Trauzeugen – Emotionen gepaart mit Witz

Liebe Familien,
liebe Hochzeitsgäste,
liebes Brautpaar,

Es ist mir eine große Ehre und Freude, heute als Trauzeuge hier zu stehen und ein paar Worte über Hendrik und Linda zu sagen.

Ich kenne Hendrik schon seit einer Ewigkeit. Wir haben uns damals in der Schule kennengelernt, als wir beide noch in kurzen Hosen herumgelaufen sind und uns über die Lehrpläne mehr Gedanken gemacht haben als über die Zukunft. Unsere Freundschaft begann mit einer simplen Hausaufgabengruppe und entwickelte sich schnell zu einer unzertrennlichen Bromance. Wir haben unzählige Abenteuer erlebt, von wilden Campingausflügen bis hin zu endlosen Nächten, in denen wir die Stadt unsicher machten. Unser bestes Erinnerungsstück aus der Zeit? Eine Kiste voller geklauter Baustellenschilder.

Als Linda dann in Hendriks Leben trat, war es, als hätte jemand das letzte fehlende Puzzleteil gefunden. Ich erinnere mich noch gut an den Abend, als Hendrik mir zum ersten Mal von ihr erzählte. Seine Augen strahlten auf eine Weise, wie ich es zuvor noch nie gesehen hatte. Und nein, wir reden hier nicht etwa von einem tollen Augen-Make-up. Er war hoffnungslos verknallt, und ich wusste sofort, dass diese Frau etwas ganz Besonderes sein musste. Und das ist sie auch.

Linda, du hast nicht nur Hendriks Herz im Sturm erobert, sondern auch das von uns allen. Du bist nicht nur eine fantastische Partnerin für ihn, sondern auch eine wunderbare Freundin für mich und viele andere geworden. Deine warmherzige und offene Art hat uns alle im Nu um den Finger gewickelt.

Ich bin wirklich dankbar und fühle mich geehrt, dass ihr mich zu eurem Trauzeugen gemacht habt. Das zeigt mir, dass unsere Freundschaft auch in den kommenden Jahren bestehen bleiben wird. Ich sehe es als meine Aufgabe, euch immer zur Seite zu stehen – ob als Zuhörer, Ratgeber oder einfach als Freund, der mit euch lacht und weint.

Was eure Beziehung so besonders macht, ist die Balance, die ihr gefunden habt. Ihr zeigt uns allen, was es bedeutet, in einer harmonischen und liebevollen Partnerschaft zu leben, ohne dabei eure Individualität zu verlieren. Ihr seid für mich das perfekte Beispiel dafür, dass wahre Liebe und Partnerschaft existieren und dass man sie feiern sollte.

Ich wünsche euch von Herzen, dass ihr diese wundervolle Balance, die ihr gefunden habt, auch in Zukunft bewahren könnt.

Lasst uns gemeinsam anstoßen und auf die Zukunft zweier wunderbarer Menschen anstoßen.

Auf Hendrik und Linda – möge eure Liebe ewig strahlen und uns alle inspirieren!

Eine traditionelle Hochzeitsrede des Trauzeugen

Ausgefülltes Formular an Hochzeitsplanerin.de:

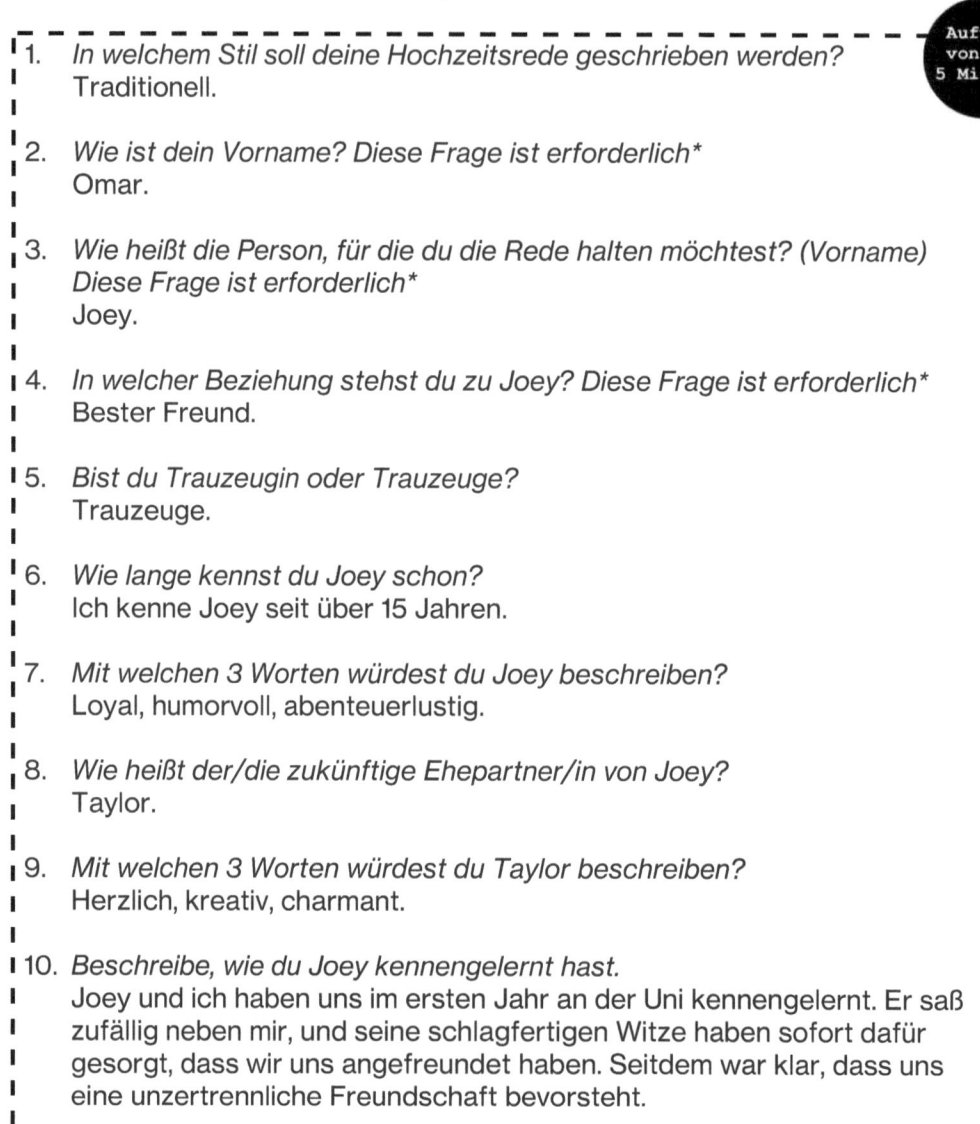

1. *In welchem Stil soll deine Hochzeitsrede geschrieben werden?*
   Traditionell.

   Aufwand von ca. 5 Minuten

2. *Wie ist dein Vorname? Diese Frage ist erforderlich**
   Omar.

3. *Wie heißt die Person, für die du die Rede halten möchtest? (Vorname) Diese Frage ist erforderlich**
   Joey.

4. *In welcher Beziehung stehst du zu Joey? Diese Frage ist erforderlich**
   Bester Freund.

5. *Bist du Trauzeugin oder Trauzeuge?*
   Trauzeuge.

6. *Wie lange kennst du Joey schon?*
   Ich kenne Joey seit über 15 Jahren.

7. *Mit welchen 3 Worten würdest du Joey beschreiben?*
   Loyal, humorvoll, abenteuerlustig.

8. *Wie heißt der/die zukünftige Ehepartner/in von Joey?*
   Taylor.

9. *Mit welchen 3 Worten würdest du Taylor beschreiben?*
   Herzlich, kreativ, charmant.

10. *Beschreibe, wie du Joey kennengelernt hast.*
    Joey und ich haben uns im ersten Jahr an der Uni kennengelernt. Er saß zufällig neben mir, und seine schlagfertigen Witze haben sofort dafür gesorgt, dass wir uns angefreundet haben. Seitdem war klar, dass uns eine unzertrennliche Freundschaft bevorsteht.

11. *Erzähle eine Geschichte über ein Erlebnis, welches das Joey und dich verbindet.*

Eines meiner liebsten Erlebnisse mit Joey war unser gemeinsamer Roadtrip nach Italien. Wir haben uns oft verfahren, aber Joey blieb immer entspannt und machte das Beste aus jeder Situation. Besonders eine Nacht blieb mir in Erinnerung: Wir schlugen unser Lager mitten in der Pampa auf. Aber Joey hat es geschafft, trotz des Chaos und der Dunkelheit alles in einen unvergesslichen Spaß zu verwandeln.

12. *Beschreibe, wie du Taylor kennengelernt hast.*

Ich habe Taylor zum ersten Mal bei einer Grillparty von Joey getroffen. Ich erinnere mich daran, wie gut sie mit Joey harmonierte. Ihre entspannte Art und ihr herzhaftes Lachen erfüllten den Abend und ihr Gesang hat bei allen einen bleibenden Eindruck hinterlassen.

13. *Erzähle eine Geschichte über das Brautpaar, die du gern in deiner Hochzeitsrede einbauen möchtest.*

Eine meiner Lieblingsgeschichten über Joey und Taylor ist ihr erster gemeinsamer Urlaub. Joey war bekannt für seine Spontanität, und ohne viel zu planen, überraschte er Taylor mit einem Wochenendtrip in die Berge. Trotz fehlender Ausrüstung und des regnerischen Wetters hatten die beiden die beste Zeit und bewiesen, dass sie zusammen jedes Abenteuer meistern können und Joey gerne mal vergisst, auf den Wetterbericht zu schauen.

14. *Gibt es besondere Wünsche oder Themen, die du in deiner Rede ansprechen möchtest?*

Ich möchte besonders auf Joeys Loyalität und wie Taylor sein Leben verändert hat eingehen. Außerdem wäre es schön, über Freundschaft, Liebe und das gemeinsame Wachsen als Paar zu sprechen. Ich werde als Trauzeuge immer für die beiden da sein.

Finales Ergebnis mit eigenen Worten verfeinert:

Liebe Familien, liebe Freunde
und natürlich liebes Hochzeitspaar Joey und Taylor,

Heute stehe ich hier vor euch, um ein paar Worte über zwei ganz besondere Menschen zu sagen, denn ich habe die Ehre, als Trauzeuge für meinen besten Freund Joey und seine bezaubernde Braut Taylor zu sprechen.

Joey und ich kennen uns nun seit über 15 Jahren. In dieser Zeit habe ich ihn als einen loyalen, humorvollen und abenteuerlustigen Menschen kennengelernt. Dies ist nur ein Grund dafür, weshalb unsere Freundschaft für mich einen unfassbar hohen Wert hat. Ein anderer ist die Erinnerung an unseren ersten Roadtrip nach Italien. Joey und ich haben uns gefühlt tausendmal verfahren und wir landeten mitten im Nirgendwo – sprich rundherum nur Pampa, es war stockdunkel und wir hatten keinen blassen Schimmer, wo wir waren. Viele wären spätestens jetzt nervös oder sauer geworden, aber nicht Joey. Stattdessen zauberte er aus seinem Rucksack ein paar Bier, Snacks, zwei Taschenlampen, und plötzlich wurde daraus einer der besten Abende mit den tiefgründigsten Gesprächen.

Spätestens seit dieser Nacht war mir klar: Mit einem Freund wie Joey wird selbst eine vermeintliche Katastrophe zum Megaspaß. Und genau deshalb weiß ich, liebe Taylor, dass du mit Joey einen großartigen Ehemann gewonnen hast, mit dem es dir sicher nie langweilig wird. Aber genauso weiß ich auch, dass vor allem deine herzliche und kreative Art perfekt zu Joey passt und ihr ein unschlagbares Team seid. Ihr habt schon oft gezeigt, dass wahre Liebe nicht nur in den großen, perfekten Momenten besteht, sondern auch in den kleinen, unvollkommenen Augenblicken des Alltags. Ihr habt verstanden, worauf es wirklich ankommt: ehrliche Kommunikation, Humor und die Momente im Hier und Jetzt zu genießen.

So auch während eures ersten gemeinsamen Urlaubs. Unser spontaner Joey überraschte dich mit einem Wochenendtrip in die Berge – natürlich ohne große Urlaubsplanung vorab. Trotz fehlender Ausrüstung und des regnerischen Wetters hattet ihr dort die beste Zeit und habt gleichzeitig bewiesen, dass ihr zusammen jedes Abenteuer meistern könnt, auch wenn Joey gerne mal vergisst, auf den Wetterbericht zu schauen.

Ich wünsche euch beiden, dass ihr weiterhin so viel Freude, schöne Momente und Abenteuer in eurem Leben findet. Möge eure Liebe stets wachsen und euch durch alle Höhen und Tiefen des Lebens tragen. Und vergesst nie: Ich werde als Trauzeuge immer für euch da sein, bereit, euch in allen Lebenslagen zu unterstützen.

Liebe Gäste, lasst uns nun auf das Paar anstoßen – auf Joey und Taylor und auf ihre unendliche Liebe zueinander!

Foto: Kurtis Kronk Photography

Beispiele für die Rede der Trauzeugin

Das Edelste an der Liebe ist das Vertrauen zueinander.
– Julius Grosse –

Eine romantische und humorvolle Rede der Trauzeugin

Prompt an ChatGPT:

Aufwand von ca. 5 Minuten

Liebe KI,
bitte schreibe mir eine [3-5 minütige] Hochzeitsrede. Ich heiße [Clara] und bin die [Trauzeugin und beste Freundin] von [der Braut]. Die Braut heißt [Pia] und ihr Bräutigam heißt [Tom]. Meine Trauzeugenrede soll [romantisch und humorvoll] und in Form [eines Fließtextes] geschrieben sein. In meiner Rede möchte ich das Thema [Liebe] behandeln. Zu Beginn möchte ich das Brautpaar persönlich begrüßen, aber auch die Familien, Freunde und andere Hochzeitsgäste begrüßen und willkommen heißen. Nach der Begrüßung möchte ich meine Rede passend zum oben genannten Thema mit [einem kurzen Zitat über die Liebe] beginnen. Im Hauptteil möchte ich meine Freude über die Eheschließung des Brautpaares zum Ausdruck bringen. Als nächstes möchte ich ein paar persönliche Worte an [meine beste Freundin] richten. [Pia und ich kennen uns seit dem Kindergarten und wir sind seit jeher die besten Freundinnen. Sie ist immer für einen da und hat stets ein offenes Ohr. Ich kann mich in jeder Lebenslage auf sie verlassen. Auch damals, als ich beim Pürieren der Tomatensuppe die Küche meiner Eltern rot gefärbt habe. Pia und ich haben noch in der Nacht die Küche wieder weiß gestrichen, damit meine Eltern nichts davon mitbekommen.] Im Anschluss möchte ich darüber sprechen, wie gut [Pia und Tom] zusammenpassen und wie froh ich bin, dass sie zueinander gefunden haben. [Ich freue mich sehr für Pia, dass sie mit Tom einen aufrichtigen und emphatischen Partner gefunden hat. Auch wenn ich Tom mit seinem dicken Auto damals nicht über den Weg getraut habe, schätze ich ihn heute als Freund und perfekten Partner für meine beste Freundin Pia. Man sieht Tom an, wie sehr er Pia liebt.] Der Schlussteil meiner Rede soll mit Zukunftswünsche an das Brautpaar geschmückt sein. [Ich möchte mit einem romantischen Zitat meine Rede beenden.] Abschließend möchte ich mit den Gästen auf das schöne Brautpaar und ihre Liebe anstoßen.

Finales Ergebnis mit eigenen Worten verfeinert:

Liebe Pia,
lieber Tom,
liebe Familien und Freunde,
liebe Hochzeitsgäste,

Ich freue mich sehr, heute als Trauzeugin von Pia vor euch zu stehen und diesen besonderen Tag von Pia und Tom mit euch allen zu feiern. Da heute alles unter dem Zeichen der wahren Liebe steht, möchte ich zu Beginn Katharine Hepburn zitieren: „Liebe ist nicht das, was man erwartet zu bekommen, sondern das, was man bereit ist zu geben."

Liebe Pia, wir kennen uns schon seit dem Kindergarten, und jeher sind wir unzertrennlich. Du bist nicht nur meine beste Freundin, sondern auch jemand, auf den ich mich immer verlassen kann. Du hast stets ein offenes Ohr und bist immer für mich und andere da, egal in welcher Lebenslage. Eine meiner liebsten Erinnerungen ist die Nacht, in der ich beim Pürieren der Tomatensuppe die Küche meiner Eltern rot gesprenkelt habe. Ohne zu zögern, hast du mir in einer Nacht- und Nebelaktion geholfen, die Küche wieder weiß zu streichen, damit meine Eltern bloß keinen Wind davon bekommen. Das ist nur ein kleines Beispiel dafür, wie spontan, selbstlos und hilfsbereit du bist. An dieser Stelle: Danke Pia und sorry Mama und Papa!

Nun hast du mit Tom jemanden gefunden, der diese Eigenschaften genauso zu schätzen weiß wie ich. Tom, ich gebe zu, anfangs war ich etwas skeptisch, als du vor 8 Jahren mit deinem dicken Auto vorgefahren bist und deine Macho-Attitüde zum Besten gegeben hast. Doch heute weiß ich, dass du der perfekte Partner für meine beste Freundin bist. Deine aufrichtige und empathische Art ist genau das, was Pia braucht und verdient. Es ist wunderschön zu sehen, wie sehr du Pia liebst und wie glücklich ihr beide miteinander seid.

Für eure gemeinsame Zukunft wünsche ich euch alles Glück dieser Welt und eine Ehe voller schöner Momente. Mögen eure Tage von Liebe, Lachen und unvergesslichen Erlebnissen erfüllt sein.

Und weil dieses Zitat so wunderbar zu euch und eurer Beziehung passt: „Das große Glück in der Liebe besteht darin, Ruhe in einem anderen Herzen zu finden." – Julie de Lespinasse

Lasst uns nun das Glas erheben und auf das Brautpaar anstoßen. Auf Pia und Tom – möge eure Liebe ewig blühen und eure Herzen stets im Einklang schlagen.

Wo Liebe ist, wird das Unmögliche möglich.
– Buddha –

Eine lustige Rede der Trauzeugin

Prompt an Chat GPT:

Liebe KI,
bitte schreibe mir eine [3-5 minütige] Hochzeitsrede. Ich heiße [Patricia]
und bin [die Trauzeugin] von [der Braut]. Die Braut heißt [Barbara] und ihr
Bräutigam heißt [Ole]. Meine Trauzeugenrede soll [lustig und unterhaltsam] und
in Form [eines Fließtextes] geschrieben sein. In meiner Rede möchte ich das
Thema [Glück] behandeln. Zu Beginn möchte ich das Brautpaar persönlich
begrüßen, aber auch die Familien, Freunde und andere Hochzeitsgäste
begrüßen und willkommen heißen. Nach der Begrüßung möchte ich meine Rede
passend zum oben genannten Thema mit [einem lustigen Spruch oder
Vergleich] beginnen. Im Hauptteil möchte ich meine Freude über die
Eheschließung des Brautpaares zum Ausdruck bringen. Als nächstes möchte
ich ein paar persönliche Worte an [meine beste Freundin] richten. [Bitte erzähle,
wie Barbara und ich uns durch einen glücklichen Zufall im Urlaub kennengelernt
haben und wie aus unserer Reisebekanntschaft eine Freundschaft fürs Leben
wurde. Ich möchte Barbara sagen, dass ich immer für sie da sein werde.] Im
Anschluss möchte ich darüber sprechen, wie gut [Barbara und Ole]
zusammenpassen und wie froh ich bin, dass sie zueinander gefunden haben.
[Bitte beschreibe, wie froh ich bin, dass Ole ein vernünftiger Kerl ist, der toll zu
Barbara passt.] Der Schlussteil meiner Rede soll mit Zukunftswünsche an das
Brautpaar geschmückt sein. [Vor dem Toast möchte ich eine humorvolle
Überleitung zum Dessert einbauen.] Abschließend möchte ich mit den Gästen
auf das schöne Brautpaar und ihre Liebe anstoßen.

Aufwand von ca. 5 Minuten

Finales Ergebnis mit eigenen Worten verfeinert:

Aufwand von ca. 20 Minuten

Liebe Barbara, lieber Ole,
liebe Familien, Freunde und alle wunderbaren Gäste,

Ich stehe heute hier als Trauzeugin von Barbara, und ich muss gestehen, die Vorstellung, vor 100 Gästen eine Rede zu halten, hat mir mehr schlaflose Nächte bereitet als so mancher Horrorfilm. Ich habe sogar überlegt, ob ich einfach eine Notiz an Ole übergeben sollte, die besagt: „Liebe Gäste, stellt euch vor, Patricia hätte jetzt etwas Witziges gesagt." Aber heute muss es auch ohne Notiz gehen. Ich freue mich jedenfalls riesig, Teil dieses wundervollen Tages zu sein.

Man sagt ja: „Glück ist, wenn man nicht weiß, dass man es gerade erlebt." Und genau das passt so gut zu dem glücklichen Zufall, der Barbara und mich zusammengebracht hat. Wir waren im Urlaub, jede von uns allein und auf der Suche nach Entspannung, Abenteuer und dem perfekten Sandstrand. Was wir stattdessen fanden: eine Freundschaft fürs Leben und ein gehöriger Sonnenbrand. Barbara, du warst seither nicht nur meine beste Reisebegleiterin, sondern bist bis heute meine beste Freundin. Egal, was das Leben bringt, ich werde immer für dich da sein – in guten wie in schlechten Zeiten, das verspreche ich dir.

Jetzt zu dir, lieber Ole. Als Barbara mir von dir erzählt hat, dachte ich zunächst: „Na, der muss wirklich etwas Besonderes sein, wenn sie plötzlich über Fußball spricht, ohne dabei die Augen zu verdrehen." Und ich muss sagen, du bist tatsächlich ein Volltreffer! Du hast es als einziger geschafft, Ruhe in Barbaras turbulentes Leben zu bringen. Aber nicht nur dass: Wegen dir lächelt sie fast so strahlend wie der Glanz in deinen Augen, wenn du an unseren Freitagabend-Pizza-Partys über die neueste Sportübertragung sprichst. Spaß beiseite: Danke, dass du Barbara so glücklich machst.

Liebe Barbara, lieber Ole, ich wünsche euch für die Zukunft, dass ihr immer so glücklich bleibt wie heute, auch wenn das Leben mal etwas turbulenter wird.

Kommen wir abschließend zu einem Thema, das uns alle betrifft: das Dessert. Es ist ja bekannt, dass Liebe durch den Magen geht – und ich habe gehört, dass der Nachtisch heute so gut sein soll, dass man ihn fast heiraten könnte. Aber bevor wir uns den süßen Verführungen hingeben, lasst uns auf das Brautpaar anstoßen!

Also erhebt eure Gläser, auf Barbara und Ole, auf ihre Liebe, ihr Glück und auf viele schöne gemeinsame Jahre!

Eine Rede als Trauzeugin und beste Freundin der Braut

Liebe Melanie,
lieber David,
liebe Familien, Freunde und Festgäste,

Heute stehen wir hier zusammen, um die Hochzeit meiner allerbesten Freundin Melanie und ihres wunderbaren Bräutigams David zu feiern. Nachdem ich meine Freudentränen während der Trauung endlich getrocknet habe, möchte ich euch beiden von Herzen danken, dass ich diesen unvergesslichen Moment miterleben durfte. Danke, dass ihr mich als Trauzeugin Teil dieses bedeutenden Tages sein lasst!

Melanie, du bist mir seit vielen Jahren eine treue Freundin, und ich habe dich durch all die Höhen und Tiefen der Liebe begleitet. David, du kannst dir wahrscheinlich kaum vorstellen, wie dankbar ich bin, dass Melanie nun endlich ihren perfekten Partner gefunden hat. Schließlich habe ich sie oft in schwierigen Zeiten getröstet und unterstützt – und so auch, wenn das Liebesleben mal wieder einem Chaos glich.

Für diejenigen, die Melanie schon länger kennen, dürfte ihre Leidenschaft für verschiedenste Hobbys und Interessen nicht unbekannt sein. Besonders erinnere ich mich an die Zeiten, in denen sie leidenschaftlich die Kochshows von diversen Starköchen verfolgte. Ich kann mich noch gut daran erinnern, wie ich oft als Versuchskaninchen für ihre kulinarischen Experimente herhalten musste – manchmal mit überwürzten Ergebnissen, aber immer mit viel Liebe gemacht.

Zum Glück hat Melanie nun in David ihren persönlichen Spitzenkoch, Seelenverwandten und besten Freund gefunden. David, ich bewundere deine Geduld und deine Liebe, besonders wenn Melanie mal wieder in der Küche versunken ist und du geduldig auf das Abendessen wartest. Du bist wirklich der perfekte Partner für sie, und es ist wundervoll zu sehen, wie ihr zwei harmoniert.

Für eure Zukunft wünsche ich euch von Herzen das Beste dieser Welt, unvergessliche Momente und ein stets volles Gewürzregal.

Lasst uns nun alle unsere Gläser erheben – auf die Liebe und die Ehe von Melanie und David! Möge euer gemeinsames Leben voller Glück, Lachen und Liebe sein.

Eine rührend-humorvolle Rede der Trauzeugin

Liebe Hochzeitsgäste,
liebe Familien und vor allem, liebes Brautpaar,

Ich kenne Emily schon seit vielen Jahren, und wenn ich daran denke, wie unsere Freundschaft begann, muss ich unweigerlich schmunzeln. Wir haben uns damals in der Schulzeit kennengelernt – zwei wilde Teenager mit viel zu viel Energie und nur Augen für Justin Bieber. Schnell entwickelte sich aus dieser Schulbekanntschaft eine tiefe Freundschaft, die bis heute anhält und jedem Stürmchen standgehalten hat.

Während der letzten Jahre sind Emily und ich durch so viele Höhen und Tiefen gegangen, wie es sie sonst nur bei unseren Karaokeabenden gab. Unsere Eltern hatten dadurch vor allem eines: Nerven aus Stahl und taube Ohren. Aber egal, wie laut und chaotisch das Leben manchmal war, Emily war immer an meiner Seite und ich an ihrer. Unsere Freundschaft hat die wildesten Partys, die verrücktesten Urlaube und die tiefsten Gespräche überstanden – und auch, als Viktor in ihr Leben trat, hat sich daran nichts geändert.

Emily, dass ich heute hier als deine Trauzeugin stehen darf, erfüllt mich mit Stolz und tiefer Dankbarkeit. Du hast mir damit ein großes Vertrauen und unserer Freundschaft eine neue Bedeutung geschenkt.

Viktor, ich erinnere mich noch gut an den Moment, als Emily mir von dir erzählte. Es war einer dieser Augenblicke, in denen ich wusste: Das hier könnte etwas ganz Besonderes sein. Und ich hatte Recht! Ihr beide seid nicht nur ein Paar, sondern auch ein Team, das sich gegenseitig stärkt und ergänzt. Viktor, du bist nicht nur Emilys große Liebe, sondern auch ein großartiger Freund für uns alle geworden. Es war sicher nicht immer leicht, sich in unseren chaotischen Freundeskreis zu integrieren, aber du hast es mit Bravour gemeistert! Keiner hat es bisher öffentlich zugegeben, aber ich glaube es lag an deinen Barkeeperkünsten und den guten Cocktails.

Eure Beziehung ist wirklich etwas Besonderes. Ihr zeigt uns allen, wie eine Ehe funktionieren sollte: Mit Liebe, Verständnis und einer gesunden Portion Humor. Ihr seid nicht nur füreinander da, sondern schafft es auch, euch Raum für eure eigenen Interessen und Leidenschaften zu geben. Das ist eine Kunst, die nicht viele Paare beherrschen.

Ich wünsche euch von Herzen, dass ihr weiterhin eure Mitte findet – zwischen Nähe und Eigenständigkeit, zwischen Spaß und Ernst, zwischen Liebe und Freundschaft. Möge eure Ehe so lebendig bleiben wie dieser heutige Tag und möge die Liebe, die ihr heute miteinander teilt, mit jedem Jahr nur noch stärker werden. Und falls euch mal die Kraft ausgeht, ich werde da sein, um euch aufzumuntern, wenn das Leben einmal herausfordernd wird.

Liebe Gäste, hebt nun eure Gläser, und lasst uns auf Emily und Viktor anstoßen – auf eure Liebe und ein langes, glückliches Leben zusammen!

Eine poetische Hochzeitsrede der Trauzeugin

Ausgefülltes Formular an Hochzeitsplanerin.de:

Aufwand von ca. 7 Minuten

1. *In welchem Stil soll deine Hochzeitsrede geschrieben werden?*
   Poetisch.

2. *Wie ist dein Vorname? Diese Frage ist erforderlich**
   Zoe.

3. *Wie heißt die Person, für die du die Rede halten möchtest? (Vorname) Diese Frage ist erforderlich**
   Lucy.

4. *In welcher Beziehung stehst du zu Lucy? Diese Frage ist erforderlich**
   Beste Freundin.

5. *Bist du Trauzeugin oder Trauzeuge?*
   Trauzeugin.

6. *Wie lange kennst du Lucy schon?*
   Wir kennen uns seit 10 Jahren, seit unserem ersten Nebenjob zu Unizeiten.

7. *Mit welchen 3 Worten würdest du Lucy beschreiben?*
   Einfallsreich, stürmisch, herzlich.

8. *Wie heißt der/die zukünftige Ehepartner/in von Lucy?*
   Liam.

9. *Mit welchen 3 Worten würdest du Liam beschreiben?*
   Geduldig, warmherzig, spontan.

10. *Beschreibe, wie du Lucy kennengelernt hast.*
    Wir haben uns bei einem Nebenjob kennengelernt, um unsere Unikosten zu bezahlen.

11. *Erzähle eine Geschichte über ein Erlebnis, welches das Lucy und dich verbindet.*

240

Seit dem Café Crema – so hieß der Laden unseres ersten Nebenjobs – haben wir uns gemeinsam als Thekenkräfte und Kellnerinnen durch die Cafés von München geschlagen. Wir deckten einander, falls eine von uns mal zu spät kam, und vernaschten das übrig gebliebene Gebäck am Tagesende. Es entstand eine tiefe Freundschaft und eine große Liebe für Kuchen.

12. *Beschreibe, wie du Liam kennengelernt hast.*
Liam kenne ich fast so lange wie Lucy. Er war damals Stammkunde in einem der Cafés, in dem Lucy und ich aushalfen.

13. *Erzähle eine Geschichte über das Brautpaar, die du gern in deiner Hochzeitsrede einbauen möchtest.*
Lucy und Liam waren vom ersten Moment an wie füreinander geschaffen. Lucy mit ihrer stürmischen Art hatte es geschafft, ihm eines Tages im Café das weiße Hemd mit frisch gebrühten Kaffee zu ruinieren. Statt verärgert zu reagieren, wartete Liam geduldig darauf, dass Lucy mit einem nassen Lappen herbeieilte, um den Schaden möglichst einzugrenzen. Heute ist Lucy die Nummer 1 im Entfernen von Flecken auf weißer Wäsche und seit über 8 Jahren mit Liam zusammen.

14. *Gibt es besondere Wünsche oder Themen, die du in deiner Rede ansprechen möchtest?*
Ich wünsche den beiden eine von Liebe erfüllte Ehe, unvergessliche Momente und ein Zuhause voller Lachen und schön duftendem Kaffee.

Finales Ergebnis mit eigenen Worten verfeinert:

Liebe Lucy, lieber Liam,
liebe Familien und Hochzeitsgäste,

So wie ich heute hier vor euch stehe, als Trauzeugin der wunderschönen Braut Lucy, fühle ich mich geehrt und zutiefst berührt, diese besonderen Worte an euch alle richten zu dürfen.

Ich habe das Glück, Lucy seit nunmehr 10 Jahren zu kennen. Unsere Freundschaft begann damals im Café Crema, einem kleinen, charmanten Café in München, wo wir beide als Thekenkräfte und Kellnerinnen arbeiteten. Es war dort, zwischen dampfenden Espressomaschinen und dem Duft von frisch gebackenem Kuchen, wo unsere tiefe Freundschaft und eine große Liebe für Gebäck entstand.

Lucy, mit deiner einfallsreichen Art bist du für mich immer eine Quelle der Inspiration gewesen. Wir waren unser gegenseitiger Schutzschild, wenn wir einander deckten, weil eine von uns im Job zu spät kam. Gemeinsam haben wir es uns gut gehen lassen und heimlich das übrig gebliebene Gebäck am Tagesende vernascht. All das hat unsere Freundschaft gefestigt und uns gelehrt, dass das Leben, genau wie ein gutes Stück Kuchen, am besten mit denen genossen wird, die man liebt.

Und wenn es jemanden gibt, der dich noch mehr liebt als deine Familie und ich, dann ist es Liam. Er war einst treuer Stammkunde in einem der Cafés, in denen Lucy und ich arbeiteten. Ich erinnere mich noch gut an den Tag, als Lucy – in ihrer stürmischen Art – es schaffte, Liam frisch gebrühten Kaffee über sein weißes Hemd zu kippen. Statt verärgert zu reagieren, hat er geduldig darauf gewartet, dass Lucy mit einem nassen Lappen herbeieilte, um den Schaden zu begrenzen. Dieser Moment war der Beginn von etwas Wundervollem. Heute ist Lucy die unangefochtene Nummer 1 im Entfernen von Flecken auf weißer Wäsche, und als Paar sind sie seit über 8 Jahren unzertrennlich.

Liam, deine geduldige, warmherzige und spontane Art haben mir schnell gezeigt, dass du der Richtige für meine beste Freundin Lucy bist. Du und Lucy, ihr ergänzt euch auf eine Weise, die nur als perfekt beschrieben werden kann. Eure Liebe zueinander ist ein leuchtendes Beispiel dafür, was es bedeutet, einander zu unterstützen, zu respektieren und bedingungslos zu lieben.

Lucy und Liam, ich wünsche euch eine von Liebe erfüllte Ehe und ein Zuhause voller Lachen sowie schön duftendem Kaffee. Mögen die kommenden Jahre euch immer wieder daran erinnern, warum ihr euch ineinander verliebt habt, und mögt ihr stets die Geduld und das Verständnis füreinander aufbringen, die ihr schon in den ersten Tagen eurer Beziehung gezeigt habt. Und falls ihr mal nicht weiterwisst, als Trauzeugin stehe ich euch immer mit Rat und einem leckeren Stück Kuchen zur Seite.

Lasst uns gemeinsam auf unser bezauberndes Brautpaar anstoßen – auf ihre Liebe und die unzähligen glücklichen Jahre, die vor ihnen liegen!

Foto: Playa Wedding

Beispiel für eine gemeinsame Rede der Trauzeugen

Liebe ist, wenn der Verstand tanzt,
das Herz laut klopft und die Augen strahlen.
– Unbekannt –

Eine humorvolle Trauzeugenrede in Dialogform

Prompt an ChatGPT:

Liebe KI,
bitte schreibe uns eine [3-5 minütige] Hochzeitsrede. Wir heißen [Sonja und Andreas] und sind die Trauzeugen des Brautpaars. Die Braut heißt [Tanja] und ihr Bräutigam heißt [Lars]. Unsere Trauzeugenrede soll [lustig und kreativ] und in Form eines Dialogs geschrieben sein. In unserer Rede möchten wir das Thema [Liebe] behandeln. Zu Beginn möchten wir das Brautpaar persönlich begrüßen, aber auch die Familien, Freunde und andere Hochzeitsgäste begrüßen und willkommen heißen. Nach der Begrüßung möchten wir unsere Rede passend zum oben genannten Thema mit [einem lustigen Vergleich zum Brautpaar] beginnen. Im Hauptteil möchten wir unsere Freude über die Eheschließung des Brautpaares zum Ausdruck bringen. Als nächstes möchten wir abwechselnd ein paar persönliche Worte an unsere besten Freunde [Tanja und Lars] richten. [Tanja ist warmherzig, verträumt und hat ein angeborenes Helfersyndrom. Früher waren es komische Jungs, denen sie helfen wollte, heute sind es zum Glück nur niedliche Tiere. Lars ist humorvoll, scharfsinnig und spontan. Ein gemeinsamer Urlaub unter Jungs war immer ein wahres Abenteuer, vor allem wenn er spontan aus einer Tageswanderroute eine 3 tägige Route mit Wild-Zelten machte. Ein Witz über Andreas schmerzende Füße einbauen.] Im Anschluss möchten wir darüber sprechen, wie gut [Tanja und Lars] zusammenpassen und wie froh wir sind, dass sie zueinander gefunden haben. [Wir möchten beschreiben, warum und wie toll die beiden zusammenpassen und ihnen sagen, dass wir immer da sein werden.] Der Schlussteil unserer Rede soll mit Zukunftswünsche an das Brautpaar geschmückt sein. [Wir möchten ein paar Worte zu unserem kreativen Hochzeitsgeschenk verlieren und lustige Zukunftswünsche aussprechen.] Abschließend möchten wir mit den Gästen auf das schöne Brautpaar und ihre Liebe anstoßen.

Aufwand von ca. 10 Minuten

Finales Ergebnis mit eigenen Worten verfeinert:

Trauzeugin: Liebe Tanja, lieber Lars, liebe Familien, Freunde und alle, die heute mit uns diesen besonderen Tag feiern – wir freuen uns riesig, dass wir hier sind, um die Liebe zwischen diesen beiden wundervollen Menschen zu feiern. Als eure Trauzeugen dürfen wir heute das Wort ergreifen, und wir versprechen, es wird lustig, es wird kreativ, und es wird garantiert nicht langweilig!

Trauzeuge: Ja, auch von mir ein herzliches Willkommen an alle! Liebe Tanja, lieber Lars – was für ein grandioses Paar ihr doch seid! Ähnlich wie ein Paar Essstäbchen. Jeder für sich ist schon ziemlich toll, aber erst zusammen seid ihr ein unschlagbar starkes Duo.

Trauzeugin: Wenn ich an die letzten Jahre denke, bin ich so froh, dass ihr beide euch gefunden habt. Tanja, du bist meine beste Freundin, warmherzig und verträumt. Ich schätze mich glücklich, dich in meinem Leben zu wissen. Nur bei einer Sache bin ich noch nicht ganz sicher: Dein Helfersyndrom. Früher hattest du dieses unerschütterliche Bedürfnis, jedem komischen Typen unter die Arme zu greifen, als wären sie ein wohltätiges Projekt. Zum Glück hast du diese Phase überstanden und dich stattdessen auf niedliche Tiere spezialisiert. Es ist wirklich schön zu wissen, dass Lars nicht auf der Liste der hilfsbedürftigen Fälle gelandet ist, sondern sich als perfekter Partner für dich entpuppt hat.

Trauzeuge: Lars, du bist humorvoll, scharfsinnig und – wie könnte ich das Vergessen – spontan bis zum Gehtnichtmehr. Unser gemeinsamer Urlaub im Harz damals, du erinnerst dich? Aus einer Tageswanderung wurde plötzlich eine dreitägige Survival-Tour inklusive Wildzelten! Meine Füße haben sich bis heute nicht ganz davon erholt! Aber das zeigt eben auch: Mit dir wird es nie langweilig, und das ist eine wunderbare Eigenschaft in einer Ehe.

Trauzeugin: Und genau deshalb passen Tanja und Lars so unglaublich gut zusammen. Tanja bringt das warme Herz und die liebevolle Fürsorge in die Beziehung, während Lars für Abenteuer und unerwartete Wendungen sorgt. Zusammen seid ihr das perfekte Gleichgewicht – wie Yin und Yang, Pizza und Käse, oder eben wie zwei Essstäbchen!

Trauzeuge: Wir wünschen euch von Herzen, dass ihr weiterhin so viel Liebe, Lachen und auch ein bisschen Abenteuer in eure Beziehung bringt. Und wenn die Wanderroute mal zu lang wird oder bei der Tierrettung Unterstützung gebraucht wird, als beste Freunde stehen wir euch immer zur Seite.

Trauzeugin: Und damit kommen wir zu unserer kleinen Hochzeitsüberraschung. Wir haben uns natürlich etwas Kreatives einfallen lassen – aber darüber verraten wir euch nach dem Essen mehr. Nur so viel: Es wird euch zum Lachen bringen und euch an diesen wunderbaren Tag erinnern!

Trauzeuge: Liebe Tanja, lieber Lars, wir sind so froh, dass ihr euch gefunden habt. Und jetzt möchten wir alle bitten, mit uns die Gläser zu erheben, um auf euch, eine Zukunft voller Liebe und auf viele unvergessliche Momente anzustoßen.

Beide zusammen: Auf Tanja und Lars!

Das Eheversprechen & Ehegelübde

Wenn du dich mit diesem Abschnitt des Kapitels befasst, bist du mit großer Wahrscheinlichkeit die angehende Braut bzw. der angehende Bräutigam. Du gehörst damit zu den Menschen, die ihren Seelenverwandten gefunden haben und demnächst ein Eheversprechen formulieren und eine Hochzeitsrede halten werden – wie aufregend! Das Ehegelübde ist dabei wohl einer der emotionalsten Momente in deinem Leben. Umso wichtiger ist es also, sich vorher zu überlegen, was man seinem Lieblingsmenschen sagen möchte. Doch bevor du dich mit dem Inhalt beschäftigst, gilt es ein paar Dinge zu klären. Vielleicht fragst du dich, worin der Unterschied zwischen dem Eheversprechen und dem Ehegelübde besteht. Das Eheversprechen (auch Trauversprechen genannt) ist ein individuelles Versprechen an seinen Herzensmenschen und findet im Rahmen von freien oder standesamtlichen Trauungen statt. Bei einer kirchlichen Trauung spricht man von einem Ehegelübde (auch Ehegelöbnis genannt), da es vor Gott gesprochen wird. Eine Gemeinsamkeit eint diese beiden Versprechen jedoch: Das Hochzeitspaar versichert sich die Treue und die Liebe zueinander. Nun wäre die Definition geklärt, aber offenbleibt, ob du und deine Verlobte bzw. dein Verlobter ein selbstverfasstes Trauversprechen bzw. Ehegelöbnis möchtet. Falls ja, teile diesen Wunsch mit eurem Standesbeamten oder Geistlichen. So kann die dafür benötigte Zeit in der Zeremonieplanung berücksichtigt werden. Bespreche zudem mit deiner besseren Hälfte, ob ihr das Gelöbnis gemeinsam schreiben oder euch gegenseitig überraschen wollt und wie lange euer Versprechen dauern soll. In der Regel umfassen Eheversprechen und Ehegelübde eine Redezeit von einer Minute – das entspricht ungefähr 120-140 gesprochenen Wörtern. Zum Inhalt lässt sich sagen: Lasse dein Herz sprechen! Niemand kann deine Gefühle besser in Worte fassen als du selbst. Nimm dir also die Zeit und versetze dich zurück an gemeinsam erlebte Momente und deine damaligen Emotionen oder stelle dir eure gemeinsame Zukunft vor. Gerne kannst du auch Zitate, Metaphern und Vergleiche in dein Trauversprechen oder Ehegelöbnis einbauen, um deine Liebe und Empfindungen zu beschreiben. Wichtig ist, dass dein Gelübde authentisch sowie emotional wird und dabei für alle Zuhörenden verständlich bleibt. Dennoch, für diesen einen Moment gelten deine Worte und Blicke nur deiner zukünftigen Frau bzw. deinem zukünftigen Mann. Baue Blickkontakt zu ihr bzw. ihm auf und siehe, wie aus deinen schönen Worten ein emotionaler Augenblick für die Ewigkeit wird.

In Punkto Eheversprechen gibt es einen immer beliebter werdenden Trend: Das Hochzeitspaar entscheidet sich dafür, das Trauversprechen getrennt voneinander zu schreiben. Während der Trauungszeremonie liest z.B. die Braut dann nicht ihren eigens geschriebenen Liebesbrief vor, sondern den ihres Bräutigams, der an die Braut gerichtet ist, und andersrum. Auf diese Weise hört man nicht nur die Gefühle und Liebesbekundung seines Lieblingsmenschens, man selbst liest sie und spricht sie sogar laut aus – ein unvergessliches und rührendes Erlebnis mit gleich mehreren Sinnen.

Die Mustervorlagen für deinen Prompt zum Schreiben eines Eheversprechens bzw. Ehegelübdes, findest du, wie im Kapitel "Hochzeitsreden mit Hilfe von Künstlicher Intelligenz schreiben" angekündigt, auf den nächsten Seiten – sofern du die KI als Hilfsmittel nutzen möchtest. Gefolgt von diversen Beispielen zu Trauversprechen und Ehegelöbnissen von Braut und Bräutigam, die dir als Inspiration dienen werden.

Mustervorlage für deinen Prompt zum Schreiben eines Eheversprechens & Ehegelübdes

Liebe KI,
bitte schreibe mir ein Ehegelübde/Eheversprechen, welches [120-140] Wörter umfasst und in Form [z.B. eines Fließtextes, einer Aufzählung, eines Gedichts, eines Liebesbriefes] geschrieben ist. Ich heiße [deinen Namen] und bin [die Braut/der Bräutigam]. Mein Eheversprechen/Ehegelübde soll emotional sein und meine Gefühle gegenüber [meiner Frau + Name /meinem Mann + Name] mit Hilfe von [z.B. einem Zitat, einer Metapher, einem Vergleich etc.] zum Ausdruck bringen. Folgendes möchte ich in mein Gelübde/Versprechen einbauen: [Platz für Inhalte wie: gemeinsam erlebte Momente, Vorstellungen über eure gemeinsame Zukunft, Rückblick auf eure erste Begegnung, Beschreibung deiner Gefühle etc.]

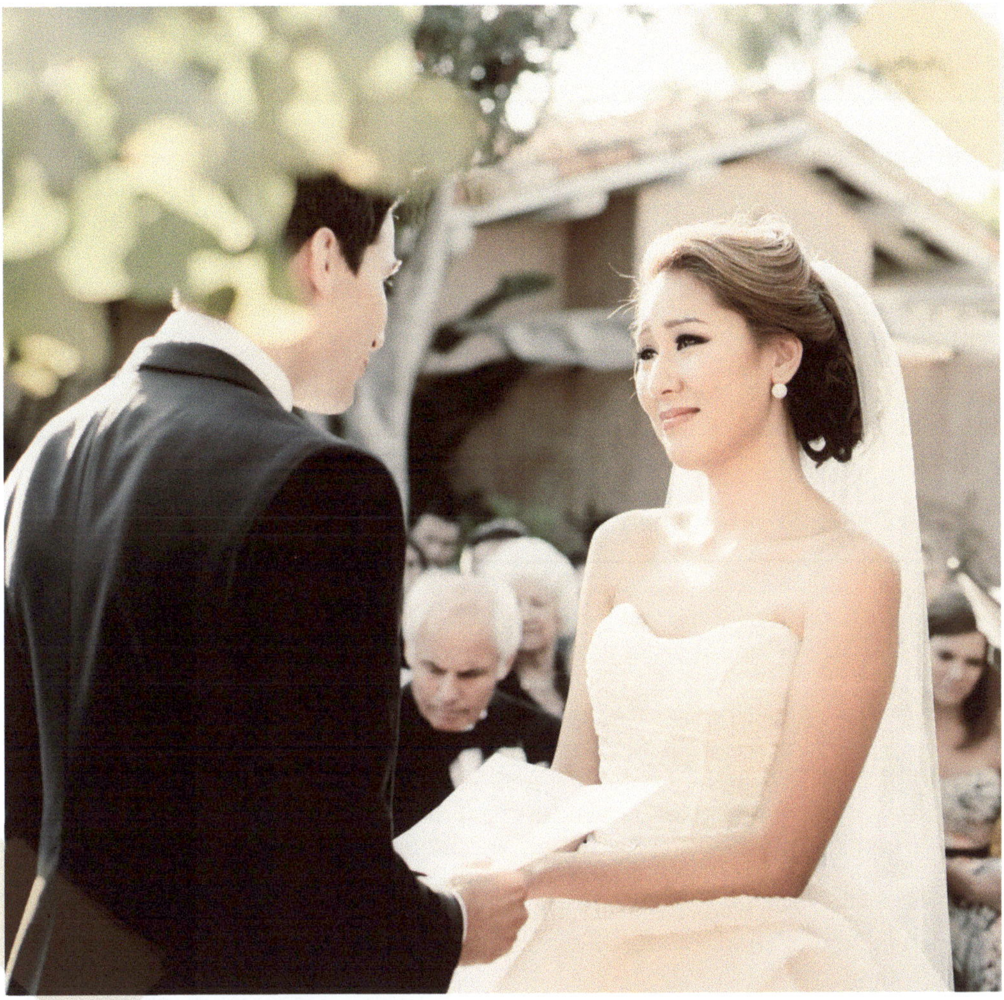

Foto: Onelove Photography

Beispiele für Eheversprechen & Ehegelübde des Bräutigams

Ein Ehegelübde des Bräutigams

Prompt an ChatGPT:

Liebe KI,
bitte schreibe mir ein Ehegelübde/Eheversprechen, welches [120-140]
Wörter umfasst und in Form [eines Fließtextes] geschrieben ist. Ich heiße
[Ricardo] und bin [der Bräutigam]. Mein Eheversprechen/Ehegelübde soll
emotional sein und meine Gefühle gegenüber [meiner Frau Mareike] mit Hilfe
von [einem Zitat und einer Metapher] zum Ausdruck bringen. Folgendes möchte
ich in mein Gelübde/Versprechen einbauen: [Ich möchte versprechen, dass ich
in jeder Lebenslage für Mareike da sein werde. Ich möchte Mareike sagen,
warum ich sie liebe und warum sie die perfekte Frau für mich ist. Ich möchte ihr
meine Liebe und meine ewige Treue bekunden.]

Finales Ergebnis mit eigenen Worten verfeinert:

Seitdem du in mein Leben getreten bist, ist jeder Tag wie ein Geschenk.
Deine Liebe erhellt mein Dasein wie die Sonne den Tag,
und dafür bin ich dir von Herzen dankbar.
"Liebe ist nicht das, was man erwartet zu bekommen, sondern das,
was man bereit ist zu geben.*" – und ich verspreche heute,
dir jeden Tag meine Liebe, meine Geduld und mein Herz zu schenken.
Mareike, du bist für mich die perfekte Frau,
weil du mein Herz zum Lachen bringst und meine Seele berührst.
In jeder Lebenslage, bei Sonnenschein und Regen,
werde ich fest an deiner Seite stehen.
Ich liebe dich, und ich werde dir treu sein, heute, morgen und für immer.

*Ein Zitat von Katharine Hepburn

Ein modernes Eheversprechen des Bräutigams

Prompt an Claude:

Liebe KI,
bitte schreibe mir ein Ehegelübde/Eheversprechen, welches [120-140] Wörter umfasst und in Form [eines Liebesbriefes] geschrieben ist. Ich heiße [Henry] und bin [der Bräutigam]. Mein Eheversprechen/Ehegelübde soll emotional sein und meine Gefühle gegenüber [meiner Frau Antonia] mit Hilfe von [einem modernen Vergleich] zum Ausdruck bringen. Folgendes möchte ich in mein Gelübde/Versprechen einbauen: [Ich möchte aufzählen, was ich alles an Antonia liebe und am Ende ihr meine ewige Liebe und Treue versprechen.]

Finales Ergebnis mit eigenen Worten verfeinert:

Meine geliebte Antonia,

Du bist wie ein perfekter Sommertag, der stets meine Stimmung und mein Leben erhellt. Du bist mein Lieblingssong, den ich nie wieder auf Pause stellen möchte. Deine Liebe ist wie das schnellste WLAN – sie verbindet mich mit allem, was wichtig ist, und lässt mich nie im Stich.

In Dir habe ich nicht nur meine Partnerin gefunden, sondern auch meine beste Freundin, meine Vertraute und meine Seelenverwandte. Du vervollständigst mich auf eine Weise, die ich nie für möglich gehalten hätte.

Heute verspreche ich Dir, immer Dein treuester Begleiter zu sein. Ich werde Dich lieben und ehren, in guten wie in schlechten Zeiten, bis der letzte Pixel erlischt. Mein Herz gehört Dir – jetzt und für immer.

In ewiger Liebe,
Dein Henry

Ein Trauversprechen des Bräutigams

Meine geliebte Franziska, ich verspreche dir:

Jeden Tag aufs Neue meine Liebe zu dir zu entfachen, wie das erste Mal, als sich unsere Blicke in jenem Café trafen.

Deine Hand zu halten, wenn Stürme aufziehen, und mit dir zu tanzen, wenn die Sonne scheint.

Dir zuzuhören, dich zu verstehen und immer für dich da zu sein.

Unser Zuhause mit Lachen, Wärme und bedingungsloser Liebe zu füllen.

Und unsere gemeinsamen Träume Schritt für Schritt Wirklichkeit werden zu lassen.

"Wo du hingehst, da will ich auch hingehen" – dieses Versprechen gebe ich dir heute und für alle Zeit.

Mit dir an meiner Seite fühle ich mich vollständig, mit dir möchte ich alt werden. Hand in Hand und Herz an Herz.

Ein Ehegelöbnis des Bräutigams

Von dem Moment an, als sich unsere Blicke zum ersten Mal trafen,
wusste ich, dass ich in dir mein Zuhause finden werde. Seitdem sind wir durch
Höhen und Tiefen gegangen, haben gelacht, geweint und uns immer wieder neu
ineinander verliebt. Jeder Moment mit dir ist ein Geschenk,
das ich in meinem Herzen bewahre.

Heute verspreche ich dir, dich immer zu lieben, zu achten und zu unterstützen.
So wie ein Baum im Wind stark bleibt, will ich an deiner Seite stehen,
egal welche Stürme auf uns zukommen. Unsere gemeinsame Zukunft sehe ich
wie eine Reise, auf der wir jeden Schritt zusammen gehen,
uns gegenseitig stärken und das Beste ineinander hervorbringen.

Mit dir will ich lachen, mit dir will ich weinen, mit dir will ich alt werden.
Du bist mein Zuhause, mein größtes Glück, mein Leben.
Ich liebe dich.

Foto: Onelove Photography

Beispiele für Eheversprechen & Ehegelübde der Braut

Ein Ehegelübde der Braut

Prompt an Claude:

Liebe KI,
bitte schreibe mir ein Ehegelübde/Eheversprechen, welches [120-140] Wörter umfasst und in Form [eines Fließtextes] geschrieben ist. Ich heiße [Vivien] und bin [die Braut]. Mein Eheversprechen/Ehegelübde soll emotional sein und meine Gefühle gegenüber [meinem Mann Mark] mit Hilfe von [einem passenden Vergleich] zum Ausdruck bringen. Folgendes möchte ich in mein Gelübde/Versprechen einbauen: [Ich möchte Mark sagen, dass ich mir nichts Schöneres vorstellen kann als seine Frau zu werden und dass ich mir eine schöne Zukunft mit ihm ausmale. Mit ihm möchte ich den Rest meines Lebens teilen.]

Finales Ergebnis mit eigenen Worten verfeinert:

Mark, mein Liebster,

Heute stehe ich vor dir, erfüllt von unbeschreiblicher Freude, Dankbarkeit und Liebe. Wie zwei Puzzleteile, die perfekt ineinandergreifen und gemeinsam ein wunderschönes Bild ergeben, passen wir zueinander und machen unser Leben vollständig.

Ich kann mir nichts Schöneres vorstellen, als in diesem Moment deine Frau zu werden und den Rest meines Lebens an deiner Seite zu verbringen. Mit dir male ich mir eine Zukunft aus, die von Liebe, Lachen und gemeinsamen Abenteuern erfüllt ist. In guten, wie in schweren Zeiten verspreche ich, deine Stütze zu sein, deine Hand zu halten und dich bedingungslos zu lieben. Gemeinsam werden wir unsere Träume verwirklichen, Herausforderungen meistern und jeden kostbaren Moment unseres Lebens teilen.

Mark, du bist mein Zuhause, mein bester Freund und meine große Liebe. Nur mit dir an meiner Seite fühle ich mich komplett, und ich freue mich darauf, unsere Geschichte gemeinsam weiterzuschreiben.

Ich liebe dich.

Ein Eheversprechen der Braut in Form eines Liebesbriefes

Prompt an ChatGPT:

Aufwand von ca. 1 Minute

Liebe KI,
bitte schreibe mir ein Ehegelübde/Eheversprechen, welches [120-140] Wörter umfasst und in Form [eines Liebesbriefes] geschrieben ist. Ich heiße [Jane] und bin [die Braut]. Mein Eheversprechen/Ehegelübde soll emotional sein und meine Gefühle gegenüber [meinem Mann Fabian] mit Hilfe von [einer Metapher] zum Ausdruck bringen. Folgendes möchte ich in mein Gelübde/ Versprechen einbauen: [Ich liebe Fabian, auch wenn er manchmal chaotisch oder ungeduldig ist. Er bringt mich immer zum Lachen und ist mein perfektes Gegenstück. Ich möchte sagen, wie viel er mir bedeutet und dass ich ihn über alles liebe.]

Finales Ergebnis mit eigenen Worten verfeinert:

Aufwand von ca. 5 Minuten

Mein liebster Fabian,

Als ich dir das erste Mal in die Augen sah, spürte ich bereits, dass du etwas ganz Besonderes an dir hast. Du bist wie ein ungeschliffener Diamant – manchmal ein wenig chaotisch und ungeduldig, aber genau das macht dich so einzigartig und kostbar.
Du bringst mich jeden Tag zum Lachen und zeigst mir, dass Perfektion nicht bedeutet, ohne Fehler zu sein, sondern jemanden zu finden, dessen Unvollkommenheiten perfekt zu den eigenen passen.

Du bist mein Gegenstück, das Stück, das mir immer gefehlt hat, und dass ich heute und für immer in meinem Herzen tragen werde. Ich liebe dich mehr, als Worte es je ausdrücken könnten, und ich verspreche, dich für den Rest unseres Lebens genauso bedingungslos zu lieben, wie du mich.

In ewiger Liebe und Treue,
Deine Jane

Ein poetisches Trauversprechen der Braut

Mein liebes Herz, Florian,

So wie der Mond die Nacht erhellt,
so hast du mein Leben mit Liebe gefüllt.
Seit jenem Tag, als sich unsere Blicke trafen,
wusste ich, wir würden zusammen den Weg des Lebens schaffen.

Wir haben gelacht und geweint,
Hand in Hand alle Stürme vereint.
In deinen Augen sehe ich die Zukunft klar,
unsere Liebe, unendlich stark.

Mit dir möchte ich träumen, alt werden,
gemeinsam jeden Schritt gehen.
Du bist mein Zuhause, mein sicherer Hafen,
nur neben dir kann ich sicher schlafen.

So verspreche ich dir hier und jetzt,
in guten wie in schlechten Zeiten,
dass ich dich liebe, so wie du bist,
und für immer an deiner Seite bleibe.

Ein Ehegelöbnis der Braut

Wenn ich an unsere gemeinsame Reise denke, erfüllt mich eine Wärme, die ich nur mit dir erlebe. Seit dem Tag, an dem wir uns im Park begegneten und stundenlang über unsere Träume sprachen, wusste ich tief in meinem Herzen: Du bist der Mensch, mit dem ich mein Leben teilen möchte.

Unsere Liebe ist wie ein kostbares Mosaik aus unzähligen wundervollen Momenten – jeder für sich einzigartig und wertvoll. Ich denke an unser Lachen bei misslungenen Kochexperimenten, an die stillen Umarmungen in schweren Zeiten und an all die kleinen Gesten, die unsere Verbindung so besonders machen.

In deinen Armen finde ich nicht nur Geborgenheit, sondern auch Kraft. Du bist mein Kompass, wenn ich die Richtung verliere, mein Anker in stürmischen Zeiten und mein Zuhause, egal wo wir sind.

Heute verspreche ich dir, Jakob, mein tiefstes Vertrauen, meine unerschütterliche Treue und meine bedingungslose Liebe.

Du und ich – wir sind eins.
Ich kann Dir nicht wehtun, ohne mich zu verletzen.
– Mahatma Gandhi –

Die Rede des Bräutigams, der Braut bzw. des Braut-paars

Neben dem Eheversprechen bzw. dem Ehegelübde gibt es aber noch weitere Momente, wo Braut und Bräutigam ein paar Worte sagen sollten. Du bist der Bräutigam? Dann mache dir in jedem Fall Gedanken über eine Hochzeitsrede, da diese bis heute eine für Bräutigame geltende Tradition ist. Deine Bräutigamrede sollte wertschätzend, wie auch emotional sein und mindestens folgende Inhalte umfassen:

- ♥ Begrüßung der Gäste

- ♥ Dankende Worte für das Kommen der Gäste, die Unterstützung aller Helfenden, die Hochzeitsgeschenke und Glückwünsche

- ♥ Wertschätzende Zeilen an die Schwiegereltern und an die eigenen Eltern

- ♥ Liebevolle Worte an deine bessere Hälfte

- ♥ Gemeinsames Anstoßen auf die Hochzeit und die Zukunft

Darüber hinaus kannst du natürlich auch von eurer ersten Begegnung oder anderen wichtigen Momenten eures Lebens als Paar sprechen. Mit einem Ausblick auf den weiteren Verlauf eurer Feier oder dem Eröffnen des Buffets bzw. der Tanzfläche rundest du deine Hochzeitsrede ab. Folgt man modernen Trends, so kann die Hochzeitsrede auch gemeinsam vom Brautpaar gehalten werden oder Braut und Bräutigam halten beide jeweils eine für sich stehende Hochzeitsrede. Die Inhalte müssen aber nicht zwingend alle in einer Hochzeitsrede unterkommen. Stattdessen können auch mehrere kurze Reden gehalten werden wie: die Begrüßungsansprache, die Dankesrede und die Ankündigungsrede (z.B. zur Eröffnung der Candy Bar, des Buffets, des Mitternachtssnacks oder der Tanzfläche).
Als Braut darfst du dich ebenfalls an den oben genannten Inhalten orientieren. Die Brautrede ist von ihrer Form her jedoch relativ frei, sodass du auch etwas Humor mit einbringen und dich gesammelt bei euren Eltern, Trauzeugen, Freunden und Gästen bedanken kannst. Neben den dankenden Worten nehmen die in Kindertagen entstandene Vorstellungen von einem zukünftigen Ehemann, Erinnerungen an die erste Begegnung mit dem Bräutigam, die

Entstehungsgeschichte des Paares, Gründe für die Liebe, besondere Momente der Beziehung oder lustige Anekdoten oft einen großen Teil innerhalb der Brautrede ein.

Die im Kapitel "Hochzeitsreden mit Hilfe von Künstlicher Intelligenz schreiben" angekündigten Mustervorlagen für deinen Hochzeitsreden-Prompt findest du auf den nächsten Seiten, sofern du die KI als Hilfsmittel nutzen möchtest. Gefolgt von diversen Beispielen zu Hochzeitsreden von Braut, Bräutigam und dem Brautpaar, die dir als Inspiration dienen werden.

Mustervorlagen für deinen Hochzeitsreden-Prompt als Bräutigam, Braut und für euch als Brautpaar

Liebe KI,

bitte schreibe mir eine [3-5 minütige] Hochzeitsrede. Ich heiße [deinen Namen] und werde die Rede als Bräutigam halten. Meine Bräutigamrede soll [z.B. wertschätzend und emotional] und in Form [z.B. eines Fließtextes] geschrieben sein. In meiner Rede möchte ich das Thema [z.B. Liebe] behandeln. Zu Beginn möchte ich unsere Familien, Freunde und Gäste begrüßen und willkommen heißen. Nach der Begrüßung möchte ich meinen Dank für das Kommen der Gäste, die Unterstützung aller Helfenden, die Glückwünsche und die Hochzeitsgeschenke aussprechen. Als nächstes möchte ich ein paar wertschätzende Zeilen an meine Schwiegereltern [Name und Name] und Eltern [Name und Name] richten. [Platz für konkrete Anforderungen bzgl. der Wertschätzung deiner (Schwieger)-Eltern.] Im Anschluss möchte ich gegenüber meiner Frau [Name] einige liebevolle Worte sagen. [Platz für konkrete Anforderungen bzgl. liebevoller Worte an deine Frau.] [Optional – Platz für weitere Inhalte wie: Ausblick auf den Verlauf der Feier, Eröffnung des Buffets oder der Tanzfläche etc.] [Optional – Platz für Elemente, die sich zum Schließen einer Rede eignen: Anekdoten, Zitate, Sprüche etc.] Abschließend möchte ich mit den Gästen auf unsere Hochzeit und die Zukunft anstoßen.

Liebe KI,

bitte schreibe mir eine [3-5 minütige] Hochzeitsrede. Ich heiße [deinen Namen] und werde die Rede als Braut halten. Meine Brautrede soll [z.B. liebevoll und dankerfüllt] und in Form [z.B. eines Fließtextes] geschrieben sein. In meiner Rede möchte ich das Thema [z.B. Unendlichkeit] behandeln. Zu Beginn möchte ich unsere Familien, Freunde und Gäste begrüßen und willkommen heißen. Nach der Begrüßung möchte ich meinen Dank für das Kommen der Gäste, die Unterstützung aller Helfenden, die Glückwünsche und die Hochzeitsgeschenke aussprechen. Als nächstes möchte ich mich gesammelt bei [z.B. Eltern, Schwiegereltern, Trauzeugen und Freunden etc. bedanken.] [Platz für namentliche Nennung einzelner Personen oder Gründe, wofür du dich bedanken möchtest.] Im Anschluss möchte ich einige liebevolle Worte an meinen Mann [Name] richten. [Platz für Inhalte wie: damalige Vorstellung von deinem zukünftigen Ehemann, erste Begegnung mit deinem Bräutigam, Entstehungsgeschichte, besondere Momente der Beziehung, Gründe für die Liebe, lustige Anekdoten etc.] [Optional – Platz für weitere Inhalte wie: Ausblick auf den Verlauf der Feier, Eröffnung des Buffets oder der Tanzfläche etc.] [Optional – Platz für Elemente, die sich zum Schließen einer Rede eignen: Anekdoten, Zitate, Sprüche etc.] Abschließend möchte ich mit den Gästen auf unsere Hochzeit und die Zukunft anstoßen.

Liebe KI,

bitte schreibe uns eine [3-5 minütige] Hochzeitsrede. Wir heißen [eure Namen] und werden die Rede gemeinsam als Hochzeitspaar halten. Unsere Hochzeitsrede soll [z.B. wertschätzend und emotional] und in Form [z.B. eines Fließtextes] geschrieben sein. In unserer Rede möchten wir das Thema [z.B. Liebe] behandeln. Zu Beginn möchten wir unsere Familien, Freunde und Gäste begrüßen und willkommen heißen. Nach der Begrüßung möchten wir unseren Dank für das Kommen der Gäste, die Unterstützung aller Helfenden, die Glückwünsche und die Hochzeitsgeschenke aussprechen. [Platz für namentliche Nennung einzelner Personen oder Gründe, wofür ihr euch noch bedanken möchtet.]
[Optional – Platz für weitere Inhalte wie: Ausblick auf den Verlauf der Feier, Eröffnung des Buffets oder der Tanzfläche etc.] [Optional – Platz für Elemente, die sich zum Schließen einer Rede eignen: Anekdoten, Zitate, Sprüche etc.] Abschließend möchten wir mit den Gästen auf unsere Hochzeit und die Zukunft anstoßen.

Foto: Heather Mayer Photographer

Beispiele für die Rede des Bräutigams

Wahre Liebe geht aus der Harmonie der Gedanken und dem Gegensatz der Charaktere hervor.

– Theodore Simon Jauffroy –

Eine rührende Bräutigamrede

Prompt an ChatGPT:

Liebe KI,
bitte schreibe mir eine [3-5 minütige] Hochzeitsrede. Ich heiße [Stefan]
und werde die Rede als Bräutigam halten. Meine Bräutigamrede soll
[wertschätzend und emotional] und in Form [eines Fließtextes] geschrieben
sein. In meiner Rede möchte ich das Thema [Liebe] behandeln. Zu Beginn
möchte ich unsere Familien, Freunde und Gäste begrüßen und willkommen
heißen. Nach der Begrüßung möchte ich meinen Dank für das Kommen der
Gäste, die Unterstützung aller Helfenden, die Glückwünsche und die
Hochzeitsgeschenke aussprechen. Als nächstes möchte ich ein paar
wertschätzende Zeilen an meine Schwiegereltern [Marion und Kurt] und Eltern
[Gerda und Wolfgang] richten. [Ich möchte darüber sprechen, dass Marion und
Kurt eine umwerfende Tochter großgezogen haben und sie mit ihrer herzlichen
Art wie ein zweites Elternpaar für mich sind. Meine eigenen Eltern haben mir
verholfen, der Mann zu werden, der ich heute bin, sie sind einfach die besten
und ich bin unendlich dankbar für sie.] Im Anschluss möchte ich gegenüber
meiner Frau [Nadine] einige liebevolle Worte sagen. [Ich möchte darüber
sprechen, wie meine Frau mich von der ersten Sekunde in ihren Bann gezogen
hat. Sie ist nicht nur eine natürliche Schönheit, sondern strahlt eine unfassbare
Warmherzigkeit und Güte aus. Ihr Lachen und ihr Duft und ihre Wärme sind mein
Zuhause und ich liebe sie.] [Bevor ich meine Rede schließe, möchte ich ein
schönes originelles Zitat zum Thema Liebe sagen.] Abschließend möchte ich mit
den Gästen auf unsere Hochzeit und die Zukunft anstoßen.

Aufwand von ca. 5 Minuten

Finales Ergebnis mit eigenen Worten verfeinert:

Liebe Familie,
liebe Freunde,
verehrte Hochzeitsgäste,

Es ist mir eine große Freude, euch heute hier begrüßen zu dürfen. Von Herzen möchte ich euch allen für euer Kommen danken, für die lieben Glückwünsche, die Geschenke und vor allem für eure Unterstützung, die diesen Tag so besonders macht. Eure Anwesenheit bedeutet uns mehr, als Worte ausdrücken können, und ich bin unendlich dankbar, dass wir diesen heutigen Tag gemeinsam mit euch teilen dürfen.

Ein besonderer Dank gilt natürlich auch all den Helfenden, die mit viel Liebe und Engagement dazu beigetragen haben, dass unsere Hochzeit so unvergesslich wird. Ohne euch wäre das alles nicht möglich gewesen. Danke, dass ihr unseren Tag so perfekt gemacht habt.

Liebe Marion, lieber Kurt, ihr habt nicht nur eine umwerfende Tochter großgezogen, sondern mich auch mit offenen Armen in eure Familie aufgenommen. Eure herzliche Art und die bedingungslose Unterstützung, die ich von euch erfahre, lassen mich das Gefühl haben, ein zweites Elternpaar gefunden zu haben. Es ist ein großes Geschenk, euch an meiner Seite zu wissen und dafür danke ich euch sehr.

Liebe Mama, lieber Papa, auch euch möchte ich von Herzen danken. Ihr habt mich zu dem Mann gemacht, der ich heute bin. Durch eure Liebe, euer Vertrauen und eure Werte habe ich gelernt, was es bedeutet, ein guter Mensch zu sein. Ihr seid für mich einfach die Besten, und ich bin unendlich dankbar für alles, was ihr für mich getan habt.

Meine liebe Nadine. Vom ersten Augenblick an hast du mich in deinen Bann gezogen und heute stehst du vor mir, als meine bezaubernde Ehefrau. Du bist nicht nur eine natürliche Schönheit, sondern strahlst eine unfassbare Warmherzigkeit und Güte aus, die mich jeden Tag aufs Neue berührt. Dein Lachen, dein Duft, deine Wärme – all das ist mein Zuhause geworden. Du bist die Liebe meines Lebens, und ich kann mir ein Leben ohne dich nicht mehr vorstellen.

„Liebe ist der einzige Schatz, der sich vermehrt, wenn man ihn teilt.*"
Wir könnten nicht reicher sein, denn die Liebe, die ihr alle ausstrahlt,
füllt den ganzen Saal und unsere Herzen.

Lasst uns also gemeinsam anstoßen. Auf die Liebe, die Freude und die
unvergesslichen Momente. Danke, dass ihr heute hier seid und diesen
besonderen Tag mit uns feiert!

*Zitat angelehnt an das Original von Albert Schweitzer

Nicht da ist man daheim, wo man seinen Wohnsitz hat,
sondern da, wo man verstanden wird.
– Christian Morgenstern –

Eine traditionelle Rede des Bräutigams

Prompt an Claude:

Liebe KI,
bitte schreibe mir eine [3-5 minütige] Hochzeitsrede. Ich heiße [Mike] und werde die Rede als Bräutigam halten. Meine Bräutigamrede soll [wertschätzend und traditionell] und in Form [eines Fließtextes] geschrieben sein. In meiner Rede möchte ich das Thema [Familie] behandeln. Zu Beginn möchte ich unsere Familien, Freunde und Gäste begrüßen und willkommen heißen. Nach der Begrüßung möchte ich meinen Dank für das Kommen der Gäste, die Unterstützung aller Helfenden, die Glückwünsche und die Hochzeitsgeschenke aussprechen. Als nächstes möchte ich ein paar wertschätzende Zeilen an meine Schwiegereltern [Carmen und Dieter] und Eltern [Oliver und Wiebke] richten. [Hier möchte ich Beispiele für meine Dankbarkeit gegenüber meinen Schwiegereltern und Eltern nennen.] Im Anschluss möchte ich gegenüber meiner Frau [Rebecca] einige liebevolle Worte sagen. [An dieser Stelle möchte ich aufzeigen, warum ich Rebecca so liebe und sie die perfekte Frau für mich ist.]
[Mit meiner Rede möchte ich einen Ausblick auf den Verlauf der Feier geben.]
Abschließend möchte ich mit den Gästen auf unsere Hochzeit und die Zukunft anstoßen.

Aufwand von ca. 3 Minuten

Finales Ergebnis mit eigenen Worten verfeinert:

Liebe Familie und Freunde,
liebe Gäste aus nah und fern,
meine liebe Rebecca,

Aufwand
von ca.
20 Minuten

Euch alle heute hier zu unserem besonderen Tag begrüßen zu dürfen, erfüllt mich mit großer Freude. Ich bin überwältigt von der Liebe und Unterstützung, die ihr uns schenkt.

Danke, dass ihr heute hier seid, um mit uns die Liebe zu feiern. Eure Anwesenheit macht diesen Tag zu etwas ganz Besonderem. Danke an all jene, die uns in den letzten Monaten bei der Planung und Vorbereitung unterstützt haben. Eure Hilfe war unschätzbar wertvoll. Auch für all eure herzlichen Glückwünsche und die wunderbaren Geschenke möchten wir uns von Herzen bedanken.

"Die erste Liebe erfahren Kinder von ihren Eltern."

Carmen und Dieter, meine lieben Schwiegereltern, ich bin zutiefst dankbar, Teil eurer Familie zu sein. Eure Warmherzigkeit und euer Vertrauen haben mich von Anfang an berührt. Ich erinnere mich noch genau an den Moment, als ihr mich zum ersten Mal zum Familienessen eingeladen habt – ich fühlte mich sofort willkommen und aufgenommen. Danke dafür und danke, dass ihr mir mit Rebecca eine so liebevolle und starke Frau anvertraut.

Meine lieben Eltern, eure Unterstützung und euer Rat haben mich durch alle Höhen und Tiefen des Lebens begleitet. Ihr habt mir beigebracht, was es bedeutet zu lieben, zu vertrauen und Verantwortung zu übernehmen. Dafür werde ich euch auf ewig dankbar sein.

Rebecca, du bist nicht mehr nur der Mittelpunkt meines Lebens, sondern nun auch meine wunderschöne Ehefrau. Ich liebe dein kreatives und liebevolles Wesen und deine Leidenschaft für das Leben. Ich erinnere mich an unseren ersten gemeinsamen Urlaub, als wir im Regen am Strand von Málaga spazieren gingen und du sagtest: "Das Leben ist nicht perfekt, aber zusammen können wir es wundervoll machen." In diesem Moment wusste ich, dass du die Frau bist, mit der ich den Rest meines Lebens verbringen und eine eigene Familie gründen möchte.

Jetzt liegt dieser wunderschöne Abend vor uns, an dem wir uns als nächstes auf eine musikalische Überraschung freuen dürfen. Im Anschluss bitte ich euch, diesen schönen Tag mit uns auf der Tanzfläche zu feiern, bevor um 23:00 Uhr die zuckersüße Candybar eröffnet wird.

Doch bevor ich mein Mikrofon wieder abgebe, möchte ich das Glas erheben und mit euch allen anstoßen. Auf die Liebe, die uns zusammengeführt hat. Auf die Familie, die uns Halt gibt. Auf das Leben mit all seinen schönen Momenten!

Eine Bräutigamrede von Herzen

Liebe Familie und Freunde,
liebe Gäste,

Heute ist ein Tag, den meine Frau Frida und ich nie vergessen werden. Es ist der Tag, an dem wir uns versprochen haben, gemeinsam durchs Leben zu gehen, in guten wie in schlechten Zeiten. Und das Schönste daran ist, dass wir diesen besonderen Moment mit euch, unseren liebsten Menschen, teilen dürfen.

Es bedeutet uns unglaublich viel, dass ihr euch heute die Zeit genommen habt, diesen Tag mit uns zu feiern. In einer Welt, die immer hektischer wird und in der Zeit ein so kostbares Gut ist, wissen wir es sehr zu schätzen, dass ihr heute hier seid. Aber nicht nur das. Viele von euch haben uns, während der letzten Tage, unermüdlich bei den Vorbereitungen dieser Feier geholfen – von Herzen, vielen Dank für euer Kommen und all eure Hilfe!

Ein großes Dankeschön geht auch an meine Schwiegereltern, Marianne und Günther. Von Anfang an habt ihr mich mit offenen Armen in eure Familie aufgenommen und mich unterstützt. Es ist nicht selbstverständlich, so liebevolle und herzliche Schwiegereltern zu haben. Marianne, deine Warmherzigkeit und Güte sind ein echter Segen, und Günther, dein Humor und deine Weisheiten sind immer ein Fest.

Ebenso möchte ich meinen Eltern, Thomas und Dörthe, danken. Ihr habt mich zu dem Menschen gemacht, der ich heute bin. Eure Liebe, eure Werte und die unermüdliche Unterstützung haben mich auf meinem Lebensweg begleitet. Es ist ein großes Glück, solche Eltern zu haben, und ich hoffe, einst und neben Frida ein genauso gutes Elternteil zu sein, wie ihr es für mich wart.

Frida, wenn ich in deine Augen sehe, weiß ich, dass ich die richtige Entscheidung getroffen und die wundervollste Frau an meiner Seite habe. Du bist mein Anker, meine beste Freundin und mein größtes Glück. Ich freue mich auf all die Abenteuer, die wir gemeinsam erleben werden, und auf all die kleinen und großen Momente, die uns als Paar wachsen lassen. Ich weiß, dass wir gemeinsam alles schaffen – mit Liebe, Respekt und gegenseitigem Vertrauen. Ich liebe Dich.

Lasst uns nun gemeinsam anstoßen – auf diesen wunderbaren Tag, auf die Liebe, die uns alle verbindet, und auf das Glück, das wir miteinander teilen dürfen. Vielen Dank, dass ihr alle hier seid und diesen Tag zu etwas ganz Besonderem macht.

Eine dreigeteilte Bräutigamrede

Rede 1 – Begrüßung und Dank an die Gäste

Liebe Familie,
liebe Freunde,
liebe Hochzeitsgäste,

Wir freuen uns sehr, euch alle herzlich zu unserer Hochzeitsfeier willkommen zu heißen! Johanna und ich sind überwältigt, dass ihr heute hier seid, um diesen besonderen Tag mit uns zu teilen. Danke für euer Kommen – es bedeutet uns unendlich viel, von so vielen lieben Menschen umgeben zu sein!

An all jene, die uns in den letzten Wochen und Monaten unterstützt haben, gebührt unser tiefster Dank. Ohne euch wäre dieser Tag nicht das, was er ist. Traumhaft schön. Ihr habt uns nicht nur tatkräftig zur Seite gestanden, sondern uns auch das Gefühl gegeben, dass wir in all dem Trubel auf eine starke Gemeinschaft zählen können. Danke für eure Hilfe, eure Geduld und eure Liebe!

Lasst uns unsere Gläser erheben und gemeinsam anstoßen. Auf einen unvergesslichen Tag voller Liebe. Auf eine Feier mit vielen schönen Momenten. Schön, dass ihr alle da seid!

Rede 2 – Worte an die Eltern und die Braut

Liebe Hochzeitsgäste,

Es ist mir ein besonderes Anliegen, ein paar persönliche Worte an meine bezaubernde Frau Johanna, an meine herzlichen Schwiegereltern Sigrid und Norbert, wie auch an meine liebevollen Eltern Rafael und Monika zu richten. Heute ist ein Tag, den ich nie vergessen werde, und ich möchte diesen Moment nutzen, um euch von Herzen zu danken.

Sigrid und Norbert, ihr habt Johanna zu diesem wunderbaren Menschen erzogen, den ich nun meine Frau nennen darf. Danke, dass ihr sie mir anvertraut habt und uns auf diesem neuen Weg unterstützt. Und danke, dass ihr mich so herzlich in eurer Familie aufgenommen habt. Ihr könnt euch nicht vorstellen, wie viel mir das bedeutet.

Wer hat mich immer ermutigt, meinen eigenen Weg zu gehen, war immer für mich da und hat mir eine großartige Kindheit beschert? Ich rede hier natürlich von den weltbesten Eltern, meiner Mutter und meinem Vater. Für all das bin ich euch unendlich dankbar!

Mein letzter Dank gilt meiner wundervollen Frau Johanna, du bist das größte Geschenk, das ich je erhalten habe. Mit dir ist jeder Tag leichter, lustiger und spannender. Es gibt niemanden, mit dem ich lieber aufstehe, Ideen schmiede, koche oder albern bin. Ich freue mich darauf, mit dir all unsere Träume zu verwirklichen. Mit dir gehe ich bis ans Ende der Welt.

Liebe Gäste, stoßt mit mir gemeinsam auf diese wundervollen Menschen an, die ich meine Familie nennen darf. Auf die Familie und die Liebe!

Rede 3 – Eröffnung der Tanzfläche

Liebe Familien,
liebe Freunde und Gäste,

Wir sagen danke für diese bisher unvergessliche Feier, eure rührenden Worte, die schöne gemeinsame Zeit und die unzähligen Hochzeitsgeschenke. Ihr macht diesen Tag noch besonderer, als er es ohnehin schon ist. Und auch wenn wir heute schon viel gelacht und geprostet haben, der Abend ist noch lange nicht vorbei. Denn es ist Zeit, die Tanzfläche zu eröffnen! Lasst uns noch einmal die Gläser erheben, auf eine unvergessliche Nacht anstoßen und bis in die frühen Morgenstunden feiern!

Auf die Liebe, auf das Leben, und auf diesen wunderbaren Abend!

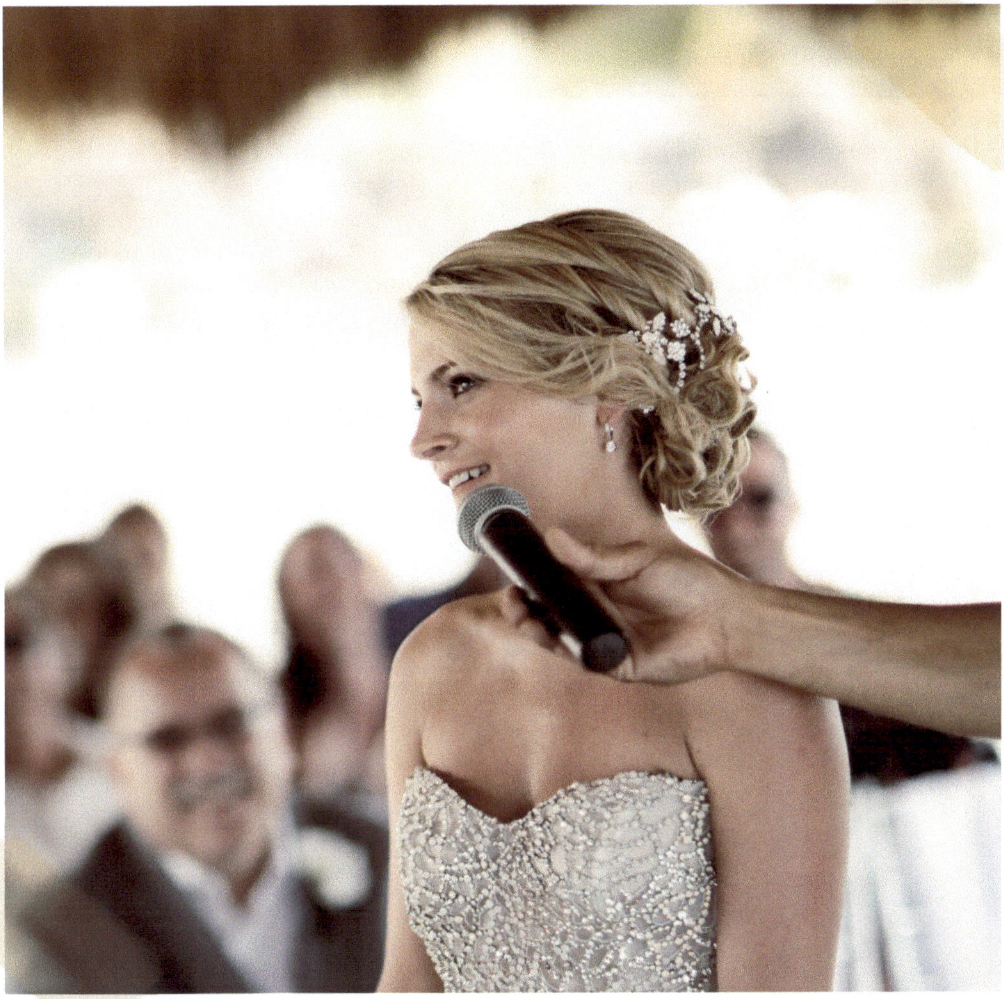

Foto: Playa Weddings

Beispiele für die Rede der Braut

Eine kurze Rede der Braut

Prompt an ChatGPT:

Liebe KI,
bitte schreibe mir eine kurze ca. [2 minütige] Hochzeitsrede. Ich heiße
[Stella] und werde die Rede als Braut halten. Meine Brautrede soll [dankend
und feierlich] und in Form [eines Fließtextes] geschrieben sein. In meiner Rede
möchte ich das Thema [Wertschätzung] behandeln. Zu Beginn möchte ich
unsere Familien, Freunde und Gäste begrüßen und willkommen heißen. Nach
der Begrüßung möchte ich meinen Dank für das Kommen der Gäste, die
Unterstützung aller Helfenden, die Glückwünsche und die Hochzeitsgeschenke
aussprechen. Als nächstes möchte ich mich gesammelt bei [meinen Eltern für
ihre Geduld und bedingungslose Liebe und bei meinen Schwiegereltern für ihre
herzliche und liebevolle Art bedanken.][Ein besonderer Dank soll meiner besten
Freundin und Trauzeugin Mathilda gelten. Sie hat mich seit jeher unterstützt und
war auch in den letzten Wochen und Monaten unermüdlich für mich und
Spencer da.] Im Anschluss möchte ich einige liebevolle Worte an meinen Mann
[Spencer] richten. [Hier möchte ich Gründe für unsere Liebe aufzählen und
sagen, dass ich mich auf unsere gemeinsame Zukunft freue.][Meine Rede
erfolgt schon später am Abend, sodass ich mit meiner Rede die Tanzfläche
eröffnen werde.] Abschließend möchte ich mit den Gästen auf unsere Hochzeit
und die Zukunft anstoßen.

Aufwand
von ca.
5 Minuten

Finales Ergebnis mit eigenen Worten verfeinert:

Liebe Familie,
liebe Freunde und Gäste,

Dass ihr heute alle hier seid und diese schönen Momente mit uns teilt, bedeutet uns sehr viel. Euer Kommen, eure Unterstützung und die vielen herzlichen Glückwünsche und Geschenke – all das macht diesen Tag noch unvergesslicher für uns. Dafür möchte ich euch von Herzen danken.

Ein besonderer Dank geht an meine Eltern. Mama und Papa, ihr habt mir stets mit Geduld und bedingungsloser Liebe zur Seite gestanden. Ihr habt mich auf diesem Weg begleitet und unterstützt, und dafür bin ich euch unendlich dankbar. Auch meinen Schwiegereltern möchte ich von Herzen danken – eure warme und liebevolle Art hat mich vom ersten Moment an willkommen geheißen und mir das Gefühl gegeben, ein Teil eurer Familie zu sein.

Meine liebe Mathilda, du verdienst ebenfalls ein riesiges Dankeschön. Du bist nicht nur meine beste Freundin, sondern auch meine Trauzeugin und hast in den letzten Wochen und Monaten unermüdlich an unserer Seite gestanden. Ohne dich wäre dieser Tag nicht so perfekt geworden, wie er es ist. Danke, dass du immer für mich da bist.

Und der Grund, warum wir heute hier sind, ist mein Ehemann Spencer. Du hast mir gezeigt, was wahre Liebe bedeutet, und jeden Tag aufs Neue lässt du mich spüren, wie wertvoll unsere Beziehung ist. Ich liebe dich für deine Güte, deine Stärke und dein Lachen. Ich freue mich so sehr auf die Zukunft mit dir und auf all die Abenteuer, die uns erwarten.

Lasst uns diesen wunderbaren Tag gebührend feiern und gemeinsam die Tanzfläche eröffnen. Stoßen wir an: Auf eine Zukunft voller Liebe und eine Party bis zum Morgengrauen!

Liebe ist wie Urlaub:
Man kann gar nicht genug davon haben!
– Gerry Weber –

Eine liebevolle Brautrede mit etwas Humor

Prompt an Claude:

Liebe KI,
bitte schreibe mir eine [3 minütige] Hochzeitsrede. Ich heiße [Alica] und werde die Rede als Braut halten. Meine Brautrede soll [wertschätzend und emotional] und in Form [eines Fließtextes] geschrieben sein. In meiner Rede möchte ich das Thema [Glück] behandeln. Zu Beginn möchte ich unsere Familien, Freunde und Gäste begrüßen und willkommen heißen. Nach der Begrüßung möchte ich meinen Dank für das Kommen der Gäste, die Unterstützung aller Helfenden, die Glückwünsche und die Hochzeitsgeschenke aussprechen. Als nächstes möchte ich mich gesammelt bei [meinen Eltern, Schwiegereltern, unseren Trauzeugen und Freunden bedanken. Sie alle haben uns immer mit Rat und Tat zur Seite gestanden, egal an welchem Tag, zu welcher Uhrzeit oder bei welchem Wetter.] Im Anschluss möchte ich einige liebevolle Worte an meinen Mann [Chris] richten. [Hier möchte ich über meine damalige Vorstellung von meinem zukünftigen Ehemann sprechen vs. wie mein frisch gebackener Ehemann ist. Es darf gerne ein kleiner Lacher dabei sein, aber es soll liebevoller Humor bleiben.] [Bevor ich meine Rede schließe und mit den Gästen anstoße, möchte ich noch einen schönen Spruch oder ein schönes Zitat zum Thema Glück sagen.] Abschließend möchte ich mit den Gästen auf unsere Hochzeit und die Zukunft anstoßen.

Finales Ergebnis mit eigenen Worten verfeinert:

Aufwand von ca. 20 Minuten

Liebe Familie und Freunde,
liebe Hochzeitsgäste,

Es erfüllt mich mit großer Freude, euch alle hier zu sehen, um diesen besonderen Tag mit Chris und mir zu teilen. Eure Anwesenheit macht diesen Moment noch schöner und bedeutungsvoller für uns.

Zuallererst möchte ich mich von Herzen bei euch allen bedanken. Danke, dass ihr heute hier seid, um mit uns zu feiern. Danke für eure Unterstützung, eure Glückwünsche und die wunderbaren Geschenke. Jede Geste der Zuneigung berührt uns zutiefst.

Ein besonderer Dank gilt unseren Eltern, Trauzeugen und Freunden. Ihr wart immer für uns da, habt uns mit Rat und Tat zur Seite gestanden – egal ob Tag oder Nacht, bei Sonnenschein oder Regen. Eure bedingungslose Unterstützung ist für uns ein so kostbares Gut und wir sind unendlich dankbar, euch in unserem Leben zu haben.

Als kleines Mädchen hatte ich so manche Vorstellung davon, wie mein zukünftiger Ehemann sein würde. Ich träumte von jemandem, der Gedichte schreiben und Gitarre spielen kann und der nie seine Socken herumliegen lässt. Stattdessen fand ich meinen geliebten Chris – einen Mann, der zwar keinen Reim zustande bringt und dessen Gitarre seit Jahren verstaubt in der Ecke steht, aber dafür mein Herz höherschlagen lässt. Einen Mann, der zwar gelegentlich seine Socken vergisst, aber nie vergisst, mir zu sagen, wie sehr er mich liebt.

Du bist so viel mehr als ich es mir je hätte erträumen können. Du bist real, du bist du selbst, und du bist der Mensch, mit dem ich jeden Moment meines Lebens teilen möchte – die fröhlichen und die herausfordernden. Deine Liebe gibt mir Kraft, dein Lächeln erhellt meine dunkelsten Tage, und deine Hand in meiner ist alles, was ich brauche, um mich zuhause zu fühlen. Mit dir an meiner Seite fühle ich mich vollständig, und ich kann es kaum erwarten, unsere gemeinsame Zukunft zu erkunden, Seite an Seite, Hand in Hand.

Bevor wir gemeinsam anstoßen, möchte ich noch einen Gedanken zum Thema Glück mit euch teilen. Es gibt ein wunderschönes Zitat von Hermann Hesse, das lautet: "Glück ist Liebe, nichts anderes. Wer lieben kann, ist glücklich." In diesem Sinne fühle ich mich heute als der glücklichste Mensch der Welt, umgeben von so viel Liebe – der Liebe meines Mannes, unserer Familien und Freunde.

Lasst uns nun die Gläser erheben und auf die Liebe, das Glück und eine unvergessliche Feier anstoßen. Auf uns alle und viele schöne Momente!

*Liebe ist nicht ein, sondern das einzige Mittel,
um glücklich zu werden.*
– Francoise Sagan –

Eine Brautrede voller Dankbarkeit

Liebe Freunde,
liebe Familie,
meine liebste Flora,

Heute fällt es mir schwer, die richtigen Worte zu finden, denn mein Herz ist voller Freude und mein Bauch ist voller Aufregung. Doch gerade deshalb möchte ich diesen Moment nutzen, um euch allen meinen tiefen Dank auszusprechen. Es bedeutet uns die Welt, dass ihr heute hier seid, um diesen bedeutenden Tag mit uns zu teilen.

Ein besonderer Dank geht an meine wundervollen Freunde, die Flora sofort in ihr Herz geschlossen haben und uns mit so viel Offenheit und Liebe auf unserem Weg begleitet haben. Ich möchte auch unseren Eltern danken, die uns immer zur Seite standen und uns dabei geholfen haben, diesen Tag so einzigartig und märchenhaft zu gestalten. Und natürlich möchte ich auch unsere Trauzeugen erwähnen, die mit uns durch dick und dünn gegangen sind – ihr seid ein unverzichtbarer Teil unseres Lebens!

Dieser Tag ist für mich wie kein anderer. Es ist nicht nur die Atmosphäre, sondern vor allem die Liebe und Herzlichkeit, die ich heute von euch allen spüre – und besonders die Liebe zu dir, Flora. Es ist einfach überwältigend, diesen Moment mit so vielen lieben Menschen teilen zu dürfen. Ihr macht diesen Tag für uns zu einem unvergesslichen Erlebnis.

Ich sage von Herzen danke für eure vielen liebevollen Glück- und Zukunftswünsche, eure großzügigen Geschenke und vor allem für eure Zeit, die ihr mit uns verbringt. Ihr seid die besten Freunde und die wunderbarsten Familien, die man sich nur wünschen kann. Ich freue mich darauf, mit euch allen weiterhin eine unvergessliche Feier zu genießen. Und damit wir für die Feier bis in die Morgenstunden genug Energie haben und der leckere Duft des Essens nicht länger unsere hungrigen Mägen quält, eröffne ich hiermit das mit viel Liebe zubereitete Buffet.

Eine Liebeserklärung der Braut

Mein lieber Bill,
liebe Mama, lieber Papa,
liebe Schwiegereltern,
verehrte Freunde und Gäste,

Heute ist ein Tag, der mir für immer in Erinnerung bleiben wird. Ich stehe hier und kann kaum in Worte fassen, wie glücklich ich bin, euch alle hier zu sehen – heute auf der Hochzeit von Bill und mir.

Wenn ich darüber nachdenke, was ich an Bill am meisten schätze, dann fällt es mir schwer, mich auf eine einzige Sache zu beschränken. Aber heute, an diesem besonderen Tag, wird mir klar, dass es vor allem seine unerschütterliche Unterstützung und seine warme, liebevolle Art sind, die mich so tief berühren.

Es gibt viele Augenblicke in unserer Beziehung, die mir immer wieder gezeigt haben, wie sehr Bill für mich da ist. Ich erinnere mich an eine Zeit, als ich krank war und das Bett nicht verlassen konnte. Bill hatte in jener Phase extrem viel um die Ohren, aber trotzdem hat er sich die Zeit genommen, mich jeden Abend mit einer selbstgekochten Suppe zu umsorgen. Dabei war es nicht nur die Suppe, die mich aufmunterte, sondern das Wissen, dass er in all dem Trubel an mich dachte und mir Kraft schenkte.

Ein anderes Beispiel war, als ich vor einer wichtigen Entscheidung stand, die mein Leben verändern könnte. Ich war voller Zweifel und wusste nicht, welchen Weg ich einschlagen sollte. Bill hat sich zu mir gesetzt, sich alles angehört und mir die richtigen Fragen gestellt – nicht, um mir die Entscheidung abzunehmen, sondern um mir zu helfen, meine eigenen Gedanken zu ordnen. Er hat mir das Gefühl gegeben, dass egal, was passiert, er hinter mir steht und mich unterstützt, komme, was wolle.

Es ist diese ungeteilte Aufmerksamkeit, dieses gegenseitige Verständnis und die offene Kommunikation, die unsere Beziehung so besonders macht. Bill, ich bin unendlich dankbar für dich und ich freue mich darauf, mit dir an meiner Seite die nächsten Schritte zu gehen, neue Abenteuer zu erleben, gemeinsam zu wachsen und unser Leben zu gestalten.

Ich bin aber auch unglaublich dankbar für euch, unsere lieben Familien, Freunde, Trauzeugen und Gäste, dass ihr heute hier seid, um diesen bedeutsamen Tag mit uns zu teilen. Aber auch für eure unermüdliche Unterstützung und eure herzlichen Worte – ihr seid die Besten!

Nun lasst uns gemeinsam anstoßen:
Auf die Freundschaft, die Liebe, das Leben und eine glückliche Zukunft!

Foto: Corinna Rose Photography

Beispiel für die Rede des Brautpaars

*Liebe ist der Entschluss, das Ganze eines Menschen zu bejahen
– die Einzelheiten mögen sein, wie sie wollen.*
– Otto Flake –

Eine eröffnende Rede des Hochzeitspaars

Prompt an ChatGPT:

Liebe KI,
bitte schreibe uns eine ca. [3 minütige] Hochzeitsrede. Wir heißen [Phil und Nora] und werden eine eröffnende Hochzeitsrede gemeinsam als Paar halten. Unsere Rede soll [wertschätzend und humorvoll] und in Form [eines Dialogs] geschrieben sein. In unserer Rede möchten wir das Thema [Liebe] behandeln. Zu Beginn möchten wir unsere Familien, Freunde und Gäste begrüßen und willkommen heißen. Nach der Begrüßung möchten wir unseren Dank für das Kommen der Gäste und die Unterstützung aller Helfenden aussprechen. [Ein besonders großes Dankeschön soll an Tante Betty gehen, die uns mit der wunderschönen Blumendeko geholfen hat und an Onkel Louis, der gemeinsam mit uns ein Menü des Himmels zusammenstellte. Ein ebenso großes Dankeschön auch an unsere Trauzeugen, die uns wahnsinnig viel Arbeit abgenommen und damit viele Stressfalten erspart haben – der nächste Wellnessbesuch geht als Wiedergutmachung auf uns!] [Wir freuen uns auf eine unvergessliche Feier und viele schöne gemeinsame Momente.] Abschließend möchten wir mit den Gästen auf unsere Hochzeit und die Zukunft anstoßen.

Zusatz: Die Rede soll direkt zu Beginn der Hochzeitsfeier gehalten werden.

Aufwand von ca. 5 Minuten

Finales Ergebnis mit eigenen Worten verfeinert:

Bräutigam: Liebe Familien, liebe Freunde, liebe Gäste, herzlich willkommen zu unserer Hochzeit! Wir sind so froh, dass ihr alle hier seid, um diesen besonderen Tag mit uns zu feiern.

Braut: Wir könnten uns keinen besseren Start in unsere gemeinsame Zukunft vorstellen als mit euch allen, unseren liebsten Menschen, gemeinsam feiernd. Es ist einfach unglaublich, dass wir heute hier stehen dürfen – und das in so einer großartigen Runde!

Bräutigam: Bevor wir uns aber dem Feiern widmen, möchten wir ein paar Worte des Dankes loswerden. Denn so ein Tag entsteht ja nicht von allein.

Braut: An dieser Stelle ein riesengroßes Dankeschön an alle, die uns bei den Vorbereitungen unterstützt haben. Ohne euch wären wir heute wahrscheinlich nicht ganz so entspannt.

Bräutigam: Ein besonders großes Dankeschön geht an Tante Betty, die uns mit ihrer traumhaften Blumendekoration verzaubert hat. Jeder Blick auf diese wunderschönen Blumen erinnert uns daran, wie viel Liebe du in jede einzelne Blüte gesteckt hast.

Braut: Und was wäre ein Fest ohne gutes Essen? Ein riesiger Dank an Onkel Louis, der mit uns das Menü des Himmels zusammengestellt hat – wir sind sicher, dass es euch genauso begeistern wird wie uns.

Bräutigam: Unsere Trauzeugen verdienen ebenfalls ein riesiges Dankeschön. Ihr habt uns so viel Arbeit abgenommen und uns dadurch viele Stressfalten erspart. Der nächste Wellnessbesuch geht definitiv auf uns – das habt ihr euch redlich verdient!

Braut: Liebe ist das, was uns heute hier zusammenbringt, und sie ist auch der Grund, warum wir gemeinsam hier stehen, und diese Reise beginnen. Liebe ist nicht nur das große, alles überstrahlende Gefühl, sondern auch die kleinen Momente, die stillen Gesten und das gegenseitige Verständnis. Sie ist das Lachen, das wir miteinander teilen, und die Stärke, die uns durch schwierige

Zeiten trägt. Heute feiern wir nicht nur unsere Liebe, sondern auch die Liebe, die uns umgibt – von unseren Familien, Freunden und allen, die uns auf unserem Weg begleiten.

Bräutigam: Wir freuen uns auf eine unvergessliche Feier und viele schöne gemeinsame Momente mit euch. Lasst uns diesen Tag genießen, lachen, tanzen und die Liebe feiern.

Beide: Und nun, lasst uns gemeinsam anstoßen – auf euch, auf die Liebe und auf eine glückliche Zukunft voller Abenteuer!

Weitere Reden (Geschwister, Freunde etc.)

Abseits der traditionell redenden Personen wie Brautvater, Bräutigam, Braut und Trauzeugen, kannst auch du als Gast eine Hochzeitsrede halten. Egal ob Bruder/Schwester, Onkel/Tante, Oma/Opa, Freund/Freundin oder Kind des Brautpaares – mit großer Wahrscheinlichkeit kennst du das Hochzeitspaar nochmal von einer ganz anderen Seite. Eine tolle Möglichkeit, um beispielsweise: eure geschwisterliche Beziehung zu skizzieren, Erinnerungen aus Kindheitstagen erneut aufleben zu lassen, die angeheiratete Person in der Familie willkommen zu heißen, lustige Momente oder Eigenarten zu teilen und wertschätzende Worte auszusprechen. Vielleicht möchtest du dem Paar auch einen Ratschlag für ihre gemeinsame Reise mit auf den Weg geben. In jedem Fall solltest du deine Glück- und Zukunftswünsche gegenüber dem Hochzeitspaar zum Ausdruck bringen. Oft nutzen Hochzeitsgäste ihre Rede auch zum Anlass, um ihr Hochzeitsgeschenk zu überreichen und um ein paar Worte zum Geschenk zu sagen. Die Rede von Hochzeitsgästen obliegt grundsätzlich keiner festgelegten Form, du bist in der Gestaltung also vollkommen frei und darfst gerne kreativ werden. Wichtig dabei ist, die Rede sollte zu dir passen. Allerdings gilt für dich, wie auch für alle anderen Redner*innen: In der Kürze liegt die Würze! Achte darauf, dass deine Rede nicht länger als 3-5 Minuten geht.

Wie im Kapitel "Hochzeitsreden mit Hilfe von Künstlicher Intelligenz schreiben" angekündigt, findest du auf den nächsten Seiten die Mustervorlagen für deinen Hochzeitsreden-Prompt, sofern du die KI als Hilfsmittel nutzen möchtest. Gefolgt von diversen Beispielen zu Hochzeitsreden von Geschwistern, weiteren Familienangehörigen und Freunden, die dir als Inspiration dienen werden.

Mustervorlagen für deinen Hochzeitsreden-Prompt als Schwester, Bruder, Verwandte/r, Freund/in

Liebe KI,

bitte schreibe mir eine [3-5 minütige] Hochzeitsrede. Ich heiße [deinen Namen] und bin [z.B. die Oma] von [dem Bräutigam/der Braut]. Die Braut heißt [Name] und ihr Bräutigam heißt [Name]. Meine Hochzeitsrede soll [z.B. emotional] und in Form [z.B. eines Gedichtes] geschrieben sein. In meiner Rede möchte ich das Thema [z.B. Liebe] behandeln. Zu Beginn möchte ich kurz das Brautpaar und die Gäste begrüßen. Nach der Begrüßung möchte ich meine Rede passend zum oben genannten Thema mit [z.B. einem Zitat, einem Spruch, einer Metapher etc.] beginnen. Im Hauptteil möchte ich das Hochzeitspaar zur Eheschließung beglückwünschen und ein paar persönliche Worte sagen: [Platz für Persönliches wie: Beschreibung der geschwisterlichen Beziehung, Erinnerungen aus Kindheitstagen, willkommen heißen der angeheirateten Person in der Familie, gemeinsame Momente, lustige Eigenarten, wertschätzende Worte, Ratschlag an das Paar etc.] Der Schlussteil meiner Rede soll mit Zukunftswünsche an das Brautpaar geschmückt sein. [Platz für weitere Elemente wie: Anekdoten, Zitate, konkrete Anforderungen bzgl. der Zukunftswünsche, Worte zur Überreichung des Hochzeitsgeschenks etc.]

Liebe KI,

bitte schreibe uns eine [3-5 minütige] Hochzeitsrede. Wir heißen [eure Namen] und sind [z.B. Onkel und Tante] von [dem Bräutigam/der Braut]. Die Braut heißt [Name] und ihr Bräutigam heißt [Name]. Unsere Hochzeitsrede soll [z.B. modern und lustig] und in Form eines Dialogs geschrieben sein. In unserer Rede möchten wir das Thema [z.B. Spaß] behandeln. Zu Beginn möchten wir kurz das Brautpaar und die Gäste begrüßen. Nach der Begrüßung möchten wir unsere Rede passend zum oben genannten Thema mit [z.B. einem Zitat, einem Spruch, einer Metapher etc.] beginnen. Im Hauptteil möchten wir das Hochzeitspaar zur Eheschließung beglückwünschen und ein paar persönliche Worte sagen: [Platz für Persönliches wie: Beschreibung der geschwisterlichen Beziehung, Erinnerungen aus Kindheitstagen, willkommen heißen der angeheirateten Person in der Familie, gemeinsame Momente, lustige Eigenarten, wertschätzende Worte, Ratschlag an das Paar etc.] Der Schlussteil unserer Rede soll mit Zukunftswünsche an das Brautpaar geschmückt sein. [Platz für weitere Elemente wie: Anekdoten, Zitate, konkrete Anforderungen bzgl. der Zukunftswünsche, Worte zur Überreichung des Hochzeitsgeschenks etc.]

Foto: Lace and Luce

Beispiele für weitere Reden

Eine lustige Hochzeitsrede der Schwester

Prompt an Claude:

Aufwand von ca. 3 Minuten

Liebe KI,
bitte schreibe mir eine [3-5 minütige] Hochzeitsrede. Ich heiße [Stefanie] und bin [die Schwester] von [dem Bräutigam]. Die Braut heißt [Mary] und ihr Bräutigam heißt [Marcel]. Meine Hochzeitsrede soll [scherzend, aber liebevoll] und in Form [eines Fließtexts] geschrieben sein. In meiner Rede möchte ich das Thema [Stärke] behandeln. Zu Beginn möchte ich kurz das Brautpaar und die Gäste begrüßen. Nach der Begrüßung möchte ich meine Rede passend zum oben genannten Thema mit [einer Anekdote] beginnen. Im Hauptteil möchte ich das Hochzeitspaar zur Eheschließung beglückwünschen und ein paar persönliche Worte sagen: [Ich möchte darüber sprechen, wie sehr Marcel und ich uns in Kindertagen geärgert haben und uns bis heute hin und wieder auf die Palme bringen. Bitte füge passende und lustige Beispiele ein. Mit meiner Rede möchte ich Mary als meine Schwägerin in der Familie willkommen heißen. Sie bringt alles mit, um meinen Bruder und seine verrückten Ideen in Zaum zu halten, aber auch in den richtigen Momenten zu unterstützen.] Der Schlussteil meiner Rede soll mit Zukunftswünsche an das Brautpaar geschmückt sein. [Meine Zukunftswünsche an Mary und Marcel sollen scherzend, aber liebevoll sein.]

306

Finales Ergebnis mit eigenen Worten verfeinert:

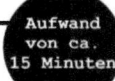

Verehrtes Brautpaar,
liebe Gäste,

Heute ist ein ganz besonderer Tag für unsere Familie – der Tag, an dem mein Bruder Marcel und seine Auserwählte Mary den Bund der Ehe eingehen. Ich bin Stefanie, Marcels Schwester, und darf heute ein paar Worte an euch richten.

Um ehrlich zu sein, hatte ich es als kleine Schwester von Marcel nicht immer leicht. Er hat mich oft genug auf die Palme gebracht, mit seinen verrückten Ideen und seinem unbändigen Tatendrang. Wie könnte ich da beispielsweise unseren gemeinsamen "Ausflug" zum Nachbarn Müller vergessen, als Marcel mich dazu überredet hat, einen riesigen Knallkörper in dessen Briefkasten zu werfen? Oder als er mir weisgemacht hat, unser Hamster könnte fliegen und ich daraufhin stundenlang mit ihm durch den Garten gerannt bin, um den Hamster wieder einzufangen? Ja, Marcel ist wahrlich ein Spaßvogel, aber genau das macht ihn auch so einzigartig.

Umso glücklicher bin ich, dass er mit Mary nun seine perfekte Ergänzung gefunden hat – jemanden, der ihn in Zaum zu halten weiß, aber auch in den richtigen Momenten unterstützt. Denn Mary, du bringst genau das mit, was Marcel braucht: Bodenständigkeit, Geduld und die Fähigkeit, ruhig und besonnen zu bleiben, selbst wenn es um die verrücktesten Dinge geht. Gemeinsam seid ihr ein unschlagbares Team – stark, liebevoll und leidenschaftlich.

Meine lieben Mary und Marcel, ich wünsche euch von ganzem Herzen alles Liebe und Gute für eure gemeinsame Zukunft. Möge eure Ehe voller Spaß und unvergesslicher Momente und die Knallkörper nur am Silvesterhimmel zu sehen sein.

O glücklich, wer ein Herz gefunden,
das nur in Liebe denkt und sinnt –
und mit der Liebe treu verbunden,
sein schön'res Leben erst beginnt.
– Hoffmann v. Fallersleben –

Ein Hochzeitsgedicht der Schwester

Liebe Gäste, hört mir zu,
Ich spreche jetzt von 'Herz und Ruh'.
Viola, meine Schwester fein,
Hat heute sich vereint im Schein.

Wir waren stets ein starkes Band,
Vertraut, wie Sand in unsrer Hand.
Als Kinder oft, bei Nacht und Mond,
Haben wir geträumt, gesponnen und getobt.

Heute tritt ein neuer Mensch hinzu,
Jan, nun bist auch du im Nu
Derjenige, der sie versteht,
Mit dem sie nun durchs Leben geht.

Ich sehe euch und freue mich,
Denn eure Liebe – die ist echt.
Viola, wir bleiben eng verbunden,
Im Herzen und in allen Stunden.

Nun, Jan, ist es deine Zeit,
An Violas Seite weit und breit
Mit ihr zu gehen, Hand in Hand,
Gemeinsam durch das ganze Land.

Ihr beide passt so wunderbar,
Euer Glück, es ist so klar.
Ich wünsche euch für alle Zeit
Liebe, Freude, Glücklichkeit.

Nun lasst uns feiern, lacht und singt,
Damit der Abend Freude bringt.

Auf Viola und auf Jan,
Auf euer Leben – Prost sodann!

Eine emotionale Hochzeitsrede der kleinen Schwester

Ausgefülltes Formular an Hochzeitsplanerin.de:

Aufwand von ca. 10 Minuten

1. *In welchem Stil soll deine Hochzeitsrede geschrieben werden?*
   Emotional.

2. *Wie ist dein Vorname? Diese Frage ist erforderlich**
   Theresa.

3. *Wie heißt die Person, für die du die Rede halten möchtest? (Vorname) Diese Frage ist erforderlich**
   Ines.

4. *In welcher Beziehung stehst du zu Ines? Diese Frage ist erforderlich**
   Schwester.

5. *Bist du Trauzeugin oder Trauzeuge?*
   Nein.

6. *Wie lange kennst du Ines schon?*
   Seit 25 Jahren.

7. *Mit welchen 3 Worten würdest du Ines beschreiben?*
   Leidenschaftlich, kreativ, fürsorglich.

8. *Wie heißt der/die zukünftige Ehepartner/in von Ines?*
   Miguel.

9. *Mit welchen 3 Worten würdest du Miguel beschreiben?*
   Einfühlsam, abenteuerlustig, verlässlich.

10. *Beschreibe, wie du Ines kennengelernt hast.*
    Ines ist meine große Schwester, somit kenne ich sie seit meiner Geburt. Sie war immer für mich da und ist bis heute mein großes Vorbild.

11. *Erzähle eine Geschichte über ein Erlebnis, welches das Ines und dich verbindet.*
    Als Ines und ich Teenager waren, beschlossen wir spontan, uns die

Haare zu färben – pink für mich und blau für sie. Wir hatten keine
Ahnung, was wir taten, und das Ergebnis war, gelinde gesagt,
katastrophal. Meine Haare waren fleckig rosa und Ines' eher grün als
blau. Anstatt in Tränen auszubrechen, haben wir stundenlang gelacht,
bis uns der Bauch wehtat. Wir nannten uns "Die Clown-Schwestern" und
machten ein improvisiertes Fotoshooting im Garten. Diese Erinnerung
zeigt, wie Ines und ich schon immer die Fähigkeit hatten, selbst aus
Missgeschicken etwas Positives zu machen und gemeinsam zu lachen.

12. *Beschreibe, wie du Miguel kennengelernt hast.*
Meine erste Begegnung mit Miguel war eigentlich ein Zufall. Ich war in
der Stadt unterwegs, um ein Geburtstagsgeschenk für Ines zu kaufen,
als ich in einer Buchhandlung auf einen Mann traf, der ratlos vor dem
Regal mit Kochbüchern stand. Er murmelte etwas auf Spanisch vor sich
hin, und ich bot ihm meine Hilfe an. Es stellte sich heraus, dass er ein
spezielles Kochbuch als Geschenk für seine Freundin suchte – eine
Freundin, die sich später als meine Schwester Ines entpuppen sollte. Wir
verbrachten die nächste halbe Stunde damit, das perfekte Buch
auszusuchen, und ich war beeindruckt von Miguels Hingabe und seinem
Wunsch, Ines mit etwas Besonderem zu überraschen. Später wusste
ich, dass Miguel jemand Besonderes war, der Ines wirklich glücklich
machte.

13. *Erzähle eine Geschichte über das Brautpaar, die du gern in deiner
Hochzeitsrede einbauen möchtest.*
Einmal haben sie versehentlich die Weihnachtsgeschenke vertauscht –
man sollte niemals für gleich große Pakete dasselbe Geschenkpapier
nutzen. Als sie ihre Pakete öffneten und feststellten, dass sie gerade ihr
eigenes Geschenk in den Händen halten, mussten wir alle so laut lachen.
Ein schönes Beispiel, wie wichtig Humor für die beiden und ihre
Beziehung ist.

14. *Gibt es besondere Wünsche oder Themen, die du in deiner Rede
ansprechen möchtest?*
Als kleine Schwester werde ich immer für beide da sein und wünsche
Ines und Miguel viele unvergessliche Momente, schöne Erinnerungen
und ein Haus voller Liebe und Lachen.

Finales Ergebnis mit eigenen Worten verfeinert:

Liebe Ines, lieber Miguel,

An diesem besonderen Tag stehe ich hier und heute vor euch, um ein paar Worte zu sagen, die aus tiefstem Herzen kommen.

Mein Leben lang habe ich das Glück, eine tolle große Schwester wie dich zu haben. Ines, du bist leidenschaftlich, kreativ, fürsorglich und für mich schon immer ein ganz großes Vorbild. Ich erinnere mich gerne an die vielen gemeinsamen Momente zurück und möchte dies auch heute tun.

Schon als wir Teenager waren, hast du bewiesen, dass du aus jedem Missgeschick etwas Positives machen kannst. Ich erinnere mich noch gut an den Tag, als wir beschlossen, unsere Haare zu färben – pink für mich und blau für dich. Das Ergebnis war katastrophal: Meine Haare waren fleckig rosa und deine waren eher grün als blau. Aber anstatt in Tränen auszubrechen, haben wir stundenlang gelacht. Wir nannten uns "Die Clown-Schwestern" und machten ein improvisiertes Fotoshooting im Garten. In Momenten wie diesen hast du mir schon früh gezeigt, wie wichtig Lachen und Freude sind und ich das Leben so nehmen sollte, wie es kommt – mit all den schönen Zufällen und unvorhergesehenen Wendungen.

Es überraschte mich also nicht, dass ich dich, Miguel, ganz zufällig kennen lernte. Ich traf in einer Buchhandlung auf dich, ratlos vor dem Regal mit den Kochbüchern stehend. Du murmeltest etwas auf Spanisch vor dich hin, und ich bot dir meine Hilfe an. Es stellte sich heraus, dass du ein spezielles Kochbuch als Geschenk für deine Freundin suchtest – eine Freundin, die sich später als meine Schwester Ines entpuppen sollte. Wir verbrachten die nächste halbe Stunde damit, das perfekte Buch auszusuchen, und ich war beeindruckt von deiner Hingabe und deinem Wunsch, Ines mit etwas Einzigartigem zu überraschen. Im Laufe der Zeit wurde mir klar, dass du jemand Besonderes bist, der Ines wirklich glücklich macht.

Ihr zwei passt einfach großartig zusammen und ich beobachte jedes Mal, wenn ich euch sehe, euer liebevolles und glückliches Miteinander. So auch letztes Weihnachten, als ihr versehentlich die Weihnachtsgeschenke vertauscht habt. Ihr hattet beide eure gleich großen Pakete mit demselben Geschenkpapier eingepackt, und als ihr sie öffnetet, hieltet ihr jeweils euer eigenes Geschenk in den Händen. Ihr habt so laut gelacht, und ich erkannte, wie wichtig Humor für euch beide und eure Beziehung ist.

Eure gemeinsame Leidenschaft fürs Kochen, euer Sinn für Humor und eure Leichtigkeit sind die Wurzeln vieler schöner Erinnerungen und unvergesslicher Momente, und ich bin mir sicher, dass noch viele weitere folgen werden.

Möge eure Ehe von der gleichen Freude, dem gleichen Lachen und der gleichen Liebe erfüllt sein, die ihr schon immer miteinander geteilt habt.

Liebe und Glück sind Zwillinge, oder eines aus dem anderen geboren.
– William Hazlitt –

Die Hochzeitsrede vom Bruder als humorvolle Kurzgeschichte

Prompt an ChatGPT:

Liebe KI,
bitte schreibe mir eine [3-5 minütige] Hochzeitsrede. Ich heiße [Ingo] und bin [der Bruder] von [dem Bräutigam]. Die Braut heißt [Natalie] und ihr Bräutigam heißt [Gerrit]. Meine Hochzeitsrede soll [humorvoll und unterhaltsam] und in Form [einer humorvollen Kurzgeschichte] geschrieben sein. In meiner Rede möchte ich das Thema [Verbundenheit] behandeln. Zu Beginn möchte ich kurz das Brautpaar und die Gäste begrüßen. Nach der Begrüßung möchte ich meine Rede passend zum oben genannten Thema mit [einer passenden Metapher] beginnen. Im Hauptteil möchte ich das Hochzeitspaar zur Eheschließung beglückwünschen und ein paar persönliche Worte sagen: [Gerrit war schon immer ein Träumer mit großen Ambitionen. Aus Sandburgen sollten echte Schlösser werden und aus Seifenkisten schnelle Rennwagen. Seiner Fantasie waren keine Grenzen gesetzt. Hier möchte ich eine Überleitung einbauen, dass er mit Natalie eine tolle Frau an seiner Seite hat.] Der Schlussteil meiner Rede soll mit Zukunftswünsche an das Brautpaar geschmückt sein. [Zum Schluss möchte ich noch Zukunftswünsche mit einem Augenzwinkern sagen.]

Finales Ergebnis mit eigenen Worten verfeinert:

Aufwand von ca. 20 Minuten

Liebe Hochzeitsgäste,

Traditionelle Reden sind nicht mein Fall, aber Geschichten erzählen kann ich super. Daher ist die nachfolgende Kurzgeschichte meinem Bruder Gerrit und meiner bezaubernden Schwägerin Natalie gewidmet.

Stellt euch vor, wir befinden uns in einer fabelhaften Welt, in der die Realität immer ein bisschen verrückter ist, als wir es gewohnt sind. Heute, an diesem besonderen Tag, ist unser Schauplatz ein magisches Land, in dem sich ein besonders charmantes Paar, Natalie und Gerrit, gefunden hat.

Gerrit, der Held unserer Geschichte, war schon immer ein kleiner Träumer. Als Kind baute er Sandburgen, die so beeindruckend waren, dass wir uns manchmal fragten, ob wir gleich die königliche Familie zur Besichtigung einladen sollten. Seine Seifenkisten-Rennen waren legendär – und nicht nur, weil die Kisten eher wie kunstvolle Zirkuswagen aussahen, sondern weil Gerrit immer entschlossen war, den allerersten Platz zu erobern, selbst wenn das Ziel nur ein paar Meter entfernt war.

Gerrit lebte in einer Welt, in der aus kleinen Träumen große Abenteuer wurden. Doch eines Tages betrat eine ganz besondere Frau diese Welt – Natalie. Es war, als ob der ultimative Joker in einem Kartenspiel die Szene betrat. Natalie war nicht nur wunderschön, sondern auch die perfekte Ergänzung zu Gerrits verrücktem, träumerischen Universum. Gemeinsam bildeten sie ein Duo, das in jedem Abenteuer erfolgreich war.

Natalie, du hast Gerrits Träume nicht nur unterstützt, sondern auch zu deinem eigenen gemacht. Während Gerrit die aufregenden Abenteuer plante, hast du die ruhige Hand der Vernunft gespielt – und damit sowohl seine Träume als auch deine eigene Realität wunderbar zusammengefügt. Zusammen seid ihr wie die perfekte Kombination aus Zucker und Zimt auf einem frisch gebackenen Crêpe.

Liebe Natalie und lieber Gerrit, euer gemeinsames Leben ist wie ein endloses Abenteuerbuch, das mit jeder Seite spannender wird. Möge eure Liebe immer so aufregend bleiben wie Gerrits Kindheitsträume und so stabil wie seine schönsten Sandburgen. Und wenn es einmal stürmisch wird, denkt daran: Ihr habt einander, und gemeinsam seid ihr unschlagbar.

In einer vornehmen Ehe soll man nicht alles sagen müssen,
aber man soll sich alles sagen können.
– Paula Messer-Platz –

Eine emotionale Hochzeitsrede vom großen Bruder

Für meine kleine Schwester Jenny und meine Lieblingsschwägerin Gabriela.

Wenn ich heute hier stehe und euch beide so glücklich zusammen sehe, kommen mir so viele Erinnerungen in den Sinn. Erinnerungen an eine Zeit aus unserer Kindheit, die so weit weg scheint und doch so präsent ist.

Einmal, ich erinnere mich genau, waren wir auf einem Familienausflug am See. Du, liebe Jenny, hattest dir in den Kopf gesetzt, dass wir unbedingt ein Floß bauen müssen, um damit über den See zu schippern. Natürlich hatte keiner von uns eine Ahnung, wie man so etwas anstellt, aber du hast darauf bestanden, dass wir es versuchen. Stundenlang haben wir Stöcke und Seile zusammengesucht, und am Ende hatten wir... na ja, ein ziemlich wackeliges Floß, das gerade so gehalten hat. Aber für dich war es perfekt, weil es nicht darum ging, wie gut es war, sondern dass wir es gemeinsam gemacht haben.

Und genau das sehe ich auch heute. Du hast diese unglaubliche Art, das Leben in vollen Zügen zu genießen und das Beste aus jedem Moment zu machen. Als ich dich das erste Mal mit Gabriela gesehen habe, wusste ich, dass sie diejenige ist, die diese Abenteuer mit dir weiterführen wird. Sie ist diejenige, die dich ergänzt, dich unterstützt und dir diesen Raum gibt, den du brauchst, um du selbst zu sein.

Gabriela, ich erinnere mich an den Moment, als du mir das erste Mal vorgestellt wurdest. Du hast diese ruhige, ausgeglichene Art, die perfekt zu Jennys Energie passt. Ich habe sofort gespürt, dass ihr zwei zusammengehört.

Jenny, ich bin so stolz auf die Frau, die du geworden bist. Du hast immer deinen eigenen Weg gesucht und gefunden, und jetzt hast du den Menschen an deiner Seite, mit dem du diesen Weg weitergehen willst. Gabriela, ich freue mich, dich als Teil unserer Familie willkommen zu heißen.

Ich wünsche euch von Herzen eine Zukunft voller Liebe, Abenteuer und Glück.

Eine traditionelle Hochzeitsrede des kleinen Bruders

Ausgefülltes Formular an Hochzeitsplanerin.de:

Aufwand von ca. 10 Minuten

1. *In welchem Stil soll deine Hochzeitsrede geschrieben werden?*
   Traditionell.

2. *Wie ist dein Vorname? Diese Frage ist erforderlich**
   Artur.

3. *Wie heißt die Person, für die du die Rede halten möchtest? (Vorname) Diese Frage ist erforderlich**
   Damian.

4. *In welcher Beziehung stehst du zu Damian? Diese Frage ist erforderlich**
   Bruder.

5. *Bist du Trauzeugin oder Trauzeuge?*
   Nein.

6. *Wie lange kennst du Damian schon?*
   Ich kenne Damian mein ganzes Leben lang, von dem Moment an, als ich geboren wurde. Er war immer da, mein großer Bruder und gleichzeitig mein erster Freund.

7. *Mit welchen 3 Worten würdest du Damian beschreiben?*
   Abenteuerlustig, fürsorglich, enthusiastisch.

8. *Wie heißt der/die zukünftige Ehepartner/in von Damian?*
   Irena.

9. *Mit welchen 3 Worten würdest du Irena beschreiben?*
   Warmherzig, klug, lebensfroh.

10. *Beschreibe, wie du Damian kennengelernt hast.*
    Aus Erzählungen weiß ich: Ich wurde geboren und Damian stand da, als wäre es seine Verantwortung, mich von dem Moment an zu beschützen. Er hat mir, vom ersten Tag an, gezeigt, was es bedeutet, ein großer

Bruder zu sein.

11. *Erzähle eine Geschichte über ein Erlebnis, welches das Damian und dich verbindet.*
Als wir Kinder waren, beschloss Damian eines Sommers, dass wir unbedingt Campen gehen müssten – im Garten unseres Elternhauses. Er organisierte alles: vom Zelt bis zum "Lagerfeuer" (eine Taschenlampe unter orangefarbenem Papier). Mitten in der Nacht weckte er mich auf, weil er meinte, einen Bären gehört zu haben. Es stellte sich heraus, dass es nur unser alter Nachbar war, der seinen Hund ausführte. Damians Fantasie und sein Beschützerinstinkt waren schon immer seine Markenzeichen.

12. *Beschreibe, wie du Irena kennengelernt hast.*
Damian brachte Irena eines Tages einfach mit zu uns nach Hause. Sie hatte einen selbstgebackenen Apfelstrudel dabei – ein Familienrezept, wie sie sagte. Während wir alle den köstlichen Strudel genossen und Irena lebensfroh von sich und verliebt über Damian sprach, war es um uns geschehen. Ab dem ersten Bissen wusste ich, dass sie perfekt zu meinem Bruder passt – auch Liebe zur Familie geht durch den Magen, das kann ich euch sagen!

13. *Erzähle eine Geschichte über das Brautpaar, die du gern in deiner Hochzeitsrede einbauen möchtest.*
Als ich vor einigen Jahren umzog, waren Damian und Irena die Ersten, die angeboten haben zu helfen. Sie kamen nicht nur mit einem Transporter, sondern hatten einen detaillierten Plan ausgearbeitet, wie wir alles effizient einladen und ausladen konnten. Für köstliche Verpflegung und Getränke war Dank Irenas Kochkünste ebenfalls gesorgt. Typisch die zwei – immer bereit anzupacken und dabei noch durchdacht, organisiert und mit viel Herz.

14. *Gibt es besondere Wünsche oder Themen, die du in deiner Rede ansprechen möchtest?*
Ich wünsche den beiden alles Glück dieser Welt und eine zauberhafte Ehe und möchte auf diese zwei wundervollen Menschen und ihre Liebe anstoßen!

Finales Ergebnis mit eigenen Worten verfeinert:

Liebe Familien,
liebe Freunde und Gäste,
liebes Hochzeitspaar,

Heute stehen wir hier, um die Liebe und das Bündnis zweier außergewöhnlicher Menschen zu feiern: meinem großen Bruder Damian und seiner bezaubernden Braut Irena.

Damian war immer da, mein großer Bruder und gleichzeitig mein erster Freund. Von dem Moment an, als ich geboren wurde, war er ein fester Bestandteil meines Lebens. Er ist abenteuerlustig, fürsorglich, enthusiastisch – Eigenschaften, die ihn zu einem ganz besonderen Menschen für mich machen und die dafür gesorgt haben, dass wir als Brüder so einiges zusammen erlebt haben.

Eine besondere Erinnerung, die ich mit Damian teile, stammt aus unserer Kindheit. Eines Sommers beschloss Damian, dass wir unbedingt Campen gehen müssten – im Garten unseres Elternhauses. Er organisierte alles: vom Zelt bis zum "Lagerfeuer", das aus einer Taschenlampe unter orangefarbenem Papier bestand. Mitten in der Nacht weckte er mich auf, weil er meinte, einen Bären gehört zu haben. Es stellte sich heraus, dass es nur unser alter Nachbar war, der seinen Hund ausführte und, dass in Köln nicht sonderlich viele Bären unterwegs sind. Naja, Damians Fantasie und sein Beschützerinstinkt waren schon immer seine Markenzeichen.

Vor 7 Jahren kam Irena in unser Leben. Damian brachte sie eines Tages einfach mit nach Hause. Sie hatte einen selbstgebackenen Apfelstrudel dabei – ein Familienrezept, wie sie sagte. Während wir alle den köstlichen Strudel genossen und Irena lebensfroh von sich und verliebt über Damian sprach, war es um uns geschehen. Ab dem ersten Bissen wusste ich, dass sie perfekt zu meinem Bruder passt. Auch Liebe zur Familie geht durch den Magen, das kann ich euch sagen!

In all den Jahren habe ich Irena als warmherzigen, klugen und lebensfrohen Menschen erlebt – Eigenschaften, die sie und Damian zu einem perfekten Team machen. Ihre gemeinsame Stärke und Hilfsbereitschaft zeigten sich auch vor

Aufwand von ca. 10 Minuten

322

einigen Jahren, als ich umzog. Damian und Irena waren die Ersten, die angeboten haben zu helfen. Sie kamen nicht nur mit einem Transporter, sondern hatten einen detaillierten Plan ausgearbeitet, wie wir alles effizient einladen und ausladen konnten. Für köstliche Verpflegung und Getränke war dank Irenas Kochkünste ebenfalls gesorgt. Typisch die zwei – immer bereit anzupacken und dabei noch durchdacht, organisiert und mit ganz viel Herz.

Lieber Damian, liebe Irena, mit mindestens genauso viel Herz möchte ich euch nun meine Zukunftswünsche aussprechen: Möge eure Liebe stets so stark und euer Lachen so erfüllt von Freude bleiben, wie wir sie heute erleben dürfen. Ihr seid ein wundervolles Paar, und ich bin unendlich dankbar, dass ich Teil eures Lebens und dieses besonderen Tages sein darf.

Eine lustige Hochzeitsrede einer alten Freundin

Prompt an ChatGPT:

Liebe KI,
bitte schreibe mir eine [2 minütige] Hochzeitsrede. Ich heiße [Constanze] und bin [eine langjährige Freundin] von [der Braut]. Die Braut heißt [Anja] und ihr Bräutigam heißt [Bernhard]. Meine Hochzeitsrede soll [lustig und originell] und in Form [einer Aufzählung] geschrieben sein. In meiner Rede möchte ich das Thema [Wachstum] behandeln. Zu Beginn möchte ich kurz das Brautpaar und die Gäste begrüßen. Nach der Begrüßung möchte ich meine Rede passend zum oben genannten Thema mit [einem lustigen Spruch oder Vergleich] beginnen. Im Hauptteil möchte ich das Hochzeitspaar zur Eheschließung beglückwünschen und ein paar persönliche Worte sagen: [Ich möchte ganz viele lustige Vergleiche und Dinge aufzählen, die man einem Brautpaar wünschen kann.] Der Schlussteil meiner Rede soll mit Zukunftswünsche an das Brautpaar geschmückt sein. [Am Ende möchte ich ein paar lustige Worte zu meinem Geschenk sagen: Dünger und Pflanzen für euer nie endendes Projekt, der Garten.]

Aufwand von ca. 2 Minuten

Finales Ergebnis mit eigenen Worten verfeinert:

Liebe Anja, lieber Bernhard,

Die Liebe ist wie ein Garten. Sie beginnt mit einem kleinen Samen, den man mit viel Geduld, Pflege und manchmal auch ein bisschen Dünger wachsen lässt. Und wenn ich mir eure Beziehung anschaue, dann muss ich sagen: Ihr habt definitiv einen grünen Daumen!

Nun, da ihr euch auf das Abenteuer Ehe eingelassen habt, möchte ich euch ein paar praktische Tipps mit auf den Weg geben:

1. Vergesst nie, den anderen zu gießen – und damit meine ich nicht nur den Kaffee am Morgen! Ein Schlückchen Wein am Abend tut's auch.

2. Achtet darauf, dass der andere genug Sonnenlicht abbekommt – sprich: lasst den Partner ruhig mal strahlen, selbst wenn ihr das Gefühl habt, selbst gerade wie ein verwelkter Kaktus auszusehen.

3. Seid euch bewusst: Wie in jedem guten Garten gibt es auch bei euch Unkraut. Sei es der oben gelassene Toilettendeckel oder der ewige Kampf um die Fernbedienung. Jätet es gemeinsam, bevor es wuchert!

4. Und schließlich: Denkt daran, dass ein bisschen Mist – also Dünger – manchmal Wunder wirkt. Also keine Angst vor den kleinen Hürden, sie lassen euch nur noch stärker und schöner blühen!

5. Zum Schluss habe ich noch ein Geschenk für euch. Es ist nicht nur ein symbolischer Dünger und ein paar Pflanzen für euren Garten, sondern auch eine Erinnerung daran, dass euer gemeinsames Projekt nie aufhören sollte zu wachsen. Denn wie heißt es so schön: Wer einmal mit dem Garten anfängt, hört nie wieder auf – und so sollte es auch in der Ehe sein. In diesem Sinne wünsche ich euch eine blühende Zukunft und eine bunte Ehe!

Die großen Begebenheiten der Welt werden nicht gemacht,
sondern sie finden sich.
– Georg Christoph Lichtenberg –

Eine humorvolle Hochzeitsrede von Freunden

Liebes Brautpaar,
verehrte Hochzeitsgäste,

Heute ist ein Tag, an dem sich zwei Herzen und zwei Seelen für immer vereinen. Ein Tag, an dem die Liebe und der Beginn eines neuen Kapitels im Leben zweier besonderer Menschen gefeiert wird.

Liebe Dana, lieber Jerome, das Ja-Wort ist gesprochen und nun seid ihr offiziell vereint und hoffentlich bereit, den Rest eures Lebens gemeinsam zu verbringen. Denn das Eheleben ist wie ein Computerspiel:

- Man erreicht neue Level,
- Bekämpft gemeinsame Gegner wie den Maulwurf im Garten, den gigantischen Wäscheberg oder die lange Supermarktkasse am Samstagvormittag,
- Findet neue Wege, Kräfte zu sammeln, z.B. allein auf dem Klo oder durch Essenslieferung von Lieferando & Co.
- Und hofft, dass dabei der Akku (die Liebe) nie leer wird.

Dabei wünschen wir euch von Herzen viel Spaß und Erfolg!

Friedrich Nietzsche sagte einst: "Eine gute Ehe beruht auf dem Talent zur Freundschaft."

Ihr beide habt bewiesen, dass eure Freundschaft die Grundlage eurer Beziehung ist und dass ihr gemeinsam alle Herausforderungen des Lebens meistern könnt. Eure Fähigkeit, auch in stürmischen Zeiten zusammenzuhalten und das Beste daraus zu machen, ist eine wahre Inspiration und wird euch sicher helfen.

Wir, Matthias und ich, wünschen euch für eure gemeinsame Zukunft ein Haus voller Liebe und Lachen. Möge dieser Tag der Beginn einer wunderbaren Reise voller schöner Momente und Erinnerungen sein.

Eine witzige Hochzeitsrede eines guten Freundes

Ausgefülltes Formular an Hochzeitsplanerin.de:

Aufwand von ca. 7 Minuten

1. *In welchem Stil soll deine Hochzeitsrede geschrieben werden?*
   Humorvoll.

2. *Wie ist dein Vorname? Diese Frage ist erforderlich**
   Dennis.

3. *Wie heißt die Person, für die du die Rede halten möchtest? (Vorname) Diese Frage ist erforderlich**
   Linus.

4. *In welcher Beziehung stehst du zu Linus? Diese Frage ist erforderlich**
   Sonstiges – guter Freund.

5. *Bist du Trauzeugin oder Trauzeuge?*
   Nein.

6. *Wie lange kennst du Linus schon?*
   10 Jahre.

7. *Mit welchen 3 Worten würdest du Linus beschreiben?*
   Chaotisch, brillant, koffeinabhängig.

8. *Wie heißt der/die zukünftige Ehepartner/in von Linus?*
   Alexis.

9. *Mit welchen 3 Worten würdest du Alexis beschreiben?*
   Organisiert, geduldig, Linus-Flüsterer.

10. *Beschreibe, wie du Linus kennengelernt hast.*
    Ich traf Linus zum ersten Mal in der Uni-Bibliothek. Er schlief auf einem Stapel Physikbücher, umgeben von leeren Energydosen. Ich weckte ihn auf, und er murmelte etwas von Quantenfluktuationen – ich habe bis heute keine Ahnung, was das ist. In dem Moment wusste ich: Das wird eine interessante Freundschaft und ich sollte recht behalten.

11. *Erzähle eine Geschichte über ein Erlebnis, welches das Linus und dich verbindet.*
Einmal beschlossen Linus und ich, ein "vereinfachtes" Soundsystem für eine Party zu bauen. Linus' Idee von "vereinfacht" beinhaltete drei Laptops, ein selbstgeschriebenes Programm und genug Kabel, um eine Kleinstadt zu vernetzen. Am Ende produzierten wir mehr Chaos als Musik. Aber hey, es war die unterhaltsamste Party aller Zeiten!

12. *Beschreibe, wie du Alexis kennengelernt hast.*
Ich lernte Alexis kennen, als sie Linus' WG-Zimmer betrat und innerhalb von 10 Minuten aus der Chaoszentrale einen bewohnbaren Raum machte. Ich dachte erst, sie hätte magische Kräfte, aber dann erkannte ich: Sie hatte einfach diesen "Linus-Effekt" – die übernatürliche Fähigkeit, Linus' Chaos in Ordnung zu verwandeln.

13. *Erzähle eine Geschichte über das Brautpaar, die du gern in deiner Hochzeitsrede einbauen möchtest.*
Mit Linus Einverständnis darf ich heute die legendäre Geschichte über das erste Date der zwei erzählen: Linus plante wochenlang, programmierte sogar eine App, um den perfekten Ort zu finden. Am Ende landeten sie in einem Schnellrestaurant um die Ecke, weil Linus' Auto streikte. Alexis lachte nur und sagte: "Perfekt, ich liebe Pommes!" Linus erzählte mir davon und ich wusste, Alexis ist jemand, der sein Chaos und seine verrückten Ideen nicht nur akzeptiert, sondern regelrecht genießt.

14. *Gibt es besondere Wünsche oder Themen, die du in deiner Rede ansprechen möchtest?*
Wie sie zusammen das perfekte Team bilden: Alexis bringt Struktur in Linus' Chaos, und Linus bringt Spontanität in Alexis' Pläne. Die beiden ergänzen sich einfach perfekt und das zeigt sich in jedem Moment, wenn man in ihrer Nähe ist.

Finales Ergebnis mit eigenen Worten verfeinert:

Lieber Linus, liebe Alexis
und alle die heute hier sind,

Als guter Freund von Linus, möchte ich an diesem besonderen Tag heute das Wort ergreifen und euch auf eine kleine Zeitreise einladen.

Vor über zehn Jahren lernte ich Linus kennen: schlafend in der Bibliothek der Uni auf einem Stapel Physikbücher und zwischen leeren Energydosen. Ich weckte ihn auf, und er murmelte etwas von Quantenfluktuationen – ich habe bis heute keine Ahnung, was das ist. Aber ich war von seiner Brillanz und dem Chaos beeindruckt und der Stein für eine langjährige Freundschaft war schnell gelegt.

In den vergangenen Jahren haben Linus und ich einige skurrile Geschichten erlebt. Eine davon ist die über unser berühmtes "vereinfachtes" Soundsystem für eine Uniparty. Linus' Definition von "vereinfacht" beinhaltete drei Laptops, ein selbstgeschriebenes Programm und genug Kabel, um eine Kleinstadt zu vernetzen. Am Ende produzierten wir mehr Chaos als Musik. Aber hey, es war die unterhaltsamste Party aller Zeiten und ich habe danach nie wieder ein solch spannendes DJ Set-Up gesehen!

Für weniger Chaos, aber für mehr Ordnung sorgte Alexis, als sie vor über 8 Jahren das WG-Zimmer von Linus betrat. Innerhalb von nur 10 Minuten machte sie aus seiner Chaoszentrale einen bewohnbaren Raum – wenn ich nicht selbst Augenzeuge gewesen wäre, hätte ich es nie geglaubt. Ich dachte erst, sie hätte magische Kräfte, aber dann erkannte ich: Sie hat den "Linus-Effekt" – die übernatürliche Fähigkeit, Linus' Durcheinander in pure Ordnung zu verwandeln.

Wie aber kam es, dass Alexis plötzlich im WG-Zimmer von Linus stand? Vorher hatte ihr legendäres erstes Date stattgefunden! Linus plante das Date wochenlang im Voraus, programmierte sogar eine App, um den perfekten Ort zu finden. Doch am Ende landeten sie in einem Schnellrestaurant um die Ecke, weil Linus' Auto streikte. Alexis lachte nur und sagte: "Perfekt, ich liebe Pommes!" Als Linus mir davon erzählte, wusste ich, dass Alexis die Richtige für Linus ist – jemand, der sein Chaos und seine verrückten Ideen nicht nur akzeptiert, sondern regelrecht genießt.

Liebe Alexis, lieber Linus, ihr beide bildet zusammen das perfekte Team. Alexis du bringst Struktur in Linus' Durcheinander, und Linus du bringst Spontanität in Alexis' Pläne. Und genau deshalb wünsche ich euch eine Ehe so beständig wie Linus Chaos und so kraftvoll wie Alexis Fähigkeit, dieses wieder verschwinden zu lassen.

Auf eure gemeinsame Zukunft voller Liebe, Lachen und voller unvergesslicher Momente!

Eine beglückwünschende Hochzeitsrede von Onkel und Tante

Prompt an Claude:

Liebe KI,
bitte schreibe uns eine [2 minütige] Hochzeitsrede. Wir heißen [Olivia und Manuel] und sind [die Tante und der Onkel] von [dem Bräutigam]. Die Braut heißt [Daniela] und ihr Bräutigam heißt [Christian]. Unsere Hochzeitsrede soll [beglückwünschend] und in Form eines Fließtextes geschrieben sein. In unserer Rede möchten wir das Thema [Liebe] behandeln. Zu Beginn möchten wir kurz das Brautpaar und die Gäste begrüßen. Vor der Begrüßung möchten wir unsere Rede passend zum oben genannten Thema mit [einem Spruch] beginnen. Im Hauptteil möchten wir das Hochzeitspaar zur Eheschließung beglückwünschen und ein paar persönliche Worte sagen: [Die beiden passen perfekt zueinander und wir freuen uns, dass sie den nächsten Schritt gegangen sind und heute geheiratet haben. Besonders schön anzusehen ist die bedingungslose Fürsorge, das Vertrauen und die Loyalität zwischen den beiden.] Der Schlussteil unserer Rede soll mit Zukunftswünsche an das Brautpaar geschmückt sein. [Zum Schluss möchten wir den beiden eine ebenso glückliche Ehe, wie ihre bisherige Partnerschaft und viele unvergessliche Momente wünschen.]

Aufwand von ca. 3 Minuten

Finales Ergebnis mit eigenen Worten verfeinert:

> "Alles Liebe ist ein Wunder. Und ein Wunder geschieht heute, hier bei euch beiden.*"

Liebe Daniela, lieber Christian,

Onkel Manuel und ich möchten euch anlässlich eurer Hochzeit ein paar besondere Worte mit auf den Weg geben.

Schon seit Jahren beobachten wir, wie eure Beziehung immer tiefer und stärker geworden ist. Und nun habt ihr endlich den nächsten Schritt gewagt und euren Bund fürs Leben geschlossen. Das macht uns unglaublich glücklich und wir freuen uns von Herzen mit und für euch!

Besonders beeindruckend ist die bedingungslose Fürsorge, das Vertrauen und die Loyalität, die ihr füreinander habt. Diese Eigenschaften sind die Grundpfeiler einer starken und glücklichen Ehe, und es ist inspirierend zu sehen, wie sehr ihr euch gegenseitig unterstützt.

In unseren Augen seid ihr einfach ein Traumpaar! Eure Liebe zueinander strahlt durch den ganzen Raum, es ist so offensichtlich, dass ihr füreinander bestimmt seid.

Liebe Daniela, lieber Christian, wir wünschen euch von Herzen, dass eure Ehe genauso erfüllend und glücklich sein wird wie eure bisherige Beziehung. Genießt jeden gemeinsamen Augenblick, lacht viel miteinander und haltet immer aneinander fest. Dann wird eure Liebe automatisch und von Tag zu Tag nur noch tiefer und stärker.

Aufwand von ca. 10 Minuten

*Zitat Claude

Eine gemeinsame Hochzeitsrede von Onkel und Tante

Tante: Liebe Gäste, liebes Brautpaar, lasst uns gemeinsam 20 Jahre zurückreisen. Es ist ein schöner Sommertag, und die kleine Sabrina stürmt voller Energie durch den Garten. Ihre Augen leuchten vor Neugier und Abenteuerlust, während sie versucht, einen Schmetterling zu fangen. Theo, kannst du dir vorstellen, dass dieselbe kleine Sabrina, die heute so elegant vor uns steht, damals schon jeden mit ihrer fröhlichen Art verzaubert hat?

Onkel: Ja, und genauso wie sie damals schon mit ihrem Lächeln die Herzen erobert hat, so hat sie auch dich, lieber Theo, schnell für sich gewonnen. Ihr beide habt eine besondere Verbindung, die auf Vertrauen, Humor und viel Liebe basiert. Wir erinnern uns noch gut an die ersten Geschichten, die Sabrina von dir erzählt hat, Theo. Sie konnte gar nicht aufhören zu schwärmen – und das mit gutem Grund.

Tante: Aber lass mich dir, Theo, ein paar kleine Tipps für den Alltag mit Sabrina mitgeben. Sie liebt Überraschungen, aber vor allem liebt sie die Zeit mit ihren Liebsten. Eine spontane Weltreise könnte sie also genauso begeistern wie ein gemütlicher Filmabend zu Hause. Und wenn sie mal einen ihrer berühmten "Ich-hab-das-im-Internet-gelesen"-Momente hat, dann höre ihr geduldig zu und nicke – meistens hat sie am Ende doch recht. Lass dir das von Onkel und Tante gesagt sein.

Onkel: Sabrina, du warst schon immer eine Kämpferin, jemand, der sich für das einsetzt, was ihr wichtig ist. Mit Theo an deiner Seite hast du jemanden gefunden, der genauso leidenschaftlich und entschlossen ist wie du. Ihr ergänzt euch perfekt, wie zwei Puzzleteile, die zusammen ein wunderschönes Bild ergeben.

Tante: Und Theo, sei dir sicher, dass du in Sabrina eine Frau gefunden hast, die nicht nur deine Partnerin ist, sondern auch deine beste Freundin, dein größter Unterstützer und diejenige, die immer an deiner Seite steht – in guten wie in schwierigen Zeiten.

Onkel: Wir freuen uns, diesen besonderen Tag mit euch zu feiern und wünschen euch von Herzen eine Zukunft voller Liebe, Lachen und unvergesslicher Momente. Möge eure Ehe so stark und beständig sein wie eure Liebe, die euch heute hierhergeführt hat.

Eine humorvolle Hochzeitsrede der Tante

Ausgefülltes Formular an Hochzeitsplanerin.de:

1. *In welchem Stil soll deine Hochzeitsrede geschrieben werden?*
   Humorvoll.

2. *Wie ist dein Vorname? Diese Frage ist erforderlich**
   Viktoria.

3. *Wie heißt die Person, für die du die Rede halten möchtest? (Vorname) Diese Frage ist erforderlich**
   Amelia.

4. *In welcher Beziehung stehst du zu Amelia? Diese Frage ist erforderlich**
   Sonstiges – Tante.

5. *Bist du Trauzeugin oder Trauzeuge?*
   Nein.

6. *Wie lange kennst du Amelia schon?*
   Seit 30 Jahren.

7. *Mit welchen 3 Worten würdest du Amelia beschreiben?*
   Energisch, kreativ, kommunikativ.

8. *Wie heißt der/die zukünftige Ehepartner/in von Amelia?*
   Abdul.

9. *Mit welchen 3 Worten würdest du Abdul beschreiben?*
   Charmant, geduldig, aufmerksam.

10. *Beschreibe, wie du Amelia kennengelernt hast.*
    Ich kenne Amelia seit dem Tag ihrer Geburt. Sie kam auf die Welt, sah mich an und beschloss sofort, dass ich ihre Lieblings-Tante sein würde. Zumindest erzähle ich mir das gerne. In Wirklichkeit hat sie wahrscheinlich nur nach der Krankenschwester mit der Milchflasche Ausschau gehalten.

11. *Erzähle eine Geschichte über ein Erlebnis, welches das Amelia und dich verbindet.*
Letztes Weihnachten bat ich Amelia, mir beim Aufhängen der Lichterketten zu helfen. Zwei Stunden, drei Leitern und unzählige Knoten später sahen wir aus wie wandelnde Christbäume. Aber hey, so schöne Bäume hätte es nirgendwo zu kaufen gegeben und für herzliche Lacher in der Familie sorgen wir doch gern.

12. *Beschreibe, wie du Abdul kennengelernt hast.*
Ich traf Abdul zum ersten Mal bei unserem berüchtigten Familien-Karaoke-Abend. Er sang mutig "I Will Survive" – was sich als Vorahnung herausstellte, denn er hat tatsächlich alle unsere Familientraditionen überlebt!

13. *Erzähle eine Geschichte über das Brautpaar, die du gern in deiner Hochzeitsrede einbauen möchtest.*
Erinnert ihr euch noch an Amelias 28. Geburtstag? Abdul plante eine Überraschungsparty und schaffte es irgendwie, das gesamte Familienarchiv an peinlichen Fotos aufzutreiben. Als Amelia den Raum betrat und sich fast drei Jahrzehnte ihrer modischen Fehltritte an den Wänden wiederfanden, dachten wir alle, sie würde ihn umbringen. Stattdessen lachte sie lauter als jeder andere und küsste ihn. In diesem Moment wussten wir: Diese beiden sind füreinander bestimmt – nur ein Mann, der Amelias Dauerwellen-Phase liebevoll ausstellt, ist ihrer würdig!

14. *Gibt es besondere Wünsche oder Themen, die du in deiner Rede ansprechen möchtest?*
Ich wünsche Amelia und Abdul ein gemeinsames Leben voller Liebe, Lachen und unvergesslicher Momente. Wie schön, dass mit dem heutigen Tag unsere Familie offiziell ein großes Stück reicher wird.

Finales Ergebnis mit eigenen Worten verfeinert:

Liebe Familie, Freunde
und natürlich unser wunderschönes Brautpaar,

Aufwand
von ca.
25 Minuten

Als Lieblingstante der Braut hat man sicher so einige Geschichten auf Lager. Genau aus diesem Grund und passend zum heutigen Anlass habe ich mir eine kleine Rede überlegt.

Ich kenne Amelia seit dem Tag ihrer Geburt. Sie kam auf die Welt, sah mich an und beschloss sofort, dass ich ihre Lieblingstante sein würde. Zumindest erzähle ich mir das gerne. In Wirklichkeit hat sie wahrscheinlich nur nach der Krankenschwester mit der Milchflasche Ausschau gehalten.

Meine liebe Amelia, du bist kreativ, energisch und kommunikativ – kurz gesagt: mit deiner Präsenz bringst du jeden Raum zum Strahlen. Genauso wie letztes Weihnachten, als du mir beim Aufhängen der Lichterketten halfst. Zwei Stunden, drei Leitern und unzählige Knoten später sahen wir aus wie wandelnde Christbäume. Aber hey, so schöne Bäume hätte es nirgendwo zu kaufen gegeben und für herzliche Lacher in der Familie sorgen wir doch gern.

Und wenn du mal nicht als Christbaum rumläufst, weiß ich, wie viel Kreatives in dir steckt und wie täglich abertausend neue Ideen aus dir heraussprudeln. Zugegebenerweise war ich also erleichtert, als ich sah, dass Abdul mit seiner ruhigen und geduldigen Art und seinem aufmerksamen und charmanten Wesen deinen perfekten Gegenpol darstellte. Seither beobachte ich immer wieder, dass es dir mit Abdul immer besser gelingt, auch mal zu entspannen und kreative Pausen einzulegen.

Apropos Pause – von denen gab es für Abdul bei all unseren Familientraditionen in den ersten Jahren wohl eher wenig. Bei einer dieser besagten Traditionen lernte ich Abdul sogar kennen: Es war unser berüchtigter Familien-Karaoke-Abend, wo er mutig "I Will Survive" sang – was sich als Vorahnung herausstellte, denn er hat tatsächliche all unsere Familientraditionen überlebt!

Auch die von ihm geplante Überraschungsparty zum 28. Geburtstag von Amelia hat er heil überstanden. Er hatte es irgendwie geschafft, das gesamte

Familienarchiv an peinlichen Fotos aufzutreiben. Als Amelia schließlich den Raum betrat und sich fast drei Jahrzehnte ihrer modischen Fehltritte an den Wänden wiederfand, dachten wir alle, sie würde ihn umbringen. Stattdessen lachte sie lauter als jeder andere und küsste ihn. In diesem Moment wusste ich: Diese beiden sind füreinander bestimmt – nur ein Mann, der Amelias Dauerwellen-Phase so liebevoll ausstellt, ist ihrer würdig!

Wie schön also, dass mit dem heutigen Tag unsere Familie mit Abdul offiziell ein großes Stück reicher wird.

Liebe Amelia, lieber Abdul, ich wünsche euch ein gemeinsames Leben voller Liebe, Lachen und unvergesslicher Momente. Möge eure Ehe so stark sein wie Abduls Mut beim Karaoke und so bunt und abwechslungsreich wie Amelias Modegeschmack.

Reden an Ehejubiläen

Dein erster Hochzeitstag liegt bereits einige Jahrzehnte hinter dir und du steuerst gemeinsam mit deiner Ehefrau bzw. deinem Ehemann auf euer 25., 50. oder 60. Ehejubiläum zu? Oder bist du als Gast bzw. Gästin zu einem Ehejubiläum eingeladen? Dann wirst du in diesem Abschnitt einige Tipps und Inspirationen finden, die dir helfen werden, eine zum Anlass passende Rede zu schreiben.

In der Regel ist die Begrüßungsrede auch bei Ehejubiläen die erste Rede. Sie wird traditionell von dem jubilierenden Bräutigam gehalten und umfasst optimalerweise eine Länge von maximal 5 Minuten. Die Reden werden dabei oft locker und lustig gestaltet, sodass von Beginn an für eine heitere Stimmung gesorgt ist. Außerdem hilft ein lustiger Stil dabei, die eigene Nervosität zu verstecken und das Eis schneller zu brechen. Das Ziel der Begrüßungsrede ist das Einleiten der Feier, was für dich als jubilierender Bräutigam in jedem Fall bedeutet: die Gäste willkommen zu heißen, sich bei ihnen für ihr Kommen zu bedanken und mit ihnen auf eine schöne Feier und auf viele weitere Ehejahre anzustoßen. Sofern ihr Hilfe bei den Vorbereitungen eurer Jubiläumsfeier hattet, kannst du selbstverständlich die Gelegenheit nutzen, um dich dafür bei den Helfenden zu bedanken.
Der Höhepunkt an Ehejubiläen sind die Reden des Jubelpaares, also der Augenblick, wo der jubilierende Bräutigam und die jubilierende Braut emotionale Zeilen zueinander oder an die Gäste richten. Als jubilierende Braut bzw. Bräutigam kannst du eine berührende Rede schreiben, indem du:

- ♥ Erinnerungen an eure Hochzeit teilst

- ♥ Rückblickend über schöne Momente aus eurer Ehe sprichst

- ♥ Lustige Anekdoten aus euren gemeinsamen Jahren erzählst

- ♥ Weiterhin deine bedingungslose Treue und Liebe versprichst

- ♥ Deinen Wunsch nach vielen weiteren gemeinsamen Jahren äußerst

- ♥ Dich für langjährige Freundschaften oder Unterstützung der Familie bedankst

Natürlich kannst du auch Zitate, Metaphern und Vergleiche in deine Jubiläumsrede einbauen, um deine Liebe und deine Empfindungen zum Ausdruck zu bringen. Übrigens: Eine großartige Möglichkeit, diesen Redemoment abzurunden, ist, wenn sich das Jubelpaar gegenseitig ein persönliches Geschenk überreicht.

Für Verwandte und Gäste, die ihre Glückwünsche und liebevollen Worte in Form einer Rede an das Jubelpaar richten wollen, bedarf die Rede keinem bestimmten Stil, Struktur oder Form. Lasse also deiner Kreativität freien Lauf, wenn du beispielsweise als Tochter des Jubelpaares ein Gedicht über dessen gemeinsames Leben vortragen oder als damaliger Trauzeuge und langjähriger Freund die Ehe des Jubelpaares bewundern und sie von Herzen beglückwünschen möchtest. Achte dabei darauf, dass deine Rede eine angemessene Länge von maximal 3-5 Minuten beibehält. Wenn z.B. sehr junge Enkelkinder persönliche Worte an ihre jubilierenden Großeltern richten möchten, dann reichen selbstverständlich auch nur wenige Zeilen oder kurze Gedichte.

Weitere allgemeine Tipps zur Vorbereitung, fürs Schreiben und zum Präsentieren findest du im Kapitel "Praktische Tipps für deine Rede". Und auf den nächsten Seiten findest du die im Kapitel "Hochzeitsreden mit Hilfe von Künstlicher Intelligenz schreiben" angekündigten Mustervorlagen für deinen Prompt zum Schreiben einer Ehejubiläums-Rede, sofern du die KI als Hilfsmittel nutzen möchtest. Gefolgt von diversen Beispielen zu Reden für Silberhochzeiten, Goldene Hochzeiten und Diamantene Hochzeiten, die dir als Inspiration dienen werden.

Mustervorlagen für deinen Reden-Prompt zum Ehejubiläum

Liebe KI,
bitte schreibe mir eine [z.B. 3-5 minütige] Begrüßungsrede für meine
[z.B. Silberhochzeit]. Ich heiße [deinen Namen] und werde die Rede als
jubilierender Bräutigam halten. Meine Begrüßungsrede soll [z.B. locker und
lustig] und in Form [z.B. eines Fließtextes] geschrieben sein. In meiner Rede
möchte ich das Thema [z.B. Liebe] behandeln. Zu Beginn möchte ich alle Gäste
begrüßen, sie willkommen heißen und ihnen für ihr Kommen danken.
[Optional – Im Anschluss möchte ich allen Helfenden meinen Dank für die
Unterstützung bei den Jubiläumsvorbereitungen aussprechen.]
[Optional – Platz für Elemente, die sich zum Schließen einer Rede eignen:
Anekdoten, Zitate, Sprüche etc.] Abschließend möchte ich mit den Gästen auf
eine schöne Feier und viele weitere glückliche Ehejahre mit meiner Frau [Name
deiner Frau] anstoßen.

Liebe KI,
bitte schreibe mir eine [z.B. 3-5 minütige] Ehejubiläums-Rede für meine
[z.B. Goldene Hochzeit]. Ich heiße [deinen Namen] und werde die Rede als
[jubilierender Bräutigam/jubilierende Braut] halten. Meine Rede soll
[z.B. wertschätzend und emotional] und in Form [z.B. eines Fließtextes]
geschrieben sein. In meiner Rede möchte ich das Thema [z.B. Ewigkeit]
behandeln und meine Gefühle gegenüber [meiner Frau + Name/meinem Mann +
Name] mit Hilfe von [z.B. einem Zitat, einer Metapher, einem Vergleich etc.] zum
Ausdruck bringen. Folgendes möchte ich in meine Rede einbauen:
[Erinnerungen an eure Hochzeit, Rückblicke von schönen Momenten aus eurer
Ehe, lustige Anekdoten aus euren gemeinsamen Jahren, andauerndes
Versprechen von bedingungsloser Treue und Liebe, Wunsch nach vielen
weiteren gemeinsamen Jahren, Dank für langjährige Freundschaften oder
Unterstützung eurer Familie etc.]

Liebe KI,

bitte schreibe mir eine [z.B. 3-5 minütige] Ehejubiläums-Rede. Ich heiße [deinen Namen] und bin [z.B. die Tochter] des Jubelpaares [Name + Name]. Meine Rede soll [z.B. bewundernd und liebevoll] und in Form [z.B. eines Gedichtes] geschrieben sein. In meiner Rede möchte ich das Thema [z.B. Liebe] behandeln und die Rede passend mit [z.B. einem Zitat, einem Spruch, einer Metapher etc.] beginnen. Im Hauptteil möchte ich das Jubelpaar zum [z.B. 50.] Ehejubiläum beglückwünschen und ein paar persönliche Worte sagen: [Platz für Persönliches wie: Beschreibung der Ehe aus deiner Sicht, Bekundung wie viel dir das Jubelpaar bedeutet, Bewunderung der langen und glücklichen Ehe, wertschätzende Worte, Eigenschaften des Jubelpaares und deren Liebe etc.] Der Schlussteil meiner Rede soll mit Zukunftswünsche an das Jubelpaar geschmückt sein. [Platz für weitere Elemente wie: Anekdoten, Zitate, konkrete Anforderungen bzgl. der Zukunftswünsche, Worte zur Überreichung eines Geschenks etc.]

Foto: Heather Mayer Photographers

Beispiele für Reden zu Ehejubiläen

Eine lustige Begrüßungsrede zur Silberhochzeit

Prompt an Claude:

Liebe KI,
bitte schreibe mir eine [3 minütige] Begrüßungsrede für meine
[Silberhochzeit]. Ich heiße [Boris] und werde die Rede als jubilierender
Bräutigam halten. Meine Begrüßungsrede soll [locker und lustig] und in Form
[eines Fließtextes] geschrieben sein. In meiner Rede möchte ich das Thema
[Glück] behandeln. Zu Beginn möchte ich alle Gäste begrüßen, sie willkommen
heißen und ihnen für ihr Kommen danken. [Im Anschluss möchte ich allen
Helfenden meinen Dank für die Unterstützung bei den Jubiläumsvorbereitungen
aussprechen.][Zum Abschluss meiner Rede möchte ich einen lustigen
Vergleich zum Thema Liebe und Glück einbauen.] Abschließend möchte ich mit
den Gästen auf eine schöne Feier und viele weitere glückliche Ehejahre mit
meiner Frau [Silvia] anstoßen.

Aufwand
von ca.
1 Minute

Finales Ergebnis mit eigenen Worten verfeinert:

Aufwand von ca. 15 Minuten

Liebe Familie und Freunde,
liebe Gäste,

Schön, dass ihr alle den Weg hierher gefunden habt, um diesen besonderen Tag mit Silvia und mir zu feiern. Und damit heißen wir euch von Herzen Willkommen zu unserer Silberhochzeit! Eure Anwesenheit bedeutet uns wirklich viel.

Wisst ihr, als wir vor 25 Jahren geheiratet haben, dachte ich, das sei der glücklichste Tag meines Lebens. Aber ich lag falsch, denn jeder Tag mit Silvia hat mich noch glücklicher gemacht. Apropos Glück – habt ihr euch schon mal gefragt, was Glück eigentlich ist? Für manche ist es vielleicht ein Sechser im Lotto, für andere ein perfekter Espresso am Morgen. Für mich ist es ganz einfach: Glück ist, wenn Silvia mich auch nach 25 Jahren noch anlächelt, obwohl ich die Zahnpastatube nie richtig zudrehe.

Aber im Ernst, wir fühlen uns wirklich gesegnet. Nicht nur wegen unserer wunderbaren Ehe, sondern auch wegen all der großartigen Menschen um uns herum – ganz recht, ihr seid gemeint. Ich möchte mich an dieser Stelle bei allen bedanken, die uns bei den Vorbereitungen für dieses Fest unterstützt haben. Ohne euch wären wir jetzt wahrscheinlich immer noch dabei Luftballons aufzupusten und Tischkarten zu beschriften. An alle die Schwierigkeiten hatten ihren Namen zu lesen: Das war mein künstlerisches Werk.

Wisst ihr, Liebe und Glück sind ja bekanntlich wie eine gute Flasche Wein – sie werden mit den Jahren immer besser. Allerdings mit einem entscheidenden Unterschied: Während der Wein irgendwann leer ist, scheinen unsere Vorräte an Liebe und Glück unerschöpflich zu sein. Vielleicht liegt's daran, dass wir ständig nachschenken!

In diesem Sinne möchte ich jetzt das Glas erheben. Auf eine wunderbare Feier, auf viele weitere glückliche Jahre mit meiner bezaubernden Frau Silvia, und auf euch alle, die heute das Glück mit uns teilen!

Zur Silberhochzeit eine emotionale Rede des Bräutigams

Liebe Freunde und Familie,
Kerstin mein Schatz,

Es ist kaum zu glauben, dass heute bereits 25 Jahre vergangen sind, seitdem wir uns das Ja-Wort gegeben haben. Wenn ich zurückblicke, kommt es mir vor, als sei es erst gestern gewesen, als du, Kerstin, in deinem wunderschönen Brautkleid auf mich zukamst und mir das Versprechen gabst, gemeinsam mit mir durch alle Höhen und Tiefen des Lebens zu gehen.

Ich erinnere mich noch genau an diesen Tag – an das Lächeln in deinem Gesicht, das mir damals schon den Atem raubte und es auch heute noch tut. Es war ein Tag voller Freude, Lachen und der festen Überzeugung, dass wir gemeinsam alles schaffen können. Und ich muss sagen, dass uns das bis heute ziemlich gut gelungen ist.

Kerstin, unsere Ehe war und ist für mich wie ein Schiff auf dem offenen Meer. Ein Schiff, das wir gemeinsam gebaut haben, Stück für Stück, mit viel Liebe, Geduld und Vertrauen. In den letzten 25 Jahren haben wir so manche Stürme überstanden, doch unser Schiff hat nie seinen Kurs verloren. Unsere Treue zueinander war dabei stets der Anker, der uns sicher durch alle Unwetter geführt hat.

Du hast mir in all diesen Jahren gezeigt, dass Treue nicht nur ein Wort ist, sondern ein Wert, der sich in den kleinen, alltäglichen Gesten zeigt – im gemeinsamen Lachen, im Zuhören, im Verzeihen und im füreinander Dasein, selbst wenn der Alltag mal hektisch wird. Du bist nicht nur meine Ehefrau, du bist meine beste Freundin, meine Seelenverwandte und die Frau, die mich jeden Tag aufs Neue daran erinnert, wie glücklich ich mich schätzen kann.

Natürlich gab es in all diesen Jahren auch die eine oder andere lustige Episode, die wir wohl nie vergessen werden. Ich denke da zum Beispiel an unseren ersten Roadtrip, als wir dachten, wir hätten eine geheime Abkürzung gefunden, die sich dann als holpriger Feldweg mitten ins Nirgendwo herausstellte. Am Ende saßen wir lachend auf einem Berg von Kofferraum-Inhalten, während wir versuchten, das Auto wieder flott zu machen – und dass nur, weil wir die Karte falsch herum gehalten hatten.

Kleine Missgeschicke wie dieses sind es, die uns immer wieder gezeigt haben, dass wir zusammen einfach unschlagbar sind – selbst wenn das Ziel manchmal ein wenig länger auf sich warten lässt. Sie haben uns gelehrt, dass Lachen tatsächlich die beste Medizin ist, und dass es nichts gibt, was wir nicht gemeinsam bewältigen können – selbst, wenn es bedeutet, mit einem kaputten Auto in der Wallapampa zu landen.

Nun stehen wir hier, nach einem Vierteljahrhundert, und ich kann sagen, dass ich mich auf die nächsten 25 Jahre mit dir genauso freue wie auf die ersten. Kerstin, ich danke dir von Herzen für all die Liebe und Treue, die du mir in diesen 25 Jahren geschenkt hast.

Und jetzt möchte ich gemeinsam mit euch anstoßen, auf die Liebe, auf weitere schöne Momente und auf die nächsten 25 Jahre!

Ein Liebesversprechen der Silberbraut

Liebe Familie,
liebe Freunde,
und natürlich mein liebster Jochen,

Ich stehe heute hier und kann es kaum glauben, dass bereits 25 Jahre vergangen sind, seit wir uns das Ja-Wort gegeben haben. Ein Vierteljahrhundert! Das klingt so lang, aber wenn ich zurückblicke, fühlt es sich an, als wäre es gestern gewesen. Unsere Silberhochzeit ist ein Meilenstein, und ich könnte nicht glücklicher sein, ihn mit all den Menschen zu feiern, die uns auf unserem gemeinsamen Weg begleitet haben.

Als ich heute Morgen aufgewacht bin, hatte ich das gleiche Gefühl im Bauch wie an unserem Hochzeitstag. Diese Mischung aus Freude, Aufregung und der Überzeugung, dass ich die richtige Entscheidung getroffen habe. Ich erinnere mich noch genau, wie du nervös an der Kirche standest, dein Hemd saß schief, und ich musste darüber lachen. Und dann haben wir uns angesehen, und alle Nervosität war vergessen. Es gab nur noch dieses Gefühl der Gewissheit, dass wir zusammengehören, bedingungslos.

Bedingungslos – das ist wohl das Wort, das unsere Ehe am besten beschreibt. In all den Jahren, in guten wie in schlechten Zeiten, warst du für mich da. Ich erinnere mich an so viele Momente, die uns zusammengeschweißt haben: Die ersten Jahre in unserer kleinen Wohnung, die sich vor allem durch laute Nachbarn, dem Bett, das ständig knarzte, und die olle Nachtspeicherheizung auszeichnete. Die durchwachten Nächte, als die Kinder klein waren, und wir uns im Wechsel ans Babybett geschlichen haben, um leise Schlaflieder zu singen. Und auch die schweren Zeiten, als der Alltag uns manchmal fast über den Kopf gewachsen ist. Du warst immer da, mit deiner ruhigen Art und deinem unerschütterlichen Glauben daran, dass alles gut wird, solange wir zusammenhalten.

Ein Zitat, das ich besonders mag, sagt: "Liebe bedeutet nicht, dass es einfach ist, aber es bedeutet, dass es wert ist.*" Und genau so sehe ich unsere Ehe. Natürlich gab es Herausforderungen und nicht jeder Tag war voller Sonnenschein. Aber wir haben uns immer für die Liebe entschieden, für das „Wir", und das macht jede Mühe, jede Schwierigkeit wert.

Heute möchte ich dir von ganzem Herzen Danke sagen, Jochen. Danke für 25 Jahre voller Liebe, Freundschaft und Vertrauen. Danke, dass du immer an meiner Seite warst.

Und ich verspreche dir heute, genauso wie vor 25 Jahren, dass ich dich liebe – bedingungslos. Dass ich immer an deiner Seite sein werde, komme, was wolle. Denn ich weiß, dass wir alles schaffen können, solange wir zusammen sind. Ich freue mich auf viele weitere Jahre mit dir, auf neue Abenteuer und auf das Glück, das wir noch erleben werden.

Zum Schluss möchte ich mich bei all unseren Freunden und unserer Familie bedanken, die uns in diesen Jahren begleitet und unterstützt haben. Ihr seid ein wichtiger Teil unseres Lebens, und ohne euch wäre dieser Tag nicht komplett.

Auf uns, Jochen! Auf die nächsten 25 Jahre und auf die bedingungslose Liebe, die uns auch heute umgibt!

*Zitat: Verfasser unbekannt

Liebe sieht nicht mit den Augen, sondern mit dem Herzen.
– William Shakespeare –

Eine Rede des ältesten Sohnes zur Silberhochzeit der Eltern

Prompt an Claude:

Liebe KI,
bitte schreibe mir eine [2 minütige] Ehejubiläums-Rede.
Ich heiße [Sebastian] und bin [der älteste Sohn] des Jubelpaares [Doris und Sven]. Meine Rede soll [bewundernd und humorvoll] und in Form [eines Fließtextes] geschrieben sein. In meiner Rede möchte ich das Thema [Liebe] behandeln und die Rede passend mit [einem Zitat] beginnen. Im Hauptteil möchte ich das Jubelpaar zum [25.] Ehejubiläum beglückwünschen und ein paar persönliche Worte sagen: [Meine Eltern führen eine Ehe wie aus dem Bilderbuch. Sie sind immer respektvoll, geduldig und wertschätzend miteinander und sie kommunizieren auf eine Art, wie es wahrscheinlich jedes Paar tun sollte, wenn es eine lange und glückliche Ehe führen will. Daher bewundere ich meine Eltern und ihre Ehe sehr und bin dankbar, dass sie uns bereits in ihrer Erziehung so wichtige Werte mitgegeben haben.] Der Schlussteil meiner Rede soll mit Zukunftswünsche an das Jubelpaar geschmückt sein. [Ich möchte meine Rede mit einem weiteren Zitat zum Thema Liebe schließen.]

Aufwand von ca. 3 Minuten

Finales Ergebnis mit eigenen Worten verfeinert:

"Liebe ist nicht nur ein Gefühl, sie ist eine Kunst", sagte einst Honoré de Balzac. Und wenn ich auf die Ehe meiner Eltern, Doris und Sven blicke, sehe ich die wahren Meister dieser Kunst vor mir.

Liebe Mama, lieber Papa, liebe Festgäste,

Es ist mir eine große Freude und Ehre, heute hier zu stehen und euch, meine geliebten Eltern, zu eurem 25. Ehejubiläum zu beglückwünschen.
Ein Vierteljahrhundert gemeinsamen Lebens – das ist wahrlich ein Grund zum Feiern!

Wenn ich an eure Ehe denke, kommt mir unweigerlich das Wort "Bilderbuch" in den Sinn. Aber nicht etwa, weil alles immer perfekt war, sondern weil ihr uns Kindern gezeigt habt, wie man gemeinsam durch dick und dünn geht. Eure Art, miteinander umzugehen, ist einfach bewundernswert: Stets respektvoll, geduldig und wertschätzend. Ihr kommuniziert auf eine Weise, die wohl jedes Paar zum Vorbild nehmen sollte, wenn es eine lange und glückliche Ehe führen möchte.

Mama, Papa, ich muss gestehen, manchmal frage ich mich, ob ihr heimlich eine Ausbildung zum Ehetherapeutenpaar gemacht habt. Denn eure Fähigkeit, selbst in stressigen Situationen ruhig und verständnisvoll miteinander zu sprechen, grenzt schon fast an Zauberei!

Aber im Ernst: Ich bin unendlich dankbar, dass ihr uns Kindern durch eure Erziehung so wichtige Werte mit auf den Weg gegeben habt. Liebe, Respekt, Verständnis – das sind keine leeren Worte für euch, sondern gelebte Realität. Ihr habt uns gezeigt, dass eine Partnerschaft harte Arbeit sein kann, aber auch unendlich bereichernd ist.

Für die Zukunft wünsche ich euch, dass ihr weiterhin so liebevoll und achtsam miteinander umgeht. Vor allem aber wünsche ich euch viele weitere unvergessliche Momente voller Lachen und Liebe. Und wer weiß, vielleicht teilt ihr ja in 25 Jahren bei eurer Goldenen Hochzeit das Geheimnis eurer wunderbaren Ehe mit uns allen.

Zum Schluss möchte ich mit den Worten von Augustinus enden: "Liebe ist die Schönheit der Seele."

Auf eure wunderschönen Seelen! Auf das Jubelpaar! Auf die Liebe!

Warme Worte von Freunden zum 25. Ehejubiläum

Liebe Karin,
lieber Björn,
liebe Festgäste,

Was ist unsichtbar, doch spürbar in jedem Lächeln, in jeder Berührung? Was wächst, wenn man es teilt, und leuchtet auch in dunklen Zeiten? Was verbindet zwei Menschen, egal wie weit sie voneinander entfernt sind, und lässt die Zeit wie im Flug vergehen?

Ja, ihr habt es erraten: Es ist die Liebe. Eine Liebe, die ihr, liebe Karin und lieber Björn, seit 25 Jahren teilt. Eure Ehe ist wie ein kostbares Mosaik, in dem jedes Jahr, jeder Moment, jeder gemeinsame Traum seinen Platz findet und ein wunderschönes Bild formt. Ich bewundere eure Fähigkeit, von Herzen miteinander zu lachen, selbst in schweren Zeiten Hoffnung zu finden und immer wieder zueinander zurückzukehren.

Karin, deine unendliche Geduld und Wärme, mit der du jeden Raum erhellst, und Björn, deine unerschütterliche Stärke und dein Humor, der jede Situation leichter macht – das sind die kleinen Puzzleteile, die eure Partnerschaft so besonders machen. Es ist inspirierend zu sehen, wie ihr gemeinsam durchs Leben geht, Hand in Hand, mit einem Lächeln, das von Herzen kommt.

Was liegt vor uns, unberührt und doch voller Möglichkeiten? Was enthält all unsere Träume, Hoffnungen und Wünsche, und ist dennoch völlig unbekannt? Was kann so aufregend wie ein Abenteuer sein und zugleich so sicher wie ein Zuhause?

Ihr habt es sicherlich erraten: Es ist die Zukunft. Eine Zukunft, die für euch, liebe Karin und lieber Björn, voller Liebe, Glück und unzähliger neuer schöner Erinnerungen sein wird. Denn eure gemeinsame Reise ist unendlich, und was vor euch liegt, sind weitere Kapitel voller Möglichkeiten, die ihr beide zusammen mit eurer Liebe schreibt.

Als Zeichen unserer Bewunderung und Wertschätzung möchten George und ich euch ein kleines Geschenk überreichen. Es ist nicht groß, doch es kommt von Herzen – so wie eure Liebe, die uns alle inspiriert.

Auf euch, liebe Karin und lieber Björn! Mögen die nächsten 25 Jahre genauso voller Liebe, Lachen und Glück sein.

Herzlichen Glückwunsch zum 25. Ehejubiläum!

Eine Rede der damaligen Trauzeugen zur Silberhochzeit

Ausgefülltes Formular an Hochzeitsplanerin.de:

1. *In welchem Stil soll deine Hochzeitsrede geschrieben werden?*
   Humorvoll.

   Aufwand von ca. 10 Minuten

2. *Wie ist dein Vorname? Diese Frage ist erforderlich**
   Benjamin und Daniel.

3. *Wie heißt die Person, für die du die Rede halten möchtest? (Vorname) Diese Frage ist erforderlich**
   Vincent.

4. *In welcher Beziehung stehst du zu Vincent? Diese Frage ist erforderlich**
   Sonstiges – beste Freunde.

5. *Bist du Trauzeugin oder Trauzeuge?*
   Trauzeuge.

6. *Wie lange kennst du Vincent schon?*
   35 Jahre.

7. *Mit welchen 3 Worten würdest du Vincent beschreiben?*
   Witzig, vergesslich, Wannabe-Elektriker.

8. *Wie heißt der/die zukünftige Ehepartner/in von Vincent?*
   Ellen.

9. *Mit welchen 3 Worten würdest du Ellen beschreiben?*
   Geduldig, abenteuerlustig, Vincent-Gedächtnisbank.

10. *Beschreibe, wie du Vincent kennengelernt hast.*
    Wir trafen Vincent zum ersten Mal bei einer Uniparty. Er versuchte uns mit einem Trick zu beeindrucken, indem er jonglierte – mit unseren mitgebrachten Kornflaschen. Sagen wir einfach, seine Jonglier-Karriere war so kurz wie unser Vertrauen in seine Hand-Augen-Koordination.

11. *Erzähle eine Geschichte über ein Erlebnis, welches das Vincent und dich verbindet.*
Vincent, erinnerst du dich noch an unseren Camping-Trip vor 30 Jahren? Du warst überzeugt, du könntest ein Feuer ohne Streichhölzer machen – nur mit zwei Stöcken und purer Willenskraft. Drei Stunden später aßen wir kalte Bohnen aus der Dose, während du immer noch enthusiastisch deine Stöcke riechst und sagtest: "Ich hab's gleich, wirklich!" Das war der Moment, in dem wir wussten: Dieser Mann gibt niemals auf!

12. *Beschreibe, wie du Ellen kennengelernt hast.*
Ellen trafen wir zum ersten Mal, als sie Vincent von einem unserer Angelausflüge abholte.

13. *Erzähle eine Geschichte über das Brautpaar, die du gern in deiner Hochzeitsrede einbauen möchtest.*
Vor etwa 15 Jahren beschlossen Ellen und Vincent, ihr Haus zu renovieren. Vincent war überzeugt, er könne die Elektrik selbst machen – er hatte schließlich mal eine Glühbirne gewechselt. Ellen ließ ihn machen, aber wir bemerkten, dass sie heimlich einen Elektriker auf Standby hatte. Am Ende des Tages funktionierte tatsächlich alles – dank Ellens Voraussicht und dem sehr beschäftigten "Standby"-Elektriker. Vincent schwört bis heute, dass er alles alleine gemacht hat. Vincent, du hast vielleicht kein Händchen für Elektronik, dafür kannst du backen wie ein Weltmeister – wir können die Apfel-Schmand-Torte gar nicht abwarten!

14. *Gibt es besondere Wünsche oder Themen, die du in deiner Rede ansprechen möchtest?*
Wie Ellen und Vincent nach 25 Jahren immer noch so tun, als wären Vincents "Überraschungen" tatsächlich Überraschungen, obwohl Ellen nichts entgeht – nur eine von vielen kleinen gegenseitigen Gesten, die ihre Liebe bis heute begleiten. Auf die nächsten 25 Jahre!

Finales Ergebnis mit eigenen Worten verfeinert:

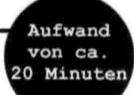

Liebes Jubelpaar,
liebe Familie,
liebe Freunde,

Heute stehen wir hier, um die Silberhochzeit von Vincent und Ellen zu feiern. Einige von euch werden sich sicher noch erinnern, aber für alle anderen: Wir sind Benjamin und Daniel, die Trauzeugen des jubilierenden Bräutigams und schon so alt, dass wir den lieben Vincent seit über 35 Jahren kennen.

Ihr könnt euch sicher vorstellen, dass wir seither so einiges mit ihm erlebt haben. Eines der ersten einprägsamen Erlebnisse war wohl unser Camping-Trip vor rund 30 Jahren. Vincent war so überzeugt, ein Feuer ohne Streichhölzer zu machen – nur mit zwei Stöcken und purer Willenskraft. Drei Stunden später aßen wir kalte Bohnen aus der Dose, während Vincent immer noch enthusiastisch und scheinbar unermüdlich die Stöcke rieb und sagte: "Ich hab's gleich, wirklich!" Das war der Moment, in dem wir wussten: Dieser Mann gibt niemals auf!

Jahre später, eure Hochzeit war längst geschehen, bekam Ellen an einem unserer gemeinsamen Kochabende Wind von der Geschichte – ohne dass sie Einzelheiten kannte, fragte sie: "Lasst mich raten, Vincent war der Feuermacher, oder?" Sie beugte sich über Vincent und gab ihm lächelnd einen Kuss. Wir hätten uns keine schönere Reaktion vorstellen können, denn zum einen konnten wir uns vor Lachen kaum halten und zum anderen bewies es erneut, wie gut sie unseren besten Freund kennt und liebt. Bis heute beobachten wir mit purer Freude, dass Ellen die perfekte Ergänzung zu Vincent ist und wie glücklich die beiden miteinander sind.

Aber jetzt genug der Romantik. Wir sind doch alle hier, um noch eine lustige Anekdote aus dem Leben von Vincent und Ellen zu hören, oder? Als Trauzeugen haben wir uns nämlich ganz vielleicht der Aufgabe verschrieben unseren Kumpel mal etwas auf die Schippe zu nehmen.

Wie wäre es also mit einer unserer liebsten Geschichten, als unser Jubelpaar vor etwa 15 Jahren beschlossen hat, dieses Haus hier zu renovieren. Vincent war überzeugt, er könne die Elektrik selbst machen – er hatte schließlich mal eine Glühbirne gewechselt. Ellen ließ ihn machen, aber wir bemerkten, dass sie heimlich einen Elektriker auf Standby hatte. Am Ende des Tages funktionierte tatsächlich alles – dank Ellens Voraussicht und dem sehr beschäftigten "Standby"-Elektriker. Aber Vincent schwört bis heute, dass er alles allein gemacht hat. Lieber Vincent, du hast vielleicht kein Händchen für Elektronik, dafür kannst du backen wie ein Weltmeister – wir können die Apfel-Schmand-Torte gar nicht abwarten!

Ellen und Vincent, ihr seid ein Team, das sich perfekt ergänzt – nach 25 Jahren tut ihr immer noch so, als wären Vincents "Überraschungen" tatsächlich Überraschungen, obwohl dir liebe Ellen nichts entgeht. Das ist nur eine von vielen kleinen Gesten, die eure Liebe bis heute begleiten und wir hoffen sehr, dass noch viele weitere folgen werden.

Auf die nächsten 25 Jahre voller Liebe, Lachen und vielleicht ein paar weniger handwerkliche Projekte!

Eine humorvolle Begrüßungsrede zur Goldenen Hochzeit

Liebe Familie,
liebe Freunde,
liebe Gäste,

Herzlich willkommen zu unserer Goldenen Hochzeit! Ich bin Ralf – der Schönling, der vor 50 Jahren das große Glück hatte, diese bezaubernde Frau, meine Luise, zu heiraten. Und hier stehen wir nun, ein halbes Jahrhundert später, und ich muss sagen: Wer hätte gedacht, dass wir das wirklich hinbekommen? Also, vielen Dank, dass ihr alle gekommen seid, um diesen verrückten, wunderschönen und absolut unvergesslichen Tag mit uns zu feiern!

Bevor wir uns in die Feier stürzen, möchte ich ein großes Dankeschön an alle aussprechen, die bei der Vorbereitung geholfen haben. Ob es das Organisieren, das Dekorieren oder der Kuchen war – und ich spreche hier ganz besonders von dem gigantischen Kuchen, der, glaube ich, schwerer ist als unser Hochzeitsauto damals! Ihr habt alle Großartiges geleistet und dafür gesorgt, dass wir heute einfach nur feiern und genießen können. Vielen Dank dafür!

Nun, 50 Jahre Ehe – das ist schon was, oder? Ich meine, das ist fast ein ganzes Menschenleben! Als ich Luise das erste Mal begegnet bin, wusste ich zwar, dass sie etwas Besonderes ist, aber dass sie es so lange mit mir aushalten würde, das war damals noch eine Überraschung und ist heute eine schöne Realität.

In den letzten 50 Jahren haben wir so einiges erlebt. Von den unzähligen Diskussionen darüber, wer den Müll rausbringt – ich habe verloren, falls ihr euch fragt –, bis hin zu den vielen Momenten, in denen wir einfach nur zusammen gelacht haben. Unsere Ehe war nie langweilig. Und wisst ihr was? Ich glaube, das ist eines der Geheimnisse einer langen Ehe: dass man lernt, über die kleinen Dinge zu lachen, auch wenn man mal nicht einer Meinung ist. Und dass man immer einen Grund findet, ein bisschen zu feiern, auch wenn es nur dafür ist, dass man den Kampf um die Fernbedienung gewonnen hat.

Luise, ich muss dir sagen, dass ich nach all den Jahren immer noch genauso begeistert von dir bin wie am ersten Tag. Du bist der Grund, warum diese 50

Jahre so voller Freude, Liebe und Lachen waren. Ohne dich wäre das alles nur halb so schön gewesen.

Also lasst uns die Gläser erheben und auf diesen wundervollen Tag anstoßen. Auf 50 Jahre voller Liebe, auf die vielen lustigen, manchmal verrückten, aber immer schönen Momente, die wir miteinander geteilt haben, und auf viele weitere glückliche Jahre, die noch vor uns liegen. Auf uns, auf euch und vor allem auf meine großartige Frau Luise, die aus mir einen wirklich glücklichen Mann macht.

Liebe ist, an jemanden zu denken, ohne nachzudenken.
– Karl-Heinz Descher –

Eine romantische Bräutigamrede zur Goldenen Hochzeit

Prompt an ChatGPT:

Liebe KI,
bitte schreibe mir eine [3-5 minütige] Ehejubiläums-Rede für meine [Goldene Hochzeit]. Ich heiße [Hans] und werde die Rede als [jubilierender Bräutigam] halten. Meine Rede soll [romantisch] und in Form [eines Fließtextes] geschrieben sein. In meiner Rede möchte ich das Thema [Geduld] behandeln und meine Gefühle gegenüber [meiner Frau Ingrid] mit Hilfe von [einem romantischen Zitat] zum Ausdruck bringen. Folgendes möchte ich in meine Rede einbauen: [Ich möchte auf schöne Momente aus unserer Ehe zurückblicken; sagen, was ich an Ingrid so liebe und mein Versprechen von bedingungsloser Treue und Liebe erneuern.]

Aufwand von ca. 1 Minute

Finales Ergebnis mit eigenen Worten verfeinert:

Meine liebe Ingrid,
liebe Familie und Freunde,

Heute feiern wir ein halbes Jahrhundert gemeinsamen Lebens. Fünfzig Jahre – eine Zeit, die für manche wie eine Ewigkeit klingt, doch sich für uns anfühlt, als wäre es gestern gewesen, als wir uns das erste Mal in die Augen geschaut haben und wussten, dass wir zusammengehören.

Geduld ist eine stille Kraft, die uns durch all die Höhen und Tiefen des Lebens getragen hat. Sie hat uns gelehrt, dass wahre Liebe nicht immer perfekt ist, sondern dass sie im Angesicht der Unvollkommenheiten wächst und gedeiht. Es ist die Geduld, die uns die Möglichkeit gibt, einander immer wieder neu zu entdecken und unsere Liebe zu vertiefen.

Ingrid, wenn ich zurückblicke, dann sehe ich nicht nur die großen Ereignisse unseres Lebens – unsere Hochzeit, die Geburt unserer Kinder, die Reisen, die wir unternommen haben. Ich denke auch an die stillen, kleinen Momente, die das Fundament unserer Ehe bilden. Diese alltäglichen Augenblicke, in denen wir zusammen gelacht, geweint, diskutiert und geträumt haben. Sie sind das wahre Gold unserer gemeinsamen Zeit.

Was ich an dir am meisten schätze, Ingrid, ist deine unbeirrbare Liebe und deine Fähigkeit, mir immer wieder aufs Neue zu zeigen, was es bedeutet, gemeinsam und geduldig durch das Leben zu gehen. Du hast eine Wärme und Weisheit, die mich immer wieder tief berührt und mir zeigt, wie viel Glück ich habe, dich an meiner Seite zu wissen.

Heute möchte ich mein Versprechen erneuern – das Versprechen, dich zu lieben, zu ehren und dir treu zu bleiben, für den Rest unseres Lebens. "Denn mit dir ist die Zeit nie eine Last, sondern ein Geschenk, und die Distanz – sei sie räumlich oder in schwierigen Momenten emotional – schmilzt unter der Kraft unserer Verbindung dahin.*"

Du bist meine beste Freundin, meine größte Liebe und mein Fels in der Brandung. Ich danke dir von Herzen für 50 wundervolle Jahre.

Zeitgleich freue ich mich auf all das, was noch vor uns liegt, auf die weiteren Jahre voller Liebe, Lachen und ja, auch Geduld.

Lasst uns also gemeinsam anstoßen, auf die kleinen Momente im Leben, auf die Liebe und auf viele weitere glückliche Ehejahre!

*Zitat: ChatGPT

Wertschätzende Worte der Braut zur Goldenen Hochzeit

Liebe Freunde, liebe Familie,
mein lieber Walter,

Wenn ich an unsere Hochzeit denke, 50 wundervolle Jahre ist es her, sehe ich uns noch heute vor dem Altar stehen – jung, voller Hoffnung und mit Herzen, die vor Liebe überquollen. Damals wussten wir noch nicht, was das Leben für uns bereithielt, aber wir waren entschlossen, es gemeinsam zu entdecken. Und was für eine Entdeckungsreise es geworden ist!

Unsere Ehe gleicht einem mächtigen Baum, der über die Jahre gewachsen ist. Seine Wurzeln, tief in der Erde verankert, symbolisieren unsere unerschütterliche Treue zueinander. Der Stamm steht für unsere Stärke, die uns auch in stürmischen Zeiten aufrecht gehalten hat. Und die Äste, die sich in alle Richtungen erstrecken, repräsentieren die vielen Wege, die wir gemeinsam gegangen sind, die Höhen und Tiefen, die wir zusammen gemeistert haben.

Mein Liebster, erinnerst du dich noch an unseren ersten gemeinsamen Tanzkurs? Deine zwei linken Füße und meine Ungeduld waren sicherlich nicht nur eine Herausforderung für uns, sondern auch für unseren armen Tanzlehrer. Aber wir haben nicht aufgegeben, und heute schweben wir über die Tanzfläche, als hätten wir nie etwas anderes getan.

Walter, du bist mein Halt, mein Zuhause. Mit dir an meiner Seite habe ich gelernt, dass wahre Liebe nicht nur in den großen Gesten liegt, sondern vor allem in den kleinen Momenten des Alltags. In deinem liebevollen Blick am Morgen, in deiner sanften Berührung, wenn ich traurig bin, in deinem herzhaften Lachen über meine schlechten Witze. Und ich danke dir für all die kleinen und großen Momente, die wir bis hierher gemeinsam erlebt haben.

Aber auch unseren Kindern und Enkeln möchte ich danken. Ihr seid das wunderbarste Geschenk, das uns das Leben gemacht hat. Eure Liebe und Unterstützung haben unsere Ehe bereichert und uns immer wieder gezeigt, wie gesegnet wir sind.

Und natürlich gilt unser Dank auch unseren Freunden, von denen viele heute hier sind. Ihr habt uns durch Höhen und Tiefen begleitet, habt mit uns gelacht und geweint, gefeiert und getrauert – wir schätzen eure Freundschaft sehr.

Ein weiser Mensch sagte einmal: "Die Ehe ist wie ein Garten. Um zu gedeihen, braucht sie tägliche Pflege, Geduld und viel Liebe.*" Walter und ich haben in den vergangenen 50 Jahren gelernt, dass dies wahr ist. Wir haben unseren Garten gehegt und gepflegt, haben Unkraut gejätet und neue Samen gesät. Und heute steht er in voller Blüte, prächtiger als je zuvor.

Walter, mein Liebster, wenn ich in deine Augen schaue, sehe ich immer noch den jungen Mann, in den ich mich vor über 50 Jahren verliebt habe. Die Zeit hat Spuren in unseren Gesichtern hinterlassen, aber unsere Liebe ist zeitlos. Sie ist stärker und tiefer als je zuvor – darauf möchte ich anstoßen.

Lasst uns also das Glas erheben – auf die Liebe, auf die Treue und auf weitere wundervolle Jahre zusammen. Auf uns, Walter, und auf alle, die uns auf diesem Weg begleitet haben und weiterhin begleiten werden.

*Zitat angelehnt an dem Aphorismus "Garten der Liebe" von Jochen Mariss

Persönliche Worte der Brautschwester zur Goldenen Hochzeit

Liebe Charlotte,
lieber Fritz,
liebe Festgäste,

"Zwei Seelen und ein Gedanke, zwei Herzen und ein Schlag." – dieses Zitat von Friedrich Halm beschreibt perfekt die tiefe Verbundenheit, die ich zwischen euch beiden seit nunmehr 50 Jahren beobachten darf.

Als jüngere Schwester von Charlotte hatte ich das Privileg, eure Liebe von Anfang an mitzuerleben. Heute möchte ich euch zu eurem goldenen Ehejubiläum von Herzen gratulieren und einige Gedanken mit euch teilen:

1. Bewunderung: Eure Ehe ist für mich ein Vorbild der Beständigkeit. Ihr habt gemeinsam Höhen und Tiefen durchlebt und seid daran gewachsen.

2. Harmonie: Die Art und Weise, wie ihr einander ergänzt, ist beeindruckend. Charlotte mit ihrer Spontaneität und Fritz mit seiner Besonnenheit – ihr seid wie Yin und Yang.

3. Respekt: In all den Jahren habe ich nie erlebt, dass ihr schlecht übereinander gesprochen habt. Euer gegenseitiger Respekt ist spürbar.

4. Humor: Eure Fähigkeit, auch in schwierigen Situationen gemeinsam zu lachen, hat euch durch so manche Krise getragen.

5. Unterstützung: Ihr steht füreinander ein, egal was kommt. Diese bedingungslose Unterstützung ist der Kitt eurer Beziehung.

Für die Zukunft wünsche ich euch:
Dass eure Liebe weiterhin wächst und gedeiht.
Viele weitere gemeinsame Abenteuer und Entdeckungen.
Gesundheit und Kraft, um noch viele Jahre miteinander zu genießen.

Lasst mich mit einer kleinen Anekdote schließen: Erinnert ihr euch noch an euren 25. Hochzeitstag, als Fritz versehentlich die falsche Torte bestellt hatte? Statt 'Silberhochzeit' stand dort 'Willkommen im Ruhestand'. Ihr habt Tränen gelacht und die Torte trotzdem genossen – das ist für mich der Inbegriff eurer Ehe.

Liebe Charlotte, lieber Fritz, möge eure Verbundenheit weiterhin so stark und inspirierend bleiben. Auf die nächsten 50 Jahre!"

Die Ehe ist wie ein Vollbad: Einlassen ist das Wichtigste.
Wenn man sie immer warm hält, kann man es herrlich aushalten, bis man
ganz schrumpelig ist.
– Unbekannt –

Eine humorvolle Rede der Tochter zur Goldenen Hochzeit

Ausgefülltes Formular an Hochzeitsplanerin.de:

1. *In welchem Stil soll deine Hochzeitsrede geschrieben werden?*
   Humorvoll.

2. *Wie ist dein Vorname? Diese Frage ist erforderlich**
   Tamika.

3. *Wie heißt die Person, für die du die Rede halten möchtest? (Vorname) Diese Frage ist erforderlich**
   Amadou.

4. *In welcher Beziehung stehst du zu Amadou? Diese Frage ist erforderlich**
   Sonstiges – Tochter.

5. *Bist du Trauzeugin oder Trauzeuge?*
   Nein.

6. *Wie lange kennst du Amadou schon?*
   Schon seit meiner Geburt – also seit *ein paar Jahrzehnten*, aber wer zählt schon mit?

7. *Mit welchen 3 Worten würdest du Amadou beschreiben?*
   Geduldig, witzig, sturköpfig (aber auf die beste Art!).

8. *Wie heißt der/die zukünftige Ehepartner/in von Amadou?*
   Bernadette.

9. *Mit welchen 3 Worten würdest du Bernadette beschreiben?*
   Liebevoll, organisiert, hat immer recht (fragt meinen Vater!).

10. *Beschreibe, wie du Amadou kennengelernt hast.*
    Mama erzählte mir, dass Papa damals Sorge hatte, mich auf den Arm zu nehmen, da ich so klein und gebrechlich war. Aber sie erzählte mir auch, dass, als er mich dann das erste Mal auf den Arm nahm, mir ein Versprechen gab: Das Versprechen, immer für mich da zu sein und auf

mich aufzupassen.

11. *Erzähle eine Geschichte über ein Erlebnis, welches das Amadou und dich verbindet.*
Eine meiner Lieblingsgeschichten ist die, als wir mal beschlossen haben, zusammen ein Regal aufzubauen. Nach stundenlangem Studieren der Anleitung (und mehreren "Diskussionen") waren am Ende noch 10 Schrauben übrig und das Regal wackelte gefährlich. Doch anstatt aufzugeben, erklärte mein Vater mit vollem Ernst: "Das Regal wackelt nicht, das lebt!" Seitdem ist "es lebt" unser Running Gag bei jedem Heimwerkerprojekt. Jahre später haben Mama und ich das Regal heimlich nochmal auseinander und richtig zusammengebaut – ganz nach dem Motto: Das Regal darf leben, aber uns nicht gefährden, falls es doch mal zusammenkracht.

12. *Beschreibe, wie du Bernadette kennengelernt hast.*
Ich habe meine Mutter auf eine ganz besondere Weise kennengelernt – sie ist die Frau, die mir zeigte, wie man durch das Leben tanzt. Schon als kleines Kind brachte sie mir bei, wie man aus allem eine kleine Feier macht, selbst aus einem verregneten Sonntag. Und ja, sie hatte dabei immer die besten Tanzbewegungen drauf.

13. *Erzähle eine Geschichte über das Brautpaar, die du gern in deiner Hochzeitsrede einbauen möchtest.*
Es begann mit einem Urlaub am Strand, als meine Mutter versuchte, meinen Vater dazu zu bringen, zu entspannen – etwas, das er normalerweise meidet wie die Pest. Nach zwei Minuten auf der Decke sagte er: „Das ist nicht mein Ding, ich geh Muscheln suchen." Meine Mutter, völlig unbeeindruckt, rief ihm nach: „Dann bring mir die schönste Muschel mit!" Am Ende brachte Papa einen halben Eimer voll mit den schönsten Muscheln, die noch heute im Boden des Badezimmers einge-lassen sind. Ein gegenwärtiger Liebesbeweis, welcher ein schönes Bild von der Ehe meiner Eltern zeichnet.

14. *Gibt es besondere Wünsche oder Themen, die du in deiner Rede ansprechen möchtest?*
Ich möchte auf jeden Fall über den Humor meiner Eltern sprechen. Auch nach 50 Jahren haben sie sich ihren Witz und ihre Freude an den kleinen Dingen bewahrt. Egal, wie verrückt die Dinge im Alltag sind, sie

finden immer einen Weg, gemeinsam zu lachen – sei es über einen schiefgegangenen Kuchen oder über die Tatsache, dass Papa immer noch glaubt, er hätte recht, obwohl wir alle wissen, dass Mama am Ende diejenige ist, die immer recht behält.

Finales Ergebnis mit eigenen Worten verfeinert:

Aufwand von ca. 20 Minuten

Liebe Familie und Freunde,
liebe Gäste,
liebes Jubelpaar,

Ich freue mich riesig, heute hier zu stehen und ein paar Worte über zwei Menschen zu sagen, die mir unglaublich am Herzen liegen – meine Eltern Amadou und Bernadette.

Mein Vater, Amadou, ist ein Mann, den ich als geduldig, witzig und sturköpfig beschreiben würde – letzteres natürlich nur auf die beste Art und Weise. Meine Mutter, Bernadette hingegen, ist liebevoll, organisiert und sie hat immer recht – fragt mal meinen Vater! Die beiden sind nicht nur wahnsinnig tolle Eltern, sondern auch nach über 50 Ehejahren noch ein starkes und verliebtes Paar.

Lasst mich also zwei meiner liebsten Geschichten aus dem Leben unseres Jubelpaares mit euch teilen:

Vor sehr langer Zeit haben mein Vater und ich beschlossen zusammen ein Regal aufzubauen. Nach stundenlangem Studieren der Anleitung und mehreren "Diskussionen" hatten wir am Ende noch 10 Schrauben übrig, und das Regal wackelte gefährlich. Doch anstatt aufzugeben, erklärte mein Vater mit vollem Ernst: "Das Regal wackelt nicht, das lebt!" Seitdem ist "es lebt" unser Running Gag bei jedem Heimwerkerprojekt. Jahre später haben meine Mutter und ich das Regal heimlich nochmal auseinander- und richtig zusammengebaut – ganz nach dem Motto: Das Regal darf leben, aber uns nicht gefährden und Papa sagen wir einfach nichts davon. Heute steht das Regal noch immer und trägt viele Erinnerungsstücke aus dem Leben meiner Eltern und mir.

Natürlich hat es in den letzten 5 Jahrzehnten auch den einen oder anderen Familienurlaub gegeben, wie z.B. unseren ersten Strandurlaub in Italien vor rund 35 Jahren. Meine Mutter versuchte, meinen Vater dazu zu bringen, sich zu entspannen – etwas, das er normalerweise meidet wie die Pest. Nach zwei Minuten auf der Decke sagte er: "Das ist nicht mein Ding, ich geh' Muscheln suchen." Meine Mutter, völlig unbeeindruckt, rief ihm nach: "Dann bring mir die schönsten Muscheln mit!" Am Ende brachte mein Vater einen halben Eimer voll mit den schönsten Muscheln, die heute noch im Boden des Badezimmers eingelassen sind. Ein gegenwärtiger Liebesbeweis, der bis heute ein schönes Bild von der Ehe meiner Eltern zeichnet.

Auch nach all den Jahren haben sie sich ihren Witz und ihre Freude an den kleinen Dingen bewahrt. Egal, wie verrückt der Alltag wird, sie finden immer einen Weg, gemeinsam zu lachen – sei es über einen schiefgegangenen Kuchen oder die Tatsache, dass mein Vater immer noch glaubt, er hätte recht, obwohl wir alle wissen, dass meine Mutter am Ende diejenige ist, die recht behält. Wahrscheinlich ist sogar das ihr Geheimnis einer so harmonievollen Ehe.

Auf meine bezaubernden Eltern! Möge eure Liebe weiterhin so lebendig und schön sein wie das wackelnde Regal und die Muscheln im Badezimmer.

Die Liebe ist die größte vereinende Kraft des Lebens.
– Martin Luther King –

Der damalige Trauzeuge hält eine Rede zur Goldenen Hochzeit

Prompt an ChatGPT:

Liebe KI,
bitte schreibe mir eine [3-5 minütige] Ehejubiläums-Rede. Ich heiße [Wolfram] und bin [ein langjähriger Freund und damaliger Trauzeuge] des Jubelpaares [Emma und Gerd]. Meine Rede soll [lustig und nostalgisch] und in Form [eines Fließtextes] geschrieben sein. In meiner Rede möchte ich das Thema [Freundschaft] behandeln und die Rede passend mit [einem Spruch oder einer Metapher] beginnen. Im Hauptteil möchte ich das Jubelpaar zum [50.] Ehejubiläum beglückwünschen und ein paar persönliche Worte sagen: [Ich möchte sagen, wie glücklich ich noch immer über die Liebe des Jubelpaares bin und aufzählen, warum sie bis heute so gut zusammenpassen. Zusätzlich möchte ich lustige Anekdoten von gemeinsamen Erlebnissen aus den letzten Jahren erzählen.] Der Schlussteil meiner Rede soll mit Zukunftswünsche an das Jubelpaar geschmückt sein. [Abschließend möchte ich ein passendes Zitat zum Thema Freundschaft einbauen.]

Finales Ergebnis mit eigenen Worten verfeinert:

Liebe Emma,
lieber Gerd,
liebe Gäste,

Man sagt, Freundschaft ist wie ein guter Wein: Sie wird mit den Jahren immer besser. Und wenn ich heute hier stehe und auf eure 50 Jahre Ehe zurückblicke, dann sehe ich nicht nur einen edlen Tropfen, sondern einen wahren Jahrgangswein, der im Laufe der Jahre an Tiefe und Charakter gewonnen hat.

Vor genau 50 Jahren durfte ich als Trauzeuge an eurer Seite stehen, und ich erinnere mich noch genau an den Tag, als ihr euch das Ja-Wort gegeben habt. Es war ein strahlender Sommertag, und ihr beide habt nicht nur im Sonnenschein gebadet, sondern auch in der Liebe, die förmlich in der Luft lag. Ich war damals schon überzeugt: Diese Ehe wird halten! Und heute, ein halbes Jahrhundert später, bin ich glücklicher denn je, dass ich recht behalten habe.

Emma und Gerd, eure Liebe ist wie ein guter Witz – sie bringt uns alle immer wieder zum Lächeln und manchmal auch zum Lachen. Ihr beide passt einfach zusammen wie Topf und Deckel, wie Pech und Schwefel oder – um es etwas moderner auszudrücken – wie Netflix und ein gemütlicher Sonntag auf der Couch.

Ich erinnere mich an so viele lustige Erlebnisse mit euch. Wie damals, als wir zusammen eine Radtour unternommen haben. Gerd bestand darauf, die Route aus dem Kopf zu kennen, weil er „diesen Weg schon hundertmal gefahren" ist. Nach etwa zwei Stunden mussten wir feststellen, dass wir uns hoffnungslos verfahren hatten. Aber anstatt frustriert zu sein, habt ihr einfach beschlossen, ein spontanes Picknick an einem völlig unbekannten See zu machen, der uns geradewegs in die Arme gelaufen ist. Aus einer scheinbaren Irrfahrt wurde einer der schönsten Tage, den wir je zusammen erlebt haben, mit einigen Lachern, tiefgründigen Gesprächen und einem Sonnenuntergang, den wir nie vergessen werden. Oder die Gartenpartys, bei denen Emmas Bowle stets stärker war als erwartet – der Ausdruck auf den Gesichtern der Gäste war jedes Mal unbezahlbar!

Ihr beide habt im Laufe der Jahre gezeigt, dass eine Ehe nicht immer perfekt sein muss, um glücklich zu sein. Es geht um die kleinen Dinge, die täglichen Momente der Zuneigung und den Respekt füreinander. Ihr habt uns allen gezeigt, was es bedeutet, nicht nur Partner, sondern auch beste Freunde zu sein.

Für die Zukunft wünsche ich euch von Herzen noch viele weitere Jahre voller Gesundheit, Glück und unzähliger gemeinsamer Momente. Möge euer Leben weiterhin von Lachen und Liebe erfüllt sein. Und möge euer Bund, so stark wie er ist, noch viele weitere Jahrzehnte halten.

Zum Abschluss möchte ich mit einem Zitat schließen, das mir sehr passend erscheint: "Freundschaft verdoppelt unsere Freude und halbiert unseren Schmerz.*" Emma und Gerd, ihr seid das lebende Beispiel dafür.

Alles Liebe zu eurem goldenen Hochzeitstag!

*Zitat von Marcus Tullius Cicero

Eine begrüßende Rede zur Diamantenen Hochzeit

Werte Freunde,
liebe Familie,
geehrte Gäste,

Heute ist ein ganz besonderer Tag, und ich freue mich sehr, dass ihr alle hier seid, um diesen Moment mit uns zu teilen. Erika und ich haben uns immer gefragt, wie es wohl sein mag, eines Tages unsere Diamantene Hochzeit zu feiern. Und siehe da, jetzt dauert diese unendliche Reise schon 60 Jahre!

Als wir uns vor all den Jahren das Ja-Wort gaben, ahnten wir nicht, was uns erwarten würde. Eines wussten wir jedoch gewiss: Wir wollten diesen Weg gemeinsam gehen. 60 Jahre später können wir sagen, dass die Unendlichkeit nicht nur eine mathematische Konstante ist, sondern auch das Geheimnis einer langen und glücklichen Ehe und der Weg zu klapprigen Knochen.

Natürlich gab es auch Tage, an denen ich mich fragte, ob "unendlich" vielleicht auch "endlos viele Minuten in vollen Geschäften" bedeuten könnte oder "unzählige Diskussionen darüber, wie die Gartenmöbel im Sommer aufgestellt werden sollen." Doch in all diesen kleinen Unendlichkeiten haben wir den wahren Wert unserer Liebe entdeckt: Humor, Geduld und die Fähigkeit, über uns selbst zu lachen.

Ihr alle, liebe Gäste, seid Zeuge unserer gemeinsamen Reise. Ihr habt uns begleitet, unterstützt und uns in vielen Situationen zur Seite gestanden. Dafür sind wir euch zutiefst dankbar. Eine so lange und treue Freundschaft ist ein kostbares Gut, das wir sehr schätzen.

Gestattet mir, euch eine kleine Geschichte zu erzählen: Ein junger Mann fragte mich einst nach dem Geheimnis unserer langen Ehe. Ich antwortete ihm, dass es das Wichtigste sei, niemals gleichzeitig den Mut zu verlieren. Wenn einer von uns Zweifel hat, muss der andere stark sein. Und wenn beide einmal den Mut verlieren, dann hilft nur eines: Ein guter Humor und vielleicht ein kleines Gläschen Sekt!

Und solange unser Sekt noch kalt ist: Lasst uns gemeinsam auf diese wunderbare Feier anstoßen und auf viele weitere glückliche Jahre in unserer Ehe!

Liebevolle Worte des Bräutigams zur Diamantenen Hochzeit

Liebe Familie,
liebe Freunde,

Stellt euch vor, ich habe es tatsächlich geschafft: 60 Jahre mit der gleichen Frau verheiratet und noch immer putzmunter zu sein, um euch davon zu erzählen! Das allein ist schon ein Grund zum Feiern, findet ihr nicht?

Aber heute feiern wir unsere diamantene Hochzeit, 60 Jahre, in denen wir uns durch dick und dünn gekämpft haben. Und ich kann euch sagen, bei mir war es meistens „dick", wenn ich an all die Kuchen denke, die Erna für mich gebacken hat. Und wisst ihr, was das Beste daran ist? Nach all der Zeit schmecken sie immer noch genauso gut wie am ersten Tag.

Meine liebe Erna, Weißt du noch, als wir frisch verheiratet waren und unser erstes kleines Häuschen bezogen haben? Wir hatten kaum Möbel, aber dafür umso mehr Träume. Unser Wohnzimmer bestand aus einer alten Couch, einem wackeligen Tisch und einem Fenster so klein wie ein Schuhkarton. Wir hatten keine Ahnung, wie wir die Miete bezahlen sollten, aber das hat uns nie wirklich gestört. Solange wir zusammen waren, konnte uns nichts aufhalten. Und auch wenn ich nicht immer die Socken in den Wäschekorb geworfen habe – dafür habe ich dir jeden Morgen einen Kuss gegeben. Das muss doch auch was zählen, oder?

Aber mal ganz im Ernst, Erna, du bist der Grund, warum ich morgens mit einem Lächeln aufstehe. Du bist mein Fels in der Brandung und mein Kompass, wenn ich mich verlaufe. Du hast mir gezeigt, was es bedeutet, stark zu sein. Nicht die Stärke, die Berge versetzt, sondern die, die geduldig auf mich wartet, wenn ich mal wieder den ganzen Nachmittag im Garten verbringe, um „etwas Wichtiges" zu tun – was meistens bedeutet, dass ich in meinem Liegestuhl sitze und ein Nickerchen mache.

Wisst ihr, die Leute sagen immer, dass die Ehe Arbeit ist. Und ich denke, sie haben recht – wenn auch nicht so, wie sie es meinen. Es ist die Art von Arbeit, bei der man lernt, zusammen zu lachen, auch wenn man sich über den Abwasch streitet. Es ist die Arbeit, die einem zeigt, dass man nicht immer Recht haben muss – als Ehemann hat man ohnehin selten Recht! Aber am Ende des Tages, wenn ich meine Erna ansehe, weiß ich, dass ich die besten Jahre meines Lebens mit der besten Frau der Welt verbracht habe.

Erna, du bist mein Diamant – und ich würde dich immer wieder heiraten, ohne zu zögern. Und für die nächsten Jahre habe ich nur einen einzigen Wunsch: Dass wir genauso weiterlachen, weiterlieben und immer wieder neue Erinnerungen schaffen, die wir in den nächsten Jahren auch unseren Urenkeln erzählen können.

Ich danke euch allen, dass ihr heute hier seid und mit uns feiert.
Auf Erna, auf uns, und auf all die großartigen Momente, die noch vor uns liegen!

Zur Diamantenen Hochzeit eine liebevolle Rede der Braut

Prompt an Claude:

Liebe KI,
bitte schreibe mir eine [3-5 minütige] Ehejubiläums-Rede für meine [Diamantene Hochzeit]. Ich heiße [Helene] und werde die Rede als [jubilierende Braut] halten. Meine Rede soll [liebevoll] und in Form [eines Fließtextes] geschrieben sein. In meiner Rede möchte ich das Thema [Abenteuer] behandeln und meine Gefühle gegenüber [meinem Mann Siegfried] mit Hilfe von [einer Metapher] zum Ausdruck bringen. Folgendes möchte ich in meine Rede einbauen: [Rückblicke von schönen Momenten aus unserer Ehe wie der Bau unseres Traumhauses, lustige Anekdoten aus unseren gemeinsamen Jahren vor allem während der Kindererziehung, Wunsch nach weiteren so glücklichen gemeinsamen Ehejahren.]

Finales Ergebnis mit eigenen Worten verfeinert:

Liebe Familie und liebe Freunde,

60 Jahre – eine Zeitspanne, die sich anfühlt, wie ein Wimpernschlag und doch so reich an Erlebnissen ist. Heute stehe ich hier, um unser diamantenes Ehejubiläum zu feiern und auf das größte Abenteuer meines Lebens zurückzublicken: meine Ehe mit Siegfried.

Wenn ich an unsere gemeinsame Reise denke, sehe ich uns als zwei Entdecker, die Hand in Hand durch unbekanntes Terrain wandern. Siegfried, du bist mein Kompass, der mir in stürmischen Zeiten die Richtung weist, und mein Anker, der mich in ruhigen Gewässern festhält. Unsere Liebe ist wie ein kostbarer Diamant – hart und unzerbrechlich, aber auch voller Facetten und Glanz.

Erinnerst du dich noch an den Bau unseres Traumhauses? Wie wir Stein um Stein aufeinander setzten, genauso wie wir Tag für Tag an unserer Beziehung bauten. Jeder Nagel, den wir einschlugen, war wie ein Versprechen füreinander. Und als das Haus endlich stand, wussten wir: Gemeinsam können wir alles erreichen.

Oh, und die Zeit der Kindererziehung! Was haben wir gelacht, als unser Ältester beschloss, dass er Friseur werden wollte und kurzerhand die Gardinen als Übungsmaterial nutzte. Oder als unsere Tochter bei ihrem ersten Schultheater als Baum verkleidet auf der Bühne einschlief. Diese Momente haben uns gezeigt, dass das Leben nicht immer perfekt oder aufregend sein muss, um wunderschön zu sein.

Siegfried, du warst immer an meiner Seite – bei jedem Lachen, bei jeder Träne. Du hast mich unterstützt, wenn ich zweifelte, und mich gefeiert, wenn ich erfolgreich war. Unsere Ehe war und ist ein Abenteuer voller Überraschungen, Herausforderungen und unbeschreiblicher Freude.

Wenn ich in die Zukunft blicke, sehe ich weitere glückliche Jahre vor uns. Jahre, in denen wir gemeinsam neue, wenn auch ruhigere Abenteuer erleben, unsere Urenkelkinder aufwachsen sehen und einfach die Zeit miteinander genießen. Denn eines habe ich in diesen 60 Jahren gelernt: Das größte Glück ist es, jemanden an seiner Seite zu wissen, mit dem man durch dick und dünn gehen kann. Lieber Siegfried, danke für 60 wundervolle Jahre!

Auf viele weitere gemeinsame Abenteuer, mein Liebster. Möge unser Diamant weiter funkeln und strahlen, so wie am ersten Tag.

Zur Diamantenen Hochzeit ein Gedicht der kleinen Urenkelin

"Wie ein Baum, der Wurzeln schlägt und wächst,
So ist die Liebe, die ihr beide hegt."

Margarete und Ernst, das Liebespaar,
Sechzig Jahre seid ihr in der Ehe, na klar.
Ich, Lilly, eure Urenkelin, steh' hier voll Stolz,
Um eure Liebe zu feiern, stark wie Holz.

Ein diamantenes Jubiläum, welch ein Segen!
Eure Hingabe zueinander lässt mich bewegen.
Durch Höhen und Tiefen, Hand in Hand,
Habt ihr gemeinsam jede Prüfung überwand.

Eure Augen strahlen noch wie am ersten Tag,
Ein Blick genügt, und jeder weiß, was der andere mag.
Ihr lehrt uns alle, was wahre Liebe ist,
Geduld und Verständnis, das nie erlischt.

Margarete, deine Güte wärmt jeden Raum,
Ernst, dein Humor bringt uns zum Lachen und staun'.
Gemeinsam seid ihr unser Fels in der Brandung,
Eure Weisheit gibt uns stets sichere Landung.

Für die Zukunft wünsch' ich euch von Herzen,
Noch viele Jahre voller Glück und Kerzen.
Möge eure Liebe weiterwachsen und gedeihen,
Und uns allen Inspiration verleihen.

Bleibt gesund, genießt jeden Augenblick,
Ihr seid für uns alle ein großes Glück.
Eure Liebe, ein Vorbild für die ganze Welt,
Hat uns alle hier heute zusammengestellt.

Auf euch, Margarete und Ernst, erheben wir das Glas,
Sechzig Jahre Ehe, das ist wirklich was!
Möge eure Liebe ewig weiter blühen,
Und uns alle mit ihrer Wärme umhüllen.

Unser Leben kann nicht immer voller Freude,
aber immer voller Liebe sein.
– Thomas von Aquin –

Ein Gedicht zur Diamantenen Hochzeit von der besten Freundin

Sechzig Jahre Hand in Hand,
ein Leben lang ein festes Band.
Freude, Liebe, Leid geteilt,
seid gemeinsam weit gereist.

Erinnert euch an manches Jahr,
wie das Leben damals war.
Schöne Zeiten, schwer und leicht,
doch die Liebe hat stets gereicht.

Charles und Elise, Hand in Hand,
schreitet ihr durchs Lebensland.
Eure Liebe, stark und wahr,
wächst beständig Jahr für Jahr.

In den Augen Glanz und Licht,
die Zeit nahm euch das Lachen nicht.
Eure Seelen fest verbunden,
habt in euch so viel Glück gefunden.

Für die Zukunft wünsch ich euch,
Frieden, Freude und all das Zeug.
Möge die Liebe immer blühen,
und eure Herzen mit Glück erfüllen.

Charles und Elise, froh und heiter,
geht zusammen immer weiter.
Auf sechzig Jahre – welch ein Fest!
Das euch die Liebe nie verlässt.

Nachwort

Eine Rede zu schreiben und vorzutragen, die Herzen berührt und in Erinnerung bleibt, ist eine Kunst, die Zeit, Hingabe und manchmal auch Mut erfordert. Vor allem erfordert sie jedoch: Authentische Worte und Gefühle, die von Herzen kommen. Nach über 390 Seiten mit über 85 inspirierenden Beispielen, diversen Tipps, Mustervorlagen und Checklisten hoffen wir, dass du dich durch unser Buch nun für das Schreiben und Vortragen deiner Hochzeitsrede gewappnet fühlst. Mit der Einführung in die Nutzung von Künstlicher Intelligenz zur Unterstützung beim Redenschreiben haben wir dich hoffentlich nicht nur neugierig auf diesen innovativen Ansatz gemacht, sondern dir damit auch eine wertvolle Hilfe und Inspirationsquelle an die Hand gegeben, um Startschwierigkeiten und kreative Blockaden zu überwinden, oder um neue und frische Ideen zu sammeln. Denke immer daran: Die Vorbereitung auf deine Rede ist wie eine Reise – eine Reise zu dir selbst, zu deinen Gefühlen und zu den Menschen, die dir wichtig sind. Ob du nun persönliche Geschichten teilen, humorvolle Anekdoten einfließen lassen oder einfach nur deine tiefsten Gefühle ausdrücken möchtest – lasse auch in einem digitalen Zeitalter wie diesem vor allem dein Herz sprechen. Es sind deine Worte und Emotionen, die aus einem besonderen einen unvergesslichen Redemoment machen können.
Wir danken dir, mit dem Kauf und dem Lesen unseres Buchs, für dein Vertrauen und wünschen dir sowohl Freude als auch viele kreative Ideen beim Schreiben und viel Erfolg sowie einen tobenden Applaus beim Vortrag deiner Hochzeitsrede!

Dein Team von Joni Wedding

P.S.: Auf den nachfolgenden Seiten findest du unser Dankeschön an dich, welches wir bereits in der Einleitung angekündigt haben: Es warten ein paar exklusive Gutscheine von ausgewählten Partnern und uns auf dich – von Hochzeitskarten, Trauringen und einer eigenen Hochzeitshomepage bis hin zu einer interaktiven Fotoleinwand und vielem mehr. Wir wünschen dir viel Spaß beim Stöbern!

Unser Dankeschön an dich

Gutschein für den Hochzeitsplaza Kartenshop

Egal ob die gesamte Hochzeitspapeterie oder eine einzelne Glückwunschkarte, personalisierte Karten für Hochzeitsspiele oder auch Geldgeschenke – im Hochzeitsplaza Kartenshop findet ihr die passende Papeterie! Bei uns könnt ihr aus bestehenden Designs wählen und diese anpassen oder auf einer komplett leeren Blanko-Karte eurer Kreativität freien Lauf lassen. Gestaltet mit nur wenigen Klicks eure Wunschkarten mit Kraftpapier oder aus Papier und Echtholz – von Save-the-Date und Einladungen über Kirchenhefte und Menükarten bis hin zu Dankes- und Gratulationskarten. Es darf noch etwas anderes sein? Kein Problem! In unserem Shop erwartet euch eine große Produktvielfalt: Willkommensschilder, Gästebücher, personalisierbare Vorlagen für tolle Hochzeitsspiele und vieles mehr.

Gutscheincode: HoplaEbook12*
*Gutschein im Wert von 12,00€ auf alle Kartenbestellungen.

Gutschein für Trauringspezialisten.de

Seid ihr noch auf der Suche nach den perfekten Eheringen? Bei Trauringspezialisten.de könnt ihr eure einzigartigen Traumringe mithilfe des 3D Konfigurators selbst gestalten – von elegant und schlicht bis stylisch und ausgefallen. Auch in puncto Farben und Edelmetallen ist für jeden Geschmack etwas dabei: Gelbgold, Roségold, Rotgold, Weißgold und Platin. Neben der Videoberatung habt ihr die Möglichkeit, euch individuell an verschiedenen Standorten innerhalb Deutschlands persönlich beraten zu lassen – die erfahrenen Expert:innen von Trauringspezialisten.de stehen euch gerne mit professionellem Rat zur Seite.

Gutscheincode: EBOOKRINGE100*
*Gutschein im Wert von 100,00€ ohne Mindestbestellwert.

Gutschein für WeddyBird.com

Es stehen noch nicht alle Details zu eurer Hochzeit fest, aber ihr möchtet eure Liebsten dennoch über eure Hochzeit informieren, sie immer mit den neuesten Infos versorgen und euch nach der Feier bei ihnen bedanken? Auf Weddybird.com könnt ihr aus praktischen Vorlagen wählen und ganz einfach eine eigene Save-the-Date- oder Hochzeitshomepage erstellen. So habt nicht nur ihr mit einem Klick alles im Blick, sondern eure Gäste auch – und nicht nur das! Eure Gäste können bequem Zu-/Absagen und Dank der Fotogalerie ihre Bilder und Videos hochladen. Damit könnt ihr im Nachgang eure Hochzeit nochmal aus der Perspektive eurer Gäste erleben.

Gutscheincode: weddyrede11*

*Gutschein im Wert von 11,00€. Gültig bis zum 31.12.2026 für das Premium- und Domain-Paket.

Gutschein für airphoto.de

Die meisten eurer Hochzeitsgäste werden vermutlich ihr Smartphone dabeihaben und zudem kräftig Bilder von eurer Hochzeit schießen. Warum dies also nicht nutzen und die Bilder direkt per Beamer der Hochzeitsgesellschaft in Echtzeit noch auf der Feier präsentieren? Wenn ihr dies für eine gute Idee haltet, dann ist airphoto.de mit ihrer Live-Slideshow die Lösung für euch! Denn damit wird das Fotomachen eurer Gäste direkt ein interaktives Hochzeitsspiel und dauerhafter Unterhaltungspunkt auf eurer Feier. Die webbasierte App bietet euch außerdem die Möglichkeit, im Vorfeld Bilder und Videos hochzuladen und diese als vorbereitete Slideshow abzuspielen.

Gutscheincode: Rede25*

*25% Preisnachlass auf den Gesamtwert der Bestellung.

Unsere Empfehlungen für dich

Du bist auf der Suche nach weiteren Informationen, Tipps, Inspirationen und Checklisten zum Thema Hochzeit? Dann schaue doch gerne bei unserem Online-Magazin 'Hochzeitsplaza' vorbei! Hier findest du nicht nur Tipps für Brautpaare und die Hochzeitsplanung, sondern auch alles Wissenswerte für Hochzeitsgäste wie z.B. Hochzeitsbräuche, Junggesell:innenabschiede, Hochzeitsgeschenke und Hochzeitsoutfits.

Auch in unserem Hochzeitsblog 'Brautsalat' findest du viele informative und hilfreiche Artikel rund um das Thema Hochzeit – der Fokus des Blogs liegt dabei auf internationalen Hochzeitstrends. Lass dich also gerne von den zahlreichen Real Weddings und Styled Shoots inspirieren!

BRAUTSALAT
Hochzeitsblog

ACCESSOIRES...

Hochzeit organisieren: Was muss alles geplant werden?

Veröffentlicht am: 13. August 2019   von Simon

Damit am schönsten Tag im Leben auch wirklich alles genauso läuft, wie man sich das wünscht, bedarf es einer vernünftigen und gut durchdachten Planung. Tatsächlich ist es nicht nur sehr wichtig, was man alles plant, sondern auch wann bestimmte Dinge geplant werden. Grundsätzlich kann man davon ausgehen, dass die Hochzeitsplanung ungefähr ein Jahr vor dem [...]

| WEITERLESEN |